周易文化百問

王振復 著

責任編輯　俞笛
裝幀設計　鍾文君

書名　周易文化百問
著者　王振復
出版　三聯書店（香港）有限公司
香港鰂魚涌英皇道一〇六五號一三〇四室
JOINT PUBLISHING (HONG KONG) CO., LTD.
Rm.1304, 1065 King's Road, Quarry Bay, Hong Kong
香港發行　香港聯合書刊物流有限公司
香港新界大埔汀麗路三十六號三字樓
印刷　中華商務彩色印刷有限公司
香港新界大埔汀麗路三十六號十四字樓
版次　二〇一二年四月香港第一版第一次印刷
規格　十六開（168×230mm）三四四面
國際書號　ISBN 978-962-04-3125-8

Published in Hong Kong
本書原由復旦大學出版社有限公司以書名《易經文化百問》出版，經由原出版者授權本公司在除中國內地以外地區出版發行。

自序

正如古希臘哲學家蘇格拉底所言，人除了深知自己無知以外，其實一無所知。這一「自知其無知」的思想，正是筆者撰寫本書的人文理念與精神動力。

通行本《老子》云，「道可道，非常道」。自然宇宙、社會人生之道，當然是可以、而且不拒絕不斷的言說的，可是任何言說，無論如何，都不能徹底地把握本原、本體意義上的道。筆者面對易理這一「常道」，也必然、而且正在遭遇如此充滿詩意的挑戰。

《周易》文化的無窮魅力與矜持，在於它的沉默。沉默是其沉雄的人文之力。《周易》是經得住不斷質疑與提問的。諸多所謂「千古之謎」、當代人文意義與它的思性兼詩性旨趣，令人追尋不已，有可能使人對於生活真理的認知和體悟漸入佳境。

以當代文化批評視野，重新審視、解讀《周易》文化，是本書的宗旨。

《易傳》云：「知周乎萬物而道濟天下，故不過。」微言大義，易道宏深。願探跡索隱，崇德求真。

暫為序。

前言　為什麼要撰寫《周易文化百問》

自古以來，中華文化典籍浩如煙海，其數量之多堪稱世界之最，它們所具有的文化思想、知識容量與價值意義，簡直無與倫比。其中《周易》一書，作為中華先秦留存至今的一部十分重要的文化巨著，被西人稱為「東方神秘主義的代表之作」，在中華文化乃至人類文化史上佔有崇高而重要的地位。有西方學者曾經這樣說過，在人文領域，世界上有三大著作對人類文化與文明的影響尤為深巨，這便是古印度的《吠陀》、基督教的《聖經》與中國古代的《周易》。

的確，《周易》的人文思想、知識內容、思維方式與價值理念，典型地體現了中華文化的基本素質、品格與特點，記錄了可以由這裡探尋中華文化之源的歷史與人文資料，蘊涵着原始巫學、數學、天文學、文字學、史學、哲學、倫理學、美學與文學藝術等多方面、多層次的文化因素。可以說它是一個集中華古代命理、數理、天理、聖理、哲理、心理與文理等於一爐，屬於頗為原始意義上的文化集成。

毫無疑問，作為中華文化史上一部地位崇高而十分重要的人文經典，《周易》的思想智慧及其影響難以估量。自西漢武帝時期開始，《周易》被尊為儒家「六經之首」。這「六經」依次為《易經》、《書經》、《詩經》、《禮經》、《樂經》與《春秋經》。據說其中《樂經》亡佚，後稱為「五經」，《周易》居其首，可見非同一般。唐代先有「九經」的說法，包括《易經》、《書經》、《詩經》、《禮記》、《公羊傳》、《穀梁傳》（註：這兩傳均為《春秋經》的「傳」）、《周禮》、《儀禮》和《左傳》。唐文宗時期刻石經，又在原有「九經」的基礎上擴充為「十二經」，把《孝經》、《論語》和《爾雅》列在經典之中。到了宋代，又追加一部《孟子》，於是便有「十三經」之稱。直到清代紀曉嵐主持編就《四庫全書》，仍然把《周易》放在「十三經」的首位，稱其為「群經之首」。所以我們說，《周易》的崇高地位無可替代。

自古至今，人們對《周易》的研讀幾乎持續不斷、歷代未廢，一直是一門顯學。據今人高亨說，歷史上《周易》註家不下千餘，留下著述三千餘種，比較重要的也有一二百種。有人作過統計，將「五經」中其餘各經的箋註、傳文加在一起，其數量也不及有關《周易》一經的論著多，且不說近三十多年來的易著又增添不少。

千百年間，歷代儒生往往皓首窮經，學《易》不輟。有的嘔心瀝血、慘淡經營；有的畢生苦讀、著述尤豐；有的把玩沉思，大徹大悟；有的為此一生顯達，聲名遠播；有的卻弄得兩袖清風，窮酸潦倒；也有的裝模作樣，附庸風雅……然而不管怎樣，他們都認為《周易》是「好東西」，往往拜倒在其腳下，認為《周易》是無可替代的人文寶典。

其實，古人說《周易》「廣大悉備」，是就其巫術占筮的功能而言的。古人處境惡劣，生活艱難，又極為迷信，所以幾乎無事不卜不占。在祭祀（祭祖）、生死、戰爭、農稼、漁獵、營造、婚娶、出行以及交易等等人事活動前，幾乎事無鉅細，都要占問於神鬼，以趨吉避凶。至於經過虔誠的巫術占筮活動，是否能做到時時、處處、人人逢凶化吉、天遂人願、百事通達，這當然是另一回事。

古人說《周易》，稱「易與天地準，故能彌綸天地之道」。但這是從哲學角度來說的。哲學意義上的「天地之道」，作為哲學本原與本體，是涵蓋一切的。這並不等於說，有了哲學本原、本體說，就可以在人們的實踐中百事通利、包打天下。因為，從哲學思想到人們的社會實踐之間，也就是說，從哲學思想的指導，到其現實實現兩者之間，具有許多中間環節與未定因素，不是一通百通、一了百了的關係。

就原始巫學與美學的關係而言，是崇拜與審美的「二律背反」與「合二而一」。原始巫學的文化「陰影」與審美智慧的燦爛光輝，童稚般的混沌初淺意識與先哲的深邃自覺理性，高揚聖理的道德說教與瀟灑飄逸的詞韻詩魂，以及《周易》美學智慧內核超時空的全人類性與其不可避免的民族、時代、階級的域限性，是多麼奇異地整合在一起，典型地體現出我偉大中華獨特的文化心理氣質、思維情感方式和文化智慧意蘊。

就《周易》所揭示的人「生」意義而言，它「半是清醒，半是糊塗」。「就天人合一的美的最高和諧而言，它無意中猜測到了天人之際在時間歷程中的有機聯繫，卻留下了過於濃烈的血緣氣息。《周易》詩意般蔥鬱地將活蹦亂跳的人『生』屬性賦予自然，卻把天地為父母那種畏天的說教撒向人間。當天被人格化、父母化時，『聖人』也隨之被天則化、權威化。當天人關係被血緣化時，它締造了中華美學智慧的生命意蘊，發展了豐富的藝術想像，而這種天人合一的美學智慧的熠熠閃光，又可能在一定程度上阻塞基於天人對立的科學思維。《周易》之中不是沒有樸素的科學思維，但這種科學思維一般未曾經受宗教的洗禮，卻遭到了原始巫術與倫理思維的雙重扭曲與奴化，作為一種精神『補償』，便有準宗教的倫理智慧起而填補因缺乏正常的科學思維而留下的空白。天人合一的『美』，也就顯露出時而嚴厲、時而和藹，時而清晰、時而模糊的面容，使人在半是夢境、半是現實中享受生的歡愉，其美學情思的歷史天秤奇妙卻令人不無遺憾地向樂生惡死的一邊傾斜」。這是筆者二十多年之前說過的話。斗轉星移，時過境遷，至今覺得不無道理。

有一位俄國漢學家瓦西里耶夫曾經這樣說：「最好的書一旦從科學研究的主題變成偶像和盲目崇拜的對象，就會成為十分有害的東西。」這句話，好像是特意針對《周易》來說的。

《周易》無疑是中國古代文化甚至是世界古代文化的一座豐碑。在這巍巍豐碑面前，我們究竟是要拜倒在它的腳下，還是以平等的人格力量，與《周易》作一次嚴謹而充滿詩趣的古今「對話」？仰望，還是俯瞰，或者與《周易》平等「交談」？這是一個問題。

當然，從哲學角度來看，由於《周易》本經與《易傳》部分，為中國古人提供了一種認識世界的人文理念與思維模式，此即《易傳》所謂「知周乎萬物而道濟天下，故不過」也，因而，可稱其為「周知萬物的智慧」。然而，這不等於說，我們不可以對這一「智慧」進行思性的追問。

《周易》的人文思想，確是一個中華古老文化的「黑洞」。一種玄暗而無底的深淵，似乎無論你向它投入多少，它都不會有多大反響。《周易》的矜持在於它的沉默，沉默是它沉雄的人文之力。《周易》，是經得起反覆拷問的。

目錄

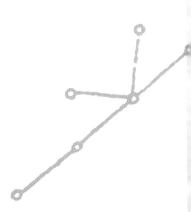

獨具人文魅力的卦爻符號

以命理為文化基因的「偽技藝」

《周易》的人文智慧

易理的啟示

《周易》的人文源起

閱讀《周易》，是一次充滿懸念和挑戰的旅行嗎？

智者《周易》的人文脾性詭譎古怪，奇麗而冷峻。這是發生在今人與古哲之間一場艱苦而詩情蔥鬱的「對話」。

不只有稚淺和愚昧，不只有神經質般的巫的夢境與喋喋不休的道德説教，也有生的歡愉，愛的溫婉；有思的深沉，歌的韻味；有滿天雲霞，一泓微漪；有長河奔湧，大地磅礴，光華日出！

書名「周易」的文化意蘊何在？伏羲與文王究竟是不是《周易》本經與《易傳》的作者？《周易》一書，到底寫成於什麼時代？古人云，「人更三聖，世歷三古」，果真如此嗎？這一連串問題在腦海盤桓，攪得你我心神不寧，又思趣無窮。

「周易」的「周」指什麼

「周易」作為書名，最早見於《左傳．莊公二十二年》，「莊公二十二年」換算成公曆，是公元前六七二年。《左傳》的這一篇說：「周史有以《周易》見陳侯者。」這裡所謂「周史」，指周朝的史官。

史，甲骨文寫作（一期乙三三五〇）；（一期人三〇一六）；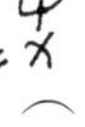（一期合四二二）等。史，從中從又。中，甲骨文寫作（一期乙四五〇七）；（四期粹五九七）；（四期粹八七）等。又，甲骨文象手之形，寫作（一期京二二一六）；（四期京四〇六八）；（五期京五二三八）等。

中的本義，不是「中央」、「中心」的意思。李圃《甲骨文選讀．序》將「中」解釋為古代中華的晷景裝置。姜亮夫《楚辭學論文集》說：「中者，日中也。杲而見（現）影，影正為一日計度之準則。故中者為正，正者必直。」拙著《巫術：周易的文化智慧》指出，中的原始意義，指原古晷景。「這『中』的中間『|』，表示標桿，中間一豎與方框『□』，表示裝置，『≈』表示具有方向性的移動的日影。測日影的標桿必須豎得很直，垂直於地面，否則測得的結果就不會準確。標桿垂直於地面說明其方位與形象得『正』，測得的結果準確，說明得『中』（讀為 zhòng）」。「中」是測日的晷景裝置，後來又兼測風。

而史從中從又，表示人對「中」即原古晷景的把握、操縱，也就是甲骨卜辭所說的「立中」與「立中」之人。

胡厚宣《甲骨六錄》雙一五有一條關於「立中」的記載，「無風，昜日……丙子其立中」。這是說，丙子時分，豎立一「中」即晷景來測日、測風。測得的結果是沒有風，晴天。

王襄《簠室殷虛徵文》天十又有一條「立中」的記載，「癸卯卜，爭貞：翌……立中，無風。丙子立中，允無風」。這是說，癸卯時分占卜，向神靈詢問。第二天，通過晷景來測風，測得結果：沒有風。丙子時分「立中」，相信不會有風。這裡，貞，貞問、卜問的意思；允，相信，《說文解字》說，「允，信也」。而晷景的「景」，是「影」的本字。

因此可以說，這裡《左傳》所說的「周史」的「史」，指從事巫術占卜、「立中」以測日、測風的史官。這周朝的史官，用《周易》為「陳侯」演策算卦，也就不足為奇了。此與《左傳．昭公七年》「孔成子以《周易》筮之」相類同。這裡「見陳侯者」的「見」，為現，轉義可釋為演策算卦。

這雄辯地證明，早在兩千六七百年以前的春秋時期，已有《周易》一書流傳於世並且用以巫術占筮。

那麼，《周易》的「周」，是什麼意思呢？

中華易學史上，關於《周易》的「周」，主要有四種解讀。

第一，東漢時期的著名易學家鄭玄，根據《周禮．大卜》所謂遠古有「連山易」、「歸藏易」與「周易」的記載，認為既然「連山」的意思象徵山巔飛雲連綿不絕，「歸藏」的意思象徵萬物都歸藏於大地，那麼所謂「周易」的「周」，意思便是「易道周普無所不備」，也就是說，易理廣大而完美，沒有任何欠缺。

這是從哲學角度解說「周」字的意義。「周」，圓也。圓，圓滿包含，無有缺失。所以，鄭玄稱「周易」的「周」，有圓滿俱足，無所不包而且運行變化的意義。

這一解說看似挺有意思，其實大約有違歷史與人文常識。因為在春秋時代，中華古人還沒有這樣成熟的哲學理念。這種把「周易」的「周」解說為「圓」的見解，是後代《易傳》的思想，講的是哲學，並非原古《周易》文化智慧的本來面貌。

第二，唐代著名易學家孔穎達看出了這一點，所以改而把《周易》的「周」，切實地解讀為「周代」、「周原」。所謂「周易」，就是「周代的易」、「周原的易」。

孔穎達《周易正義．序》一書提出的理由是，根據《世譜》等書可以知道，所謂「連山易」的「連山氏」，指「神農氏」時代；所謂「歸藏易」的「歸藏氏」，也就是「黃帝」時代。既然「連山」、「歸藏」都是時代的「代號」，那麼，《周易》的「周」是指「周代」兼「周原」，也就是《詩》所說的「周原膴膴」的「周」。而且，周文王當年演易的時候，被囚禁在河南湯陰的羑里。當時周朝還沒有建立，還處在殷代。所以，《周易》

一書之所以題名為「周」，為的是與「殷易」即所謂「歸藏易」相區別。因為是周文王所演示的「易」，所以稱為「周易」。

這一說法，看來不是沒有根據。東漢時期的《易緯》中，就有「因代以題周是也」的提法。顯然，「周」的古義並不是「易道周普無所不備」的意思。「周原」在今陝西省扶風、岐山縣境，是周代、周朝先祖古公亶父自陝西旬邑遷移到這裡建造都邑的發祥之地。因此，把《周易》的「周」解說為周原、周代，是妥當的。

第三，唐代陸德明《經典釋文》提出了另一種說法：「周，代名也。周至也，遍也，備也，今書名，義取周普。」意思是「周易」的「周」，既指周代、周原，又指易理周備、無所不包。看上去說得挺全面的，但這種說法遭到孔穎達的批評。孔穎達說，在解說「周」字意義的時候，儒生們一方面稱「周」為周代，另一方面又認為「周」是「周備」的意思，雖然希望說得全面而沒有遺漏，恐怕於理不通，這兩種解說的意義不能兼備。

第四，即筆者的一點拙見，與讀者諸君討論。

根據東漢許慎《說文解字》的解讀，「周」有「密」的意思，所以後代有「周密」這一複合詞，指人工操作、製造器物審度周到、周密，如「考慮不周」一語中的「周」，就是這個意思。而如果人的審度周密，那一定是遵循有關事物的規律，用古人的話來說，這叫做「必循正道」。因此，關於《周禮》，鄭玄這樣解讀「密」的意義：「密，審也，正也。」這便是為什麼後代有「審度」、「周正」這兩個複合詞的緣故。今人鄧球柏持此解。

但是，這裡的「正」，又通「貞」。郝懿行《爾雅》義疏云，「正亦貞也」。《易傳》有「貞者，事之幹也」的說法，即「貞」是「事物的主幹」的意思。

那麼，「幹」又當何解？李道平《周易集解纂疏》引用了《詩詁》一書裡的一句話，叫做「木旁生者為枝，正出者為幹」，意思是，一棵樹，旁生逸出的，叫樹枝；幹是樹的主幹，它正固無偏。

所以，「幹」有「正」義。而「貞」又有「幹」的意思，因此，「正」通「貞」。

可是「貞」的本義，在《周易》本經中，又指「卜問」。《說文解字》說「貞，卜問也」。《周易》本經中，幾乎到處可以見到這個「貞」字，都是「卜問」即通過占卜，向神靈詢問命運吉凶的意思。而發展到《易傳》，「貞」轉義為「正」，指人的道德人格的正固無私。

「貞」的本義為「卜問」（占問），引申義為「正」。這意味着，在古人看來，占卜、占筮，是人間正道。這便是關於「貞」之本來義與引申義的歷史與人文聯繫。

現在，且讓我們來小結一下：書名「周易」的「周」，有「密」義；「密」有「正」義；「正」通「貞」；「貞」為占、為卜，因此可以說，「周易」的「周」，不僅僅指周代、周朝、周原，而且，是與「卜問」即占卜、占筮、向神靈詢問相關的一個漢字。

「周易」的「周」之所以與占卜、占筮有關，還可以對其作進一步的解讀。

有一條材料很重要，《說文解字》說：「周，密也，從用口。」

而「用」的意思，《說文解字》指出：「可施行也，從卜從中。」

「用」，甲骨文寫作等，學界有人認為，這是卜字、中字的部分重疊。中，正如前述，甲骨文寫作（郭沫若《殷虛粹編》五九六）等，是上古晷景裝置的文字表述。

這裡，按照許慎的意思，既然「用」字「從卜從中」，那麼，所謂「可施行」的「施行」，實際指的是一種巫術活動。「用」字「從卜從中」，應與「卜中」、「立中」（卜問）這一原古巫術（卜筮）相聯繫。

因此，「周易」的「周」「從用口」的意思是，「用」字「從卜從中」，「口」表示向神靈的詢問。

《周易》本經多有「用」字出現，比方說乾卦、坤卦有所謂「用九」、「用六」兩條文辭，這些「用」字，是「周」字「從用」的「用」，可以證明《周易》的文化智慧本於巫。

也有學者認為，「周」字「從用口」的「用」，又像龜版之形。而「口」字，表示向神靈的詢問。如果這一說法能夠成立，那麼，「周易」的「周」的意義與卜筮相關，就更不應該有什麼疑問了。

有的學者以為，「周」字「從用口」的「口」，不是表示向神靈的詢問，而是表示井田的田界、範圍。如果這一說法可以成立，那麼這「周」，就應該是一個與占卜和地理、空間相關的概念。

「周易」的「周」究竟指的什麼，這問題是煩難而有趣的。任何討論都是「拋磚」的行為，「拋磚」未必「引玉」。而有關的討論與爭辯，則可能利於開拓思路。

「周易」的「易」指什麼

許慎《說文解字》這樣解讀「易」字：「易，蜥易，蝘蜓，守宮也。象形。」意思是說，「易」字本象蜥蜴之形，也就是古人所說的「守宮」，這是一個象形字。所以黃壽祺、張善文《周易譯註》說：「其字篆文作『』，正像蜥易之形。」這是第一種說法。

蜥易，就是蜥蜴，爬行動物，壁虎之類。壁虎在古代又稱為「變色龍」。古人認為它行蹤詭秘，體色多變。相傳古代有一種「變色龍」，一天之內可以變化十二種顏色。據說秦始皇時代，這種神秘之物被進貢到宮裡來，就用它來守護宮門。因其變化多端，神秘莫測，人不敢擅自進宮，所以稱為「守宮」。蜥易、蝘蜓，又稱四腳蛇之類，生長、活動於荒野雜草叢中，行跡不易被人發現。所以，以「蜥易、蝘蜓」來解說「易」字的本義，所強調的，是「易」的神秘與變化，這便是所謂「變易」。

關於「易」，《說文解字》又說：「日月為易，像陰陽也。」意思是說，「易」字從日從月，象徵陰陽互變。東漢易學家虞翻《易註》一書引《周易參同契》這樣說，「易」之「字從日下月」，上為「日」，下為「月」，其根據就是《易傳》所說的「日往則月來，月往則日來」。用一句俗語來說，即「光陰似箭，日月如梭」。其實，這主要還是從哲學角度來解讀「易」的本義，恐怕有點靠不住。這是第二種說法。

第三，我們又可以引用漢代《易緯．乾鑿度》卷上一條材料來加以討論。書中說，孔子云：「易者，易也。變易也，不易也。」易有簡易、變易與不易三重意義。所謂簡易，是指萬物千變萬化而不離其宗。而天下萬類無不構成一與多的關係。一，萬變為多；多，歸原於一。這個一，就是簡易。變易，孔穎達《周易正義．序》的解釋是，「夫易者，變化之總名，改換之殊稱」。天下萬類「新新不停，生生相續，莫不資變化之力，換代之功」。不易，《易緯．乾鑿度》說：「不易者，其位也。天在上，地在下，君南面，臣北面，父坐子伏，此其不易也。」這是從政治倫理角度來認識與解讀「不易」，並且用「天在上，地在下」來加以證明。其實，地球是圓的，站在中國上海來看「天」、「地」，確實是「天在上，地在下」。可是如果站在美國華盛頓來想像中國上海的「天」、「地」，那就不是「天在上，地在下」，而是「天」、「地」都在「下」了。而且如果從哲學角度來說「不易」，那便是：天下萬物恆變，這一恆變本身是不變的。

第四，根據《四庫全書總目．經部．易類一》所說，「易兼五義」：一是變易，二是交易，三是反易，四是對易，五是移易。這裡，所謂變易、交易，都是指伏羲所主張的易；所謂反易，指兩卦構成綜卦關係。比方說屯卦䷂顛倒一百八十度，即以下卦為上卦，上卦為下卦，就變成蒙卦䷃；所謂對易，用黃壽祺《周易名義考》的話來說，就是「比其陰陽，絜其剛柔而對觀之」。比方說晉卦䷢與明夷卦䷣是相對的關係，在意義上，是「陰陽」、「剛柔」「對觀」的，而實際上，這種對易仍是反易。所謂移易，應該是變易的另一方式。

第五種見解為黃振華《論日出為易》一文所說，甲骨文「易」字的一種寫法是，這是太陽從東方升起的象形。黃振華說，《繫辭傳》有「乾知大始」的話，「在天文現象中最顯著代表乾剛之象的莫過於太陽了，故以『日出』來象徵『乾知大始』，最恰當不過。二是『日出』表示晝夜變換，晝夜變化也可以說是日月的變換。二者都象徵了陰陽變化的意義，故以『日出』來象徵陰陽變換」。這一篇文章發表於中國台灣《哲學年刊》第五輯（一九六八年十月），引起不少爭論。一九九七年筆者在韓國講學期間，又偶然發現《論日落為易》一文。當然，從甲骨文（易）字看，說它像日出，對；說它像日落，也對。但確鑿的文字學依據是什麼，有待進一步討論。

第六，甲骨文還有一個「易」字，是個象形字。羅振玉《殷虛書契前編》六、四二、八寫作，郭沫若主編《甲骨文合集》五四五八寫作；《甲骨文合集》八二五三寫作。

這些「易」字，象徵人用雙手把液體從一個容器傾倒到另一個容器中去，這是最古老的「易」字。

後來，隨着文字書寫形式的逐漸簡化，「易」從演變為，再演變為、，最後，只剩下半個容器與液體的象形，寫作，直到發展為春秋戰國時期的篆文「」。

這種將液體從一個容器傾倒進另一容器的行為，是利用了物的液態流動性，在今天看來，根本沒有任何神秘性可言。可是在原古人的心目中，這一現象卻是很令人驚訝而困惑的，由此衍生出一種關於水等液體的巫文化理念，即水的變幻不定，與人的命運吉凶息息相關。

這第六種見解，筆者以為更具有進一步探討的意義。它討論「易」字的本義，不是從哲學角度而是從文化人類學的角度進入的。這首先在方法論上已經具備了一定價值。

二〇〇七年八月上旬，筆者在雲南麗江地區的玉水寨考察納西族東巴文字，看到寨子裡放在一家農戶家門口的一罈酒的封口紙上，有一個「易」字，寫作，表示酒水流溢的神秘性，這可以看作是古「易」字的一個旁證。

《說文解字》說：「易，蜥易，蝘蜓，守宮也。象形。秘書說：日月為易，像陰陽也。」這段話，前文已經分兩部分引用過。此後，《說文解字》接着又有「一曰從勿」四字。這「從勿」之說，歷來無人識讀。黃壽祺、張善文《周易譯註》說：「唯『從勿』之義，則頗難通。」

其實按筆者的看法，這裡「從勿」的「勿」，實際上是被文字簡化了的半個盛液容器腹部的象形。而所謂「易」字上部的「日」，根本不是「日月」之「日」，而是那容器把手的變形。

總而言之，「周易」之「易」的本義，與日、月無關。從文字學來考察，它體現了上古關於水等液體之流動的一種巫術理念。易學家尚秉和《周易尚氏學》說，所謂簡易、變易、不易，並不是易的本義。他說，易的「本詁」（本義）是「占卜」，這與筆者的文字學考辨相契。

伏羲是不是八卦的創始者

通行本《周易》一書的作者究竟是誰？

《漢書．藝文志》有下面一則記載（大意）。

相傳伏羲氏抬頭仰望蒼天，所謂「觀象於天」，低頭俯瞰大地，所謂「觀法於地」，又觀察天下萬類的燦爛文彩與適宜於大地的種種生活，近處從人體自身取象，遠處從萬事萬物取象，所謂「伏羲始作八卦」，為的是讓人通達天地萬物神秘莫測的德性，用來類比天地萬物的種種情狀。至於說到殷周之際，那殷末的紂王權傾天下，違天逆道而推行暴政，文王因而以諸侯身份替天行道，天人感應，得天之大道而倣傚它。因而，在伏羲始創八卦的基礎上「重易六爻」，即重卦六十四，分出上經三十、下經三十四。孔子為此撰寫《彖辭》上下、《象辭》大小、《繫辭》上下、《文言》、《說卦》、《序卦》與《雜卦》等七種十篇大文。所以《漢書．藝文志》說：「易道深矣。人更三聖，世歷三古。」這意思是：易理深廣啊！《周易》一書的撰成，其作者依次是始創八卦的伏羲，重卦六十四的周文王和撰寫《易傳》即「十翼」的孔子。他們是三位聖人。而該書撰成的時間，經歷了上古、中古與下古三個時代。

這一說法有道理嗎？這裡，且讓我們先來說說所謂「伏羲始作八卦」到底是怎麼一回事。

《易傳．繫辭下》有關於伏羲「始作八卦」的記載，這即《漢書．藝文志》有關伏羲觀天、察地、近取、遠取，「於是始作八卦」說的依據。這一說法，後來被作為信史來加以肯定，尤其在緯書中平添了許多神秘說法。

《禮緯．含文嘉》說：「伏羲德合上下。天應以鳥獸文章，地應以河圖洛書，伏羲則而象之乃作八卦。」意思是：伏羲氏的偉大德性應合於天時、地利。上應合於天，使天下飛禽走獸文采風流；下應合於地，使大地繪成源自黃河的圖、洛水的書，伏羲氏由此觀悟，就取象於天、取法於地而始創八卦。

這一記載，實際是《易傳》所謂「河出圖，洛出書，聖人則之」的想像與推斷。在中華易學史上，著名易學家如孔安國、馬融、王肅與姚信等人，都堅信「伏羲始作八卦」之說。

這一「伏羲始作八卦」說，聽起來非常富於詩意。伏羲，又稱包犧、包羲、宓犧等，是中國神話傳說中一位十分了不起的偉大人物。《漢書．古今人表》曾稱他是天下第一「上上聖人」。在中華「人文初祖」黃帝在漢代終被塑造成功之前，伏羲一直是中華第一「聖人」，受人崇拜。他始創了許多文明，其中之一是《周易》八卦文化。

但是，伏羲的儀容長相似乎並不雅觀，傳說伏羲「人首蛇身」，神異得很。這種情況，與黃帝有些相像。古書上說「黃帝四面」，是說黃帝長了四張臉，分別面向東南西北。大概這些「偉大人物」，都是天生「異相」吧。這都是神話傳說，不能當真的。

《帝王世紀》曾經指出，「大昊帝包犧氏……繼天而生，首德於木，為百王先。帝出於震，未有所因，故位於東方，主春，象日之明，是稱大昊」。意思是說，伏羲就是大昊帝，他是天地開闢之後最早生下來的，其最原始的德性是木德，是後代百代聖王的老祖宗。伏羲作為第一聖帝的偉大德性，來自於《周易》震卦，因為震卦在東方，主春天，象徵旭日東昇，普天光明，所以伏羲又稱為大昊帝。這裡，關於為什麼說震卦在東方、主春天等等問題，筆者後文自有說明，這裡暫且打住。

現在繼續來討論「大昊」。昊，從旦從大。旦，甲骨文寫作，它的上部像初升的太陽，下部像大地（原古初民認為大地是方形的）。大，甲骨文寫作，像正面站立的男子形象。《說文解字》說，「大象人形」。這「人」，指的是男性。

因此，昊，象與旭日同輝的男人。

而「伏羲」的「伏」或「包犧」的「包」，都是「溥」的同義通假。《說文解字》說，「溥，大也」。因此，所謂「伏羲」、「包犧」，其實就是「大羲」。而「包犧」的「犧」，它的詞根是「羲」。羲，是曦的本字，朝曦即朝霞的意思。

所以，所謂「伏羲」、「大昊」的命名意義，都與初升太陽這一偉大的意象相關。旭日升起在東方，「故位在東方」是也。由此可見，所謂伏羲，並非實有其人，而是中華初民出於對原古巫筮文化包括《周易》的崇拜所虛構的一個「創卦」者。

伏羲的文化原型，可能是遠古生活在東方的某一個氏族的首領。他可能是一個或者幾個氏族首領的人文「共名」，而並非是某個或者某幾個實際存在過的東方氏族首領本人。

正如前述，在黃帝作為中華「人文初祖」於漢代被塑造完成之前，伏羲的人文地位一直比黃帝崇高。其他不說，就說《易傳》吧，《易傳》稱伏羲「始作八卦」，而黃帝是在「伏羲氏歿（死）」、神農氏之後才有所作為的，所謂「黃帝堯舜垂衣裳而天下治」。可見黃帝「人文初祖」的崇高地位是在「伏羲氏歿」之後才一步步被塑造完成的。

漢代以後，伏羲的名望遠不及黃帝，人們只有在談論「創卦」問題時才提起他。中國人祭祖的時候，一般要跑到陝西橋山去祭奠黃帝陵，而不是到甘肅天水去祭拜伏羲廟。因此，是否可以這樣說，所謂「伏羲始創八卦」，僅僅是一個蘊涵着一定歷史真實因素的美麗的神話傳說，而不是實有其人其事？

所謂傳說中的「伏羲氏」時代，學界有人認為距今約四五萬年，應該屬於舊石器晚期。根據體質人類學，這一時期的中華先祖，由「古人」發展為「新人」，進入母系氏族社會。考古發現，廣西「柳江人」、內蒙「河套人」與四川「資陽人」等，大致上都屬於這一歷史、文化發展階段。他們的智力水平究竟怎樣，還一時無從考定。

但是，根據碳十四測定，比上述「新人」晚近、距今大約一萬八千年的北京周口店「山頂洞人」的智力，從出土骨器、石器與裝飾品來分析，仍遠不足以支撐他們具有能夠創始八卦的水平。那麼，比「山頂洞人」年代更為古遠的伏羲氏，又如何能夠「始作八卦」呢？

舊石器晚期是母系氏族社會。母系文化直到距今大約七千年到一萬年的新石器時代早期，才進入繁榮期，距今大約五六千年的仰韶文化中期，才讓位於父系文化。

而伏羲卻是一位男性的「王」，既然是這樣，應該屬於父系文化才對。可見，伏羲並不是真正的「繼天而生」、「為百王先」，他不過是父系文化崇拜男性祖先的一個虛構性人物，所謂「始作八卦」，經得起真實歷史材料與證據的檢驗嗎？

既要強調「始作八卦」的伏羲氏生於悠古，甚至誇大為「繼天而生」，又說伏羲是男性之「王」，年代相對晚近，這是一個在「始作八卦」作者問題上難以克服的矛盾與困難。

那麼，《周易》八卦的創始者究竟是誰？

這的確是一個所謂的「千古之謎」。如何解開這個謎，也許只能有待於今後的考古發現與研究了，或者，也許永遠解不開。

文王是不是六十四卦及其卦爻辭的作者

這是有關重卦六十四與卦爻辭的作者問題。

所謂重卦，指每兩個八卦相重而得每卦六爻的六十四卦。《繫辭》有「八卦相蕩」的說法，指的就是重卦六十四。

中華易學史上，有王弼「伏羲重卦」說，鄭玄「神農重卦」說，孫盛「夏禹重卦」說與司馬遷、班固、揚雄和王充等人的「文王重卦」說。比較而言，「文王重卦」說即以周文王為重卦六十四與卦爻辭作者的說法更為流行。

《易傳》說：「易之興也，其於中古乎？作易者其有憂患乎？」又說：「易之興也，其當殷之末世、周之盛德邪？當文王與紂之事邪？」

這意思是，重卦六十四與作卦爻辭從而使易學興盛，它是在中古時代嗎？重卦六十四與卦爻辭的作者，他有憂患嗎？這易學的興盛，難道正當殷代滅亡、周代興起的時候嗎？是否正當商紂王把文王囚禁在羑里的時候呢？

雖然是疑問的口氣，但意思還是清楚的。

這裡所謂「憂患」云云，特指周文王被商紂王囚禁在今河南湯陰縣北的羑里。文王身心同遭罹難，憂心忡忡，從而演易，也就是重卦六十四以及撰集卦爻辭。

一九九一年，筆者應邀赴河南安陽出席國際易學大會。會議期間，曾有機會到古稱羑里的地方去考察文王「演易」之處。但見那裡是剛收割完莊稼的大片農田，其間有破屋數間，說這便是當時周文王被囚禁的監獄即「演易」之所。我當時便覺得，雖然這破屋大約至多只是民國時期的遺構，但相信這裡應該就是文王因落在難中而重卦六十四、撰集卦爻辭的場所。《周易》一書，歷來是文人儒士、萬民百姓崇拜的對象，如果文王在羑里「演易」是歷史真實，那麼，我們究竟有什麼理由與確鑿證據，說這裡不是文王「演易」的地方呢？

然而，周文王到底是不是《周易》六十四卦爻辭的作者呢？這裡有多種可能。

如果《周易》本經六十四卦爻辭，同時由一個人推演而且逐爻附以文辭的，那麼，所謂「文王重卦」說便缺乏證據。這怎麼理解呢？因為通觀六十四卦爻辭，其中多處有周文王身後的史實記載。

舉例來說，明夷卦六五爻辭稱「箕子之明夷」。箕子是殷代三大賢人之一，是商紂王諸父，曾官太師，其封地在今山西太谷東北的箕地，人稱「箕子」。商紂王暴虐無道，箕子屢屢勸諫而不聽，反而被囚禁起來，直到周武王滅商時才得以釋放。

這裡，夷是毀傷的意思。明夷，指箕子被囚禁時佯裝瘋傻，自毀其明。這一件歷史事實發生在周武王滅商的前夕。

而武王是文王的兒子，如果《周易》爻辭真是文王所作，那麼問題就來了，文王又怎麼可能將自己身後發生的史事寫到《周易》本經中去呢？

又比如升卦六四爻辭，有關於「王用亨於岐山」的記載。這是指周文王回到祖地即古公亶父發祥地陝西岐山（即周原）祭祀祖宗神的史事。但是，只有在周武王克商建立周朝以後，所謂文王才追封為「王」。在商紂統治時代，後來被追封為「文王」的那個人，但稱「西伯」、「伯昌」、「姬昌」。如果《周易》爻辭確實是文王的作品，那麼問題又來了，那文王怎麼可以自稱為「王」呢？

又比如既濟卦九五爻辭說，「東鄰殺牛，不如西鄰之禴祭」，這是說，東方商族殺牛以祭，還不如西方周族進行古代所謂「四時祭」中的夏祭。這裡所說的「禴祭」，指夏祭。讀者可以翻閱一下《詩．小雅》傳，它這樣說：「春曰祠，夏曰禴，秋曰嘗，冬曰烝。」這一記述，也在證明周文王並不是《周易》六十四卦及其爻辭的作者。為什麼呢？因為周文王在世時，商紂貴為「天子」，那時的文王並不稱「文王」，如上所述，但稱「西伯」而已。

既然是「西伯」，怎麼能夠自稱為與「東鄰」殷商平起平坐的「西鄰」，並且可以譏評「東鄰」的祭法反倒不如「西鄰」（周）的祭法？

當然，這裡可能有一個問題：難道前述這些大致記述周文王身後史事的爻辭不會是後人竄入的嗎？如果是後人竄入，那麼，整個六十四卦爻辭，仍有可能是周文王所撰集。但是，這一問題與假設，看來是難以成立的。什麼緣故呢？

在西漢武帝設五經博士、大倡經學之時，《周易》被尊為「五經之首」，並且在此後的中華文化沿襲中顯得愈來愈神聖，人們的崇敬之情日盛，試問誰還敢對之加以竄改與偽托呢？

從中華易學史看，起碼到現在為止，還沒有任何證據證明，通行本《周易》的六十四卦爻辭，曾經被後人竄改過。那麼，從《周易》本經成書的殷周之際到西漢這段歷史時期，又到底有沒有被竄改的可能呢？

我的看法是不大可能。

在當時中華古人的心目中，《周易》本經是很特殊的。與其餘四經不同，它是一部巫術占筮之書。正如南宋理學家朱熹《周易本義》所說，《周易》的「本義」是「卜筮」。因為中國古人虔誠地迷信占筮，因此早在秦代，即使是「虎視何雄哉」而「掃六合」的秦始皇大搞「焚書坑儒」，也不敢對《周易》動一根指頭，從而使《周易》得逃秦火，保持原貌。

中華文化史、經學史上，有所謂偽古文《尚書》之類，卻從未聽說過有什麼偽《周易》，就是這個緣故。

所以，在始於漢代的今、古文經學的文化論爭中，雙方所長期爭論的問題之一，不是《周易》本子與內容的不同，不是真偽的問題，而只是《周易》在「五經」中排列地位及其文化意義的不同。

可以這樣說，在中華文化史、經學史上，如果說人們對其他經典的崇拜始於西漢，那麼，人們對《周易》的崇拜，起碼早在殷周之際，早在《周易》大傳成篇之前就已經開始了。出於這樣的文化背景、條件與氛圍，《周易》六十四卦爻辭，能夠輕易地被人竄改與偽托嗎？那麼，《周易》六十四卦卦辭會是文王所寫的嗎？出於前文所說的同樣的理由，筆者認為也不太可能。

試舉一例。《周易》晉卦卦辭說：「晉：康侯用錫馬蕃庶，晝日三接。」這裡，晉，卦名。康侯，周武王之弟，名封，初封於康地，所以也稱為康侯、康叔。錫，借為賜，獻的意思。蕃庶，形容眾多。

這條卦辭的大意是說，周武王的弟弟康侯出征告捷，俘獲敵方眾多馬匹，獻給周武王，使武王一天之內接到了多批馬匹戰利品。顯然，這應該是發生在周文王身後的歷史事件。如果周文王真是六十四卦卦辭的作者，他又怎能知道自己身後的事並記載在卦辭之中？

總之，文王推演六十四卦的事，在漢代《史記．日者列傳》與王充《論衡》等古籍中，都說得十分肯定。這些記載依據的是同一種說法，都源自《易傳》。可是正如前引，《易傳》關於「易之興也」的兩段話，原本用的是疑問口氣。這疑問，是未知而問還是明知故問？一時不易判斷。如果是未知而設問，那麼，即使在大約先秦的戰國時期，《周易》六十四卦究竟為誰所創構、究竟誰是卦爻辭作者，這些問題在當時已經不是很清楚了。如果不是這樣，那麼《易傳》的作者，為什麼要在這裡用模稜兩可的疑似口吻呢？

可是，如果換一個角度來思考、談論這一問題，那麼，周文王推演六十四卦並且撰集卦爻辭，也是頗有可能的。

大家知道，《周易》作為一種巫術占筮，不是一般的巫術，它相當複雜，在中國古代算是一門綜合的學問與文化集成。所以，沒有廣博的知識，尊顯的社會和文化地位的人，很難有能力來推演六十四卦及撰集卦爻辭，而且，這六十四卦筮符與卦爻辭，都要寫在竹簡上，甚至還鐫刻在甲骨上。

因此，不是隨便什麼人，都能掌握這門學問與技藝，來從事這項文化活動的。只有那些在社會上有聲望、有權威、有地位的人所進行的巫術占筮，才更增添巫術的「靈力」，才更使人對占筮的結果深信不疑。

我們可以從《國語．楚語》知道，原古的「巫」，是集「智、聖、明、聰」於一身的，並有「祝」、「宗」作副手。從《墨子．非樂》「其恆舞於宮，是謂巫風」的記載來看，從事巫術活動的「巫」能歌善舞，是以歌舞來「降神」的。《呂氏春秋．勿躬》有所謂「巫咸作筮」、「巫咸作醫」的記載，古代巫、醫不分，而且醫原於巫。但看後代的《黃帝內經》，其醫理始於易理，而易理的本原是巫文化。傳說中的重、黎以及夏代大禹，殷代巫咸，還有周代史佚與萇弘等，大凡都是「大巫」。直到春秋時代，史蘇、史趙、史墨、史龜與史嚚等，都兼擅卜筮。

在西漢揚雄《法言．重黎》一書中，有所謂「巫步多禹」這一條記載。有一條「註」這樣說：「禹治水土，涉山川，病足而行跛也，而俗巫多效禹步。」《廣博物志》卷二五引《帝王世紀》也說：「世傳禹病偏枯，步不相過，至於巫稱禹步是也。」

這關於「巫步多禹」的材料，意思很是明白。那後代的「巫」為什麼要倣傚「禹步」走路呢？

大約因為大禹是一個「大巫」。大禹治水，涉歷山川，弄得腿腳有病，成了一個跛腳。但大禹同時又是「巫」，所謂知鬼神情狀。所以後代的「巫」連大禹的「行跛」也要模仿，為的是用大禹的這種跛行步調來禁御鬼神。

就《周易》所處的周代來說，據史載，周公是一個懂得卜筮的人。周公攝政，引起管叔、蔡叔不滿，召公也頗有微詞。周公便以「巫」的身份去說服他們，闡明自己攝政的合法性與權威性。周公歷舉成湯時代的伊尹，太戊時代的伊陟，祖乙時代的巫賢，武丁時代的甘般等人，這些都是「格於上帝」的巫、祝與卜史，他認為這些人所以能在商朝理政，輔佐商王，是因為他們都善於從事卜筮活動，都上知天文、下曉地理的緣故。既然自己也善於巫筮，那有什麼不能當攝政王的呢？

從周代實行貴族世襲制來看，一種官職包括巫職通常為某一家族所世襲、所佔有。從周鼎銘文看，周公世家多為巫、祝。周公是武王的胞弟，而武王是文王的兒子。周鼎銘文有「文王遺我大寶龜，紹天明」的記載。可見，連周公從事卜筮的那點本事和特權，還是從文王那裡遺承下來的。

這似可證明，文王也一定善於巫事，而且是一個大巫。

我們對照周文王的世襲、地位、聲望與智慧水平等情況，大約也會認同文王是六十四卦及其卦爻辭作者的見解了。

儘管有的學人根據有關古籍所謂「伯昌（文王）荷蓑，秉鞭作牧」的記載，以為文王自己那時還在看牛放馬、打穀種田，憑什麼判定文王是《周易》的作者呢？然而，我們又有什麼確鑿的證據，證明作者不是文王呢？

仁者見仁，智者見智，公說公有理，婆說婆有理。究竟什麼才是真正的歷史與人文真實，要搞清楚，洵非易事。

所以有學者提出第三種看法，認為無論《周易》六十四卦及其卦爻辭的作者在是否為周文王這一點上，都沒有充分的根據。根據六十四卦卦辭和爻辭大都是巫筮記錄這一點可以判斷，其作者其實是我們現在難知其姓名、身世的一批巫筮者。是他們經過數代人的努力，編纂了《周易》六十四卦及其卦爻辭。

李鏡池《周易探源》一書這樣說：「我是主張《周易》是編纂而成的。我作《周易筮辭考》

時說過，從卦、爻辭的著作體例及其中的格言及詩歌式的句子，可以看出《周易》是編纂而成的。」

這種「編纂」說，把文王是不是作者這一爭論擱在一邊，看似無理似有理，看似有理似無理。否定或肯定，看來都沒有確鑿的證據。

孔子是不是《易傳》的作者

《易傳》即《易大傳》的作者，又是誰呢？

關於這個問題，兩千年來也是爭論不斷，而大多數學人都以為，《易傳》的作者是孔子。

理由是，《論語》曾經記述孔子本人的話說：「加我數年，五十以學易，可以無大過矣。」孔子晚年聚徒講學，喜好易學並學習與研究《周易》，都是可能的，而且把「學易」與人生「無大過」聯繫在一起。

西漢司馬遷《史記．孔子世家》是留存至今關於孔子生平、經歷、學識與思想的重要文本。司馬遷說，孔子「晚喜易」，這位「聖人」編寫了《易傳》中的《彖辭》上下、《象辭》大小、《說卦》與《文言》等數篇，讀易不輟，所謂「韋編三絕」，就是說，讀得滾瓜爛熟，以至於編連竹簡的繩子也斷了多次。

東漢《緯書．乾坤鑿度》又說，孔子「五十究易，作『十翼』明也」。

在歷代古籍中，所謂孔子作《易傳》說，隨處可見。前文所引《漢書．藝文志》所謂「人更三聖，世歷三古」說中的一「聖」一「古」，就是指孔子作《易傳》。

可是，相反的意見也不是沒有。

筆者以為，孔子作《易傳》說儘管源遠流長，細細推敲，卻是站不住腳的。

第一，在中華易學史上，最早懷疑《易傳》為孔子所撰的，是唐宋八大家之一的歐陽修。

歐陽修《易童子問》說：「《繫辭》而下非聖人之作，以其言繁衍叢脞而乖戾也。」這是說，包括《繫辭》在內的以下幾篇，不是孔子的作品。理由是，《繫辭》等篇內容繁複，有相背、違逆的地方，所以斷定這不是孔子一個人寫的。

第二，《易童子問》又說，《易傳》的體例中，運用了許多孔子的話。比方說，「子曰：書不盡言，言不盡意」，「子曰：『君子居其室』」，「子曰：『勞而無伐』」，等等。歐陽修說：「何謂『子曰』？講師言也。」對呀，「子曰」的意思是「先生說」、「老師說」，如果《易傳》的確是孔子自己所寫，他怎麼可以自稱「子曰」？

第三，我們細讀《易傳》全文，正如歐陽修所說的，其中內容互相牴觸的地方不少。比方說關於八卦起源這個重要問題，《易傳》中就有三種不同見解：一說「河出圖，洛出書，聖人則之」，意思是八卦起源於河圖、洛書這「天地自然之易」，聖人伏羲是本原於圖、書來發明八卦的；二說伏羲「近取諸身，遠取諸物，於是始作八卦」；三說「觀變於陰陽而立卦」。這種文本現實，起碼證明《易傳》並非孔子一人、一時所撰。

第四，一般說來，記載在《論語》裡的孔子的言論與思想，從史學角度來說，因為離孔子生年不遠，應該說是相對可靠的。《論語》有許多孔子的名言，富於思想深度，到今天仍然具有思想光輝。從《論語》中孔子許多言論來分析，孔子並非老子那樣的哲學家，他是重於仁學、倫理學等道德修養的思想家，可是《易傳》尤其是其中的《繫辭》篇，卻富於哲學思想，比方說「一陰一陽之謂道」這樣的哲學思想，顯然不同於《論語》所記載的孔子思想。因此，假設《易傳》是孔子所寫，又怎麼解釋這種不同呢？人們要問，為什麼《易傳》中的「孔子」那麼富於哲學意味而《論語》中的「孔子」卻並非如此？而且，《易傳》中的哲學，大多屬於道家的自然哲學。那麼問題又來了，為什麼作為先秦原始儒家創始者的孔子，在《易傳》中忽然具有先秦道家的哲學思想？

第五，戰國中期的孟軻，以繼承孔子思想、學說自居，竭力宣傳孔學，但《孟子》一書，只說孔夫子作《春秋》，不講孔夫子著《易傳》，先秦其他儒門中人，也沒有人稱孔子作《易傳》。這種文本現象，難道是一種「集體失憶」嗎？

第六，在《論語》中，孔子自稱「信而好古」、「述而不作」，所以所謂「孔子作《春秋》」也不見得有多少確鑿史料可以證明。而孔子作《易傳》，似也可以作這樣的判斷。而且，《論語》所記載「加我數年，五十以學易，可以無大過矣」這樣的話，也並不能證明孔子晚年的學易、喜易，可以等同於作《易傳》。

由於以上理由，筆者認為，《易傳》可能不是孔子的著作。但是《易傳》主要體現了先秦儒家的仁學、倫理學等人學思想，也吸納了先秦道家的若干哲學見解。《易傳》運用了孔子的一些言論與思想，不排除其中有一些是引用孔子的原話，也不能排除有些是後人的偽託或添油加醋。

總之，《易傳》的作者不可能是孔子。《易傳》的成篇有一個比較漫長的過程，必然經過許多儒門後學以至數代人的構思、採輯、編纂、訂正、增刪與潤色。

但是這一看法，也仍舊會受到一些質疑。即使在當代，堅持孔子作《易傳》說的依然大有人在。金景芳講述、呂紹綱整理《周易講座》（廣西師範大學出版社，二〇〇五年）說：「我認為《易大傳》是孔子所作，證據確鑿，無可否認。（一）孔子作《易大傳》，其說首見於《史記》。《史記》作者司馬遷之父司馬談受《易》於楊何。楊何為孔子九傳弟子明見《史記·儒林傳》，故其說最為可信。（二）孔子作《易大傳》，不但其天才、功力有過人者，也依賴於他當日（時）的歷史條件。」

不知人們讀了金景芳的這一講述作何感想，他堅持認為孔子作《易傳》的兩點理由，能夠成立嗎？

《周易》成書於什麼時代

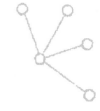

《周易》本經與《易傳》的成書年代相距甚遠。

朱熹《周易本義》稱《周易》本為「卜筮之書」。卜筮在殷、周兩代最為繁盛。

首先，卜與筮是不一樣的。卜，指甲骨占卜；筮，指《周易》算策。《禮記．典禮上》稱：「龜為卜，策為筮。」這裡的「策」，指《周易》算策。從年代上看，「先卜而後筮」是可以肯定的。儘管在周代，甲骨占卜並未退出歷史與人文舞台，但是中華古代巫術文化歷史的發展，是先為殷代甲骨占卜，後有周代易筮。

易筮是在甲骨占卜文化的基礎上發展起來的。《左傳》有「筮短，龜長，不如從長」的說法，意思是卜文化比筮文化歷史更悠久、更古老，更具有權威性，所以說，與其尊重占筮的結果，不如尊重占卜的結果。

《左傳》稱，「龜，象也；筮，數也」，彷彿象、數在龜卜、易筮中是絕然不同的。其實，無論殷卜、周筮，都具有濃重的命理思想。龜卜與易筮一樣，都具有象與數的文化因素。這「數」，首先指命運、劫數，即所謂「命裡注定」，同時指筮數。

由此可以見出易筮文化的大致產生年代。易筮比較複雜，它不如甲骨占卜文化古老，但也不是「現代」的東西。它產生在龜卜之後，或者至多與龜卜同時，而盛行於周代。

這就提示我們《周易》一書的成書年代，即使是它的本經部分，也大約不可能早於周代，它可能誕生在殷、周之際。

如前所引，《易傳》稱：「《易》之興也，其當殷之末世、周之盛德邪？當文王與紂之事邪？」這為我們思考、認識《周易》的成書年代問題，提供了一個思路，即本經的成書年代可能在殷、周之際，即從殷卜向易筮轉變的歷史時期，大約在公元前十一世紀，距今約三千一百年時間。

雖然《易傳》這一關於本經成書年代的說法帶有疑問口吻，但是本經作於殷、周之際的結論，今人是大多信從的。爭論很激烈的，倒是《易傳》的成篇年代。

《易傳》一共有七種、十篇大文，各自的內容、體例、思想與文字風格等多有不同，說它是出自一人之手、一時之作，是缺乏證據的。

李鏡池《周易探源》認為，《易傳》中的《彖辭》、《象辭》寫成於秦漢之際，《繫辭》、《文言》寫成於西漢司馬遷生年之後，大概在漢昭帝與漢宣帝之際。而《說卦》、《序卦》與《雜卦》在漢昭帝、漢宣帝之後。

郭沫若《周易之製作年代》說：「我相信《說卦》以下三篇（指《說卦》、《序卦》、《雜卦》），應是秦以前的作品，而《彖》、《象》、《繫辭》、《文言》則不能出於秦前。」理由是，這後四種「傳」的思想比較豐富、成熟。郭沫若推定《彖辭》、《繫辭》與《文言》係荀子門徒寫於秦代。

張岱年認為，《易傳》寫定於戰國中後期，他稱李鏡池、郭沫若的見解，缺失在「疑古過勇」。其《論〈易大傳〉的著作年代與哲學思想》認為，「《易大傳》的年代應在老子之後，莊子之前」。

這些看法，基本為劉大鈞《周易概論》一書所採納。其理由如下。

先秦老子有道、器關係的論述，《帛書老子．德篇》說：「道生之，德畜之，物刑之，而器成之。」《易傳》的《繫辭》談到這個問題時，就概括為「形而上者謂之道，形而下者謂之器」，顯然是對《帛書老子》這一思想進一步的理論概括與發揮。這似可證明《繫辭》寫在《帛書老子》之後。

《易傳》的《繫辭》有所謂「天尊地卑」的說法。《莊子．天運篇》說：「夫尊卑先後，天地之行也，故聖人取象也」，又說「天尊地卑，神明之位也」，「夫天地至神而有尊卑先後之序，而況於人道乎。」這顯然是對《繫辭》所謂「天尊地卑」說的解說與發揮。尤其「故聖人取象也」一句，證明莊子是讀過《周易》本經而且懂得「取象」的方法與道理的。《莊子．漁父篇》有「同類相從，同聲相應，因天之理也」的言述，明顯又是《易傳》之《文言》關於「同聲相應，同氣相求」的闡發，可以證明《文言》寫在莊子之前。

至於荀子深受《易傳》影響並有所發揚，更是可以肯定的。舉例來說，《荀子．大略》說：「《易》之咸，見夫婦。夫婦之道，不可不正也。君臣父子之本也。咸，感也。」這是說，《周易》咸卦所顯現的，是夫婦之道。夫婦之道，是君臣、父子之道的基礎，不可以不正固發揚。這明顯是對《易傳》的《彖辭》所謂「咸，感也」的詮釋，有力地證明《彖辭》的寫成早於戰國末期的荀子時代。

《易傳》的《彖辭》僅僅逐條解說六十四卦卦辭，而《易傳》的《象辭》除解讀六十四卦卦辭以外，還解讀六十四卦每卦六爻的全部爻辭，這似可證明，《彖辭》成篇在前，而《象辭》成篇在後。因為按照常理，一般總是簡單一些的論述在前，而繁複、豐富的在後。但是，情況又可能相反。比如《象辭》有「地勢坤，君子以厚德載物」之說，《彖辭》寫為「坤厚載物，德合無疆」八個字，這又似乎說明，《象辭》的寫成要早於《彖辭》。

同時，再拿《說卦》來與《繫辭》作比較，《說卦》的內容僅是對八卦的解讀，而《繫辭》是對全書總體思想意義的闡述與分析，更具有理論的廣度與深度。所以《繫辭》的撰成應晚於《說卦》。因為一般而言，相對成熟的思想總是出現較晚才是。

如果同意這樣的分析，前引李鏡池、郭沫若等學者的見解，是否還有再討論的必要呢？

筆者以為，有關古籍所說的老子，其實並非同一個人。有時指老聃。老聃生活在春秋末年，略早於孔子，大約生於周靈王元年（公元前五七一）前後，卒於周敬王四十年（公元前四八〇）前後。而孔子生卒年，為公元前五五一年至公元前四七九年（一說公元前五五〇至公元前四七九年）。有時是指太史儋，他生於周考王十一年（公元前四三〇），卒於周顯王二十九年（公元前三四〇）前後。據研究，太史儋的生卒年，大約在戰國中期，是通行本《老子》的實際編纂者。

由於這裡所說的《老子》，是通行本《老子》，而不是老聃的《老子》祖本，由戰國中期的太史儋所編纂，而且在歷史上實際發生重大影響的正是通行本，因此，筆者的初步結論是，《易傳》的寫作年代，最早大約在公元前四三〇年（周考王十一年）前後。

同時，因為莊子生於周顯王九年（公元前三六〇）前後，卒於周赧王三十五年（公元前二八〇），因此，筆者的又一初步結論是，《易傳》的寫作年代，最晚可能在公元前二八〇年（周赧王三十五年）。

可是，《莊子》一書共三十三篇，包括內篇七，外篇十一，雜篇十五。學界一般認為，內篇是莊周本人的作品，至於外篇與雜篇，可能是莊子後學所寫。莊子後學所經歷的時間可能較長，一直延續到荀子時代的戰國末期。

綜上所述，筆者的初步結論是，《易傳》諸篇大概的成文時間，在公元前四三〇到公元前二八〇年之間，大約經過了一個半世紀的光景。當然，其成文的下限，可能在戰國末期。

最後補充一句，這裡關於《易傳》成篇年代問題的討論，雖有一些資料作證據，但主要基於一種邏輯性的推演，並非無懈可擊。僅以此論，易學確是一門有趣而「困難」的學問。

《周易》有哪些主要版本

《周易》的主要版本有三種。

第一種，是帛書本《周易》。

一九七三年底，這一本子發掘於湖南長沙馬王堆漢墓，全文抄寫在帛上。帛是一種絲織品。所以今人稱其為「帛書本《周易》」。包括兩大部分。

第一，該本的《周易》六十四卦卦符、卦名與卦辭爻辭等，與本書後文要談論的通行本《周易》在體例、文辭上有許多不同的地方。尤其是卦符，每卦六爻以一、八兩個「數字」相構，與後文要談到的楚竹書《周易》相同。沒有出現通行本《周易》那樣的陰爻、陽爻筮符。

帛書本《周易》六十四卦卦爻辭，有四千九百三十四個字，不同於通行本的有九百五十七個字。比方說卦名，通行本的「乾」、「坤」、「中孚」、「履」與「姤」等，帛書本依次寫作「鍵」、「川」、「中復」、「禮」與「狗」等。六十四卦中，帛書本有三十五個卦名與通行本不同。這些不同可能說明帛書本比通行本古老。當時《周易》大概有多種本子，反映出中華古代地域易文化的差異。也有可能是當時的漢文字未曾統一，因此有差異是正常的。

帛書本《周易》六十四卦的排列次序不同於通行本，它是按所謂「八宮相重」的排列原則來排列的。大家知道，《周易》六十四卦每卦六爻，是由下上兩個八卦相構而成的。所謂「八宮相重」，就是作為下卦的八個單卦，按照一定次序與同一個上卦構成八個重卦。這八個下卦的排列次序是：鍵（乾）、川（坤）、根（艮）、奪（兑）、習贛（坎）、羅（離）、辰（震）、筭（巽）。請注意：寫在括號裡的，都是通行本八卦的卦名。而這八個重卦上卦的排列次序是，鍵（乾）、根（艮）、習贛（坎）、辰（震）、川（坤）、奪（兑）、羅（離）、筭（巽）。

帛書本《周易》的六十四卦序，有均衡、齊正之美，生動體現出「八卦取象」與陰陽對立和諧的人文理念，關於這一點，只要去閱讀一下該書原文卦符就可以知道了。

從卦符以一、八兩個「數字」相構這一點看，帛書本比通行本《周易》古老（詳見後文），從六十四卦卦序來分析，可能是通行本《周易》卦序的整理與改造。

第二，帛書本《周易》包括帛書《易傳》與帛書《易傳佚書》的內容。前者為帛書《繫辭傳》，它在文辭上，與通行本《繫辭傳》大有區別。比如通行本《繫辭傳》中的「象」字，在帛書《繫辭傳》中寫作「馬」。所以，通行本《周易》的所謂「象數」之學，在帛書本《周易》中只好稱為「馬數」之學了。還有，通行本《周易》所說的「易有太極」，帛書本《繫辭傳》寫作「易有大極」，把「太極」寫作「大極」，這個問題，本書後文將有所交代。

但是帛書本《易傳》缺少通行本《繫辭傳》的某些內容，比方說，就沒有通行本所謂「大衍之數五十，其用四十有九」的古筮法這樣的篇章，等等。

而帛書本也有許多通行本《周易》所沒有的篇章，這些內容被稱為帛書《易傳佚書》。它包括《二三子問》、《易之義》、《要》、《繆和》與《昭力》等五篇。其中，《二三子問》是孔子對《周易》本經所作出的詮釋、解讀，是否為孔子本人所寫或係孔子本人的意見，皆無法確定。也許是孔門後學所寫，多少體現了孔子對《周易》的一些見解，或者是孔門後學的偽托，等等，不一而足。《易之義》從哲學的陰陽、動靜與剛柔觀來論述「易之義」與天、地、人、萬物的根本大義之間的關係問題，富於哲學意蘊。《要》，記述晚年孔子研治易學的情狀及其見解。《繆和》是關於繆和等人向「先生」問易、解易的記述。《昭力》繼《繆和》之後，大致從道德倫理角度談論易理問題。

帛書本《周易》的發掘，在中華易學史上具有重要意義。一般認為，帛書本《周易》要比通行本《周易》古老一些，但學界仍有不同意見。

第二種，是楚竹書《周易》。

這一版本，收錄於馬承源主編《上海博物館藏戰國楚竹書》（三），由上海古籍出版社於二〇〇三年出版。

楚竹書《周易》不是一個六十四卦完本，僅有三十四個卦例（有些卦例的內容有殘損），抄寫在五十八枚竹簡上。

其中，具有卦符、卦名、卦辭，爻辭等完整內容的，僅有訟、帀（師）、比、余（豫）、陵（隨）、大坴（大畜）、頤、豚（遯）、敂（姤）、汬（井）等十個卦。有的卦例，比方說復卦，僅僅剩下一條六五爻辭「□（引者註：這裡只存下半個殘字，無法識讀）遠，亡𢘓」（引者註：「𢘓」即「悔」））與「上六：迷」等極少數文辭內容，殘失十分嚴重。

這種缺卦現象，文本體例上沒有什麼規律可尋，估計不是楚竹書《周易》的原始面貌，可能是由於盜墓、損毀或不明原因的散佚所造成的。

楚竹書《周易》每卦六爻純粹用一、八兩個「數字」構成，它的文化原型可能屬於殷易系統，與帛書本《周易》的卦符文化相仿。從「數字卦」（也稱「數圖形卦」，後詳）理論分析，這一版本的成書年代，可能晚於安徽阜陽簡本《周易》（筆者註：這是一個殘本，它的卦符純粹用一、六兩個「數字」構成）。

楚竹書《周易》的體例特點，是只有「經」而沒有「傳」，這與通行本、帛書本都不相同。這種文本現象，可能是尊「經」、貶「傳」因而未將《易傳》入葬的緣故。這一版本抄寫和入葬的年代，可能在戰國末期。

楚竹書《周易》的最獨特之處，有「首符」與「尾符」兩種特殊符號。「首符」的位置在每卦卦名之下；「尾符」在每卦上爻爻辭之後。一共六種。這六種符號是□（紅方形）、匚（紅方形內含黑馬鞍形）、▣（紅馬鞍形內含黑方形）、匚（黑馬鞍形）、回（黑馬鞍形內含紅方形）、■（黑方形），這六種特殊符號，其各自的意義究竟是什麼，為什麼被分別安排在每卦卦名之下或每卦上爻爻辭之後，六種符號之間的意義聯繫到底是什麼，這些都是一個個難解的謎。

第三種，是通行本《周易》。

這是影響尤為深巨的版本，也稱為今本《周易》，是歷代易學家不斷箋註、解讀的本子，也是一般讀者閱讀的本子。帛書本、楚竹書《周易》儘管具有無可替代的學術價值，但是它們的問世，前者距今約三十九年；後者時間更短，而通行本《周易》距今已有數千年歷史。

本書關於易文化、易學問題的提問與解讀，以通行本《周易》為主要對象。

通行本《周易》，就是一般人所說的《易經》，包括《周易》本經與《易傳》兩部分。

「經」這一概念，早在先秦時代就有了。在《墨子》一書中，有「經上」、「經下」的說法。《莊子．天運》有「六經」這一概念，說孔子修治《詩》、《書》、《禮》、《樂》、《易》與《春秋》等「六經」。又說，「夫六經，先王之陳跡也」。

清末章太炎《國故論衡．文學總略》一書說，「經」的本義指「編絲綴屬之稱」。劉申叔《經學教科書》稱，「經」為「取象治絲。縱絲為經，橫絲為緯。引申之則為組織之義」。

「經學」一詞，據筆者所及，首見於《漢書．兒寬傳》：「（寬）見上，語經學，上從之。」

今人周予同曾經這樣說：「『經』，是指由中國封建社會專制政治『法定』的以孔子為代表的儒家所編著書籍的通稱。作為儒家編著書籍通稱的『經』這一名詞的出現，應在戰國以後；而『經』的正式被中國封建專制政府『法定』為『經典』，則應在漢武帝罷黜百家、獨尊儒術以後。」

周予同是已故當代著名經學家，所說自然允當。但說「經」這一名詞的「出現」「應在戰國以後」，似未確。可以改為「戰國之時」。

「經」就是「經典」。

甲骨文有「典」字，如金祖同《殷契遺珠》四九五，有「甲申，示典其飲」這一條卜辭記載。

東漢許慎《說文解字》說，「典，五帝之書也。從冊在丌上，尊閣之也」。說「典」是「五帝」所撰寫的書，這當然沒有歷史根據，不過是神話傳說罷了。

今人徐中舒主編《甲骨文字典》說，「典」，「從（冊），從，像雙手奉冊之形」。

「典」是一個象形字，表示對書冊的尊奉。

所以，把儒家一些主要書籍稱為經典，體現出對「經」的崇拜。

經，原先不是專門用來尊稱先秦儒家著作的。正如前述，早在《墨子》那裡，已有「經上」、「經下」之說。西漢武帝採納大儒董仲舒之見，推行「獨尊儒術」的政治、文化政策，專門把《周易》等五部儒學著作，尊稱為「經」。可是後來，「經」的範圍又擴大了。一些道家與佛家著述，也稱為「經」，比如《道德經》、《南華經》以及《楞伽經》、《法華經》與《壇經》等。

現在，再說通行本《周易》本經的內容，包括六十四卦的六十四個卦符、卦名、六十四條卦辭，與三百八十四條爻辭，以及乾卦「用九」、坤卦「用六」兩條文辭。

《周易》本經，分上經、下經兩部分。上經三十卦，下經三十四卦。全書稱為「二篇」。《彖辭傳》說「二篇之策，萬有一千五百二十」。這句話，相信初步接觸《周易》的讀者，是不能理解的，以後再慢慢解說吧。

在漢代，仍舊有「篇」這一稱名，《漢書．藝文志》說：「文王重易六爻，作上下篇。」這意思也放在後文一起來說。

記憶《周易》六十四卦次序比較困難，南宋朱熹的《周易本義》編了一個「上下經卦名次序歌」，引述在這裡：

乾坤屯蒙需訟師，比小畜兮履泰否。
同人大有謙豫隨，蠱臨觀兮噬嗑賁。
剝復無妄大畜頤，大過坎離三十備。

咸恒遯兮及大壯，晉與明夷家人睽。
蹇解損益夬姤萃，升困井革鼎震繼。
艮漸歸妹豐旅巽，兌渙節兮中孚至。
小過既濟兼未濟，是為下經三十四。

《易傳》，又稱為《易大傳》、《周易大傳》，古人還有稱為「十翼」的。這裡，古人把對「經」的解說，稱為「傳」。順便說一句，對「經」的解說，稱「傳」；對「傳」的解說，稱「記」，又依次稱「註」、「疏」等等。所謂「十翼」，指《易傳》七種十篇大文，它們是《彖辭》上下、《象辭》大小、《繫辭》上下以及《文言》、《說卦》、《序卦》、《雜卦》。所以稱「翼」，指《周易》本經是本體，《易傳》好比鳥之飛翔的羽翼，是用來解讀本經的。

就《易傳》七種十文來看，《彖辭》上下，有六十四條文辭，依六十四卦卦序解說每卦卦名與卦辭的意義。《象辭》大小，就是所謂「大象」、「小象」，共四百五十條文辭，包括解說卦名、卦辭凡六十四；解說爻辭凡三百八十四；解說乾卦「用九」、坤卦「用六」兩條文辭凡二。《繫辭》上下，談論八卦起源、古筮法以及解說有關爻辭十九條，尤其富於哲學意味。《文言》分兩部分，一是對乾卦、二是對坤卦的專論。《說卦》一篇，前半部分是對《周易》本經的總體性解說，後半部分記述八卦即乾、坤、震、巽、坎、離、艮、兌所象徵的種種事物。《序卦》說明六十四卦的排列次序及其語符意義。《雜卦》將六十四卦每一卦的意義特點，用文化意義相反的兩卦為一組，以很精練的語辭加以扼要解說，它不按照《周易》本經六十四卦序，錯雜而談。

《易傳》是中國易學史上關於通行本《周易》本經的第一種易學通論。筆者認為，它主要包括儒家人文（主要是道德倫理）思想、道家的自然哲學思想、陰陽五行思想與傳承於上古的《周易》古筮法等。

關於通行本《周易》的體例，《漢書．藝文志》有「《易經》十二篇」的說法，顏師古註：「上下經及十翼，故十二篇」。可見，這「十二篇」的體例，指《周易》本經與《易傳》的合編本，始於東漢鄭玄。但是當時的合編本，是前為本經上、下，後為「十翼」，都是獨立成篇的，沒有像後世通行本《周易》這樣，把《彖辭》上下、《象辭》大小與《文言》等，分拆安排在相應的卦辭、爻辭之後。

到了三國時代的魏國，易學家王弼即魏晉玄學開山，把《彖辭》上下、《象辭》大小相應文辭，分拆開來附在本經六十四卦每卦相應卦辭、爻辭的後面，又把《文言》相應文辭，附在乾、坤兩卦的卦辭、爻辭後面，而《繫辭》上下、《說卦》、《序卦》與《雜卦》這些《易傳》的篇章，仍舊附在《周易》全書之後部。

這就是世世代代沿襲到今天的通行本《周易》的文本體例。

以上所談論的話題，不免有些「專業」，真是莫可奈何。但是，學習與漫談《周易》這樣一部具有文字、符號與文化思想深度的人文經典，有時必須走過一條泥濘而富有情趣的道路。力求通俗生動，是我們的努力方向。但是，如果一味地追求所謂的通俗生動，而沒有什麼思想深度與準確知識的含量，那是不可取的。

當代易學研究有幾大流派

三十多年來的當代易學研究，有七個方面，也許可以戲稱為「七大流派」。

第一流派，是所謂「傳統易」。

今天有一批學人，以註釋、解讀《周易》全文為基本的治易方向，目前書店、圖書館裡的許多易學著作，都是《周易》註釋本。比如高亨《周易大傳今註》，黃壽祺、張善文《周易譯註》以及于豪亮《帛書周易》和《上海博物館藏楚竹書．周易》等，還有中國台灣一些學人的註易著作，大致上以傳統易學的思路、理念，來註釋《周易》全文，一般受《易傳》的影響很大。「傳統易」比較學風嚴謹，當然，也不是沒有可以進一步探討、商榷的地方。劉大鈞的《周易概論》，以及由他所主編的《周易研究》（雙月刊），也大致屬於「傳統易」。除此之外，還有幾種「周易辭典」，以蕭元主編的《周易辭典》為早出，以及最近出版的《中華易學大辭典》等，都可以大致歸入「傳統易」。

這是一種「傳統」意義上的易學，它們以傳統「象數」與「義理」之學，採用文字、訓詁、音韻之學與箋註的方法來解釋《周易》。

第二流派，是所謂「考古易」。

就是從田野調查和考古角度，對《周易》進行探原性研究。比方說，關於「數字卦」和帛書本《周易》的考證與研究等。可以說，它顯示了當代中國易學重實證的學術生命。其學風的嚴謹，是無疑的。在治易理念與方法上，一般以王國維所倡導的「二重證據」法，就是以野外考古與古籍記載相參照，來進行研究，從而有可能得出一些科學的結論。

當然在這一領域，也難免有不同甚至對立的看法存在。

同樣一個考古資料，往往解說不同。考古、考證，是為了證偽。有時候，卻因為年代久遠、資料欠缺或者操作中一些不良主觀因素的參與，使得本是「證偽」的，卻不幸而滑稽地淪為「偽證」。

二十世紀九十年代初，正是「易學熱」熱昏了頭的時候。曾有人在台北由陳立夫主編的《中華易學》雜誌上撰文稱《周易》是「外星人」的「發明」。這種無稽之談，直至今天在民間還有影響，其實只是妄談《周易》，與「考古易」無關。

「外星人」究竟有沒有，並且是否已經造訪過地球，這是一個必須由科學來加以實證的問題。

現在我們假設「外星人」是存在的，而且在古代來到了中國。但是，如果《周易》是「外星人」「發明」的話，那麼接着的問題便是，難道那「外星人」所使用的，也是漢字嗎？否則的話，我們中國人怎麼能夠讀懂呢？

宇宙之中，據說大約有一千億個像銀河系那樣的星系；在銀河系中，又有一千億顆像太陽那樣的恆星。宇宙之大，不可想像。假定「外星人」是存在的，並且假定《周易》是「外星人」的作品，那麼，要把這作品送到地球上來，是不是可能呢？天文學家告訴我們，如果以接近光速（一秒鐘三十萬公里）的速度，從銀河系裡距離地球最近的行星半人馬座 α 飛向地球，至少要飛行一千年。所以我們要問，《周易》是「外星人」的「發明」而且來到了中國，是真的嗎？

第三流派，是所謂「歷史易」。

古人有「以史說易」這一傳統，從歷史角度來解讀易理。有些古人認為，《周易》不是巫術占筮文化，不是「義理」之作，也不是什麼「哲學」，而是「歷史」的表達。「歷史易」受古人「以史說易」說的影響，要求追尋《周易》所表述的「歷史」真相。

近人胡樸安《周易古史觀》一書，是當代出版的「歷史易」有影響的作品，它追隨清末、民初所謂「古文經學」的代表人物章太炎，從《周易》乾坤兩卦象喻「天地洪荒」說起，企圖逐卦串解全部六十四卦，來敘說、建構中華民族的歷史線索，到底不免有些牽強附會。

二十世紀八十年代，宋祚胤《周易新論》一書說，「《周易》是為周厲王出謀劃策而作的書」。九十年代初，黎子耀《周易秘義》一書又說，「《易經》是一部殷周奴婢起義史」。這是三十年多間「歷史易」的代表之作，卻難以自圓其說。雖然《周易》卦、爻辭中，有一些關於殷、周史事的記載，比如「王亥喪牛羊」、「高宗伐鬼方」、「帝乙歸妹」與「王用享於岐山」等都是，這方面，前輩學者王國維、顧頡剛等都曾經做過考證，但是《周易》在總體上並非歷史書，是可以肯定的。

第四流派，是所謂「思維易」。

《周易》的重要價值之一，是它表達、並且為中華民族提供了一種思維方式，它是人文思維，而主要不是樸素科學思維。

近現代易學史上，嚴復是倡言、推動「易學邏輯」、《周易》思維方式研究的第一人，他提出了《周易》的思維邏輯是「為一切法之法、一切學之學」的見解。胡適寫成於一九一七年《先秦名學史》的第二編第二章、第三章、第四章，探討了《周易》的邏輯、思維問題。《易經新論》、《周易的思維與邏輯》與《易學邏輯研究》等書，都是關於「思維易」的研究成果。

本世紀初，楊振寧曾經幾次在媒體發表看法，認為在思維方式上，只有歸納法而沒有演繹法（推演法）的《周易》，是阻礙中華古代發展科學思維的一個重要原因。筆者曾經發表《周易文化思維問題探討——與楊振寧院士討論》與《類比：周易美學思維問題芻議》二文，就此觀點與楊先生加以商榷。

筆者認為，思維與思想是兩個層次的問題，在《周易》文化中，思維比思想更有深度。某種意義上可以說，思維負載思想又決定思想。從巫學角度來看，《周易》的根本性思維方式，是「類比」。《易傳》所體現的樸素辯證思維是在類比思維的方式上發展起來的。

歸納法，從個別到一般；演繹法，從一般到個別。而類比法，是從個別到個別，這正是《周易》人文思維的一個基本面貌。這也可以說是《周易》的局限，它造成了易文化崇尚經驗與實用理性的思想面貌與精神素質。

「思維易」問題值得研究、玩味的地方很多，也許只要你進入這一領域，就會感到十分有趣，獲得理智的快樂。

第五流派，所謂「科學易」。

這一研究方向，試圖從自然科學尤其數學角度，來研究《周易》的符號系統。比方說，二進制數學與太極裂變說、八卦對稱排列與宇宙對稱均衡以及生物遺傳信息 DNA 四種鹼基與《周易》四象、六十四卦結構與代數結構等等，都是「好玩」的題目。

問題是，我們不能簡單地把易理所蘊涵的某些樸素的自然科學因子，等同於自然科學本身。否則，就會拔高《周易》的「科學」價值，把「易」科學化、現代化。

如果把易圖的數理邏輯，看成是一種「前科學」，大致上是妥當的。如果盲目誇大《周易》的自然科學意義，這種研究《周易》的方法本身是否科學，可能是值得懷疑的。

在「科學易」問題上，常常會引起爭論的，是關於十七世紀德國數學家萊布尼茨發現「二進制原理」、是否受到入傳於歐洲易圖的啟發這一個問題。

這個問題是這樣的。生於公元一六四六年的萊布尼茨，曾經有機會讀到德人柏應理《中國哲學家孔子》（一六八七年）一書，該書第三十八頁到五十頁，有關於易圖及其文字介紹。據比利時國際理學研究所胡陽《萊布尼茨二進制與伏羲八卦圖考》稱，萊氏於一六八七年致馮．黑森—萊因費爾的信中，曾經提到「Fohi」（伏羲），這可以證明，「萊布尼茨於一六八七年十二月之前就已熟知『Fohi』。不言而喻，萊布尼茨見過柏應理書中的『三張易圖』。作為比利時傳教士，柏應理曾在中國傳教二十五年，著述還有《周易六十四卦和六十四卦意義》。萊布尼茨發現二進制，曾提到柏應理這個人，可見萊氏受《周易》影響，並非沒有可能」。

不過，實際情況並不像學界一直以來所認同的那樣，說是什麼萊布尼茨發現「二進制」，受啟於另一傳教士白晉寄給萊氏的兩張易圖云云。因為萊布尼茨直到一七〇三年四月一日，才收到白晉所寄《周易》伏羲六十四次序圖與伏羲六十四方位圖。而「萊布尼茨的有關二進制算術體系，大約在一七〇一年以前就已形成」。

第六流派，是所謂「預測易」。

這個方面，也許是讀者朋友最感興趣的吧。

這是在《周易》「象、數、占、理」四要素中，獨拈一個「占」字來進行所謂的「實踐」，實際上，是企圖回到「上古易」那裡，以算卦、預測為「易」的全部。

從事「預測」的一些文友常常對我說，只有預測，才是《周易》的「正宗」，你不搞「預測」，是沒有出路的。我自知才疏學淺，雖然從未從事「算命」的實踐，但是在課堂上，倒是曾經數十次地向大學生原原本本地展示《周易》古筮法的全過程。所謂「預測」究竟是怎麼一回事，大概也略知一二。

「預測易」，是當代中國「易學熱」中一種十分重要的文化思潮與心理現象。《周易》曾經具有的大量追隨者及其精神迷狂，都是有關「預測」的。「預測」之所以捕獲人心，並非是它本身有什麼「神通」，而是因其適應了人們由於處境不佳而勾起的對於未來、對於命運的神秘嚮往、企盼或者恐懼的心理。

「預測」其實並不稀奇。比方說，你早晨出門，要不要隨身帶一把雨傘，便是對天氣的一種預測。某一種社會理想，或者說，將來的人類要建成一種什麼樣的社會，也具有預測的成分。相信「預測」的人，實際上是很功利的，有些是想得到什麼，有些是怕失去什麼；有些企望好運，有些為了避凶。

令人遺憾的是，迄今為止，對「預測」並沒有獲得真正周到而令人信服的學術、思想的研究。不少有關「預測」的書或文章都曾斷言，《周易》「預測」不僅「靈驗」，而且「科學」，這似乎比古人有所「進步」，因為古人只說到「靈驗」，不會說「科學」。不過，為什麼「靈驗」、「科學」呢？卻說不出道理來。所以「預測」稱「學」，其實是很勉強的。

二十世紀八九十年代，《周易預測學》與《人類神秘現象破譯》兩本書，曾經風靡一時。其中一書說，《周易》預測「靈驗」的根因，「在於鬼神，在於神靈」（「潛意識」），但是要問這是為什麼，答案是沒有的。所以可以說，「預測易」在當代易學中似乎最是轟轟烈烈，卻是最為軟弱無力的，因為它缺乏系統、周密而真正科學的理論建樹。《周易》「預測」是一種「遊戲」，只要不違背有關法律與社會公德，大約「玩玩」也無妨。「預測」究竟是怎麼回事，「算命先生」的心裡是很清楚的。這裡本來就沒有什麼「天機」。所以當有人追問究竟為什麼的時候，只好用「天機不可洩露」之類的話來搪塞了。其實大凡「預測」者都是很理性的，倒是受測者常常有點非理性。當然，在人們的思維活動中，所謂「靈機一動」、「靈感閃現」是常有的，在文藝創作、科學發現等實踐中，都有「靈感」問題。只是《周易》預測比方說「四柱」、「八字」與五行生克的排列等，有一套傳統的操作話語與程式，讓你感到「神機妙算」，而信服得五體投地。其實即使所謂的大預測師，也並非能預知未來，把握他自己的命運。晉代的郭璞，算是厲害的吧，相傳他撰寫過一部《葬書》，精通算命術與風水學，可是別人要殺他，他怎麼就預先不知道呢？所謂「神機妙算」，究竟到哪裡去了？

「預測」這一個話題，本書稍後還要講到，這裡暫且打住。

最後，第七流派，是所謂「文化易」。

「文化易」是運用文化人類學關於巫學的理念與方法，對《周易》的象數、義理及其繁複的人文聯繫、豐富而深邃的人文內容，進行綜合的文化學意義的研究。「文化易」在理念上，打破現代新儒學所謂「《易》乃哲學之書」的治易域限。不是從《易傳》開始研究《周易》本經；而是從《周易》本經開始，研究《周易》巫筮文化及《易傳》的文化內容與意義。

「文化易」認為《周易》本經是一部原始巫筮之書，《易傳》在此基礎上，發展為哲學、倫理學與美學思想等等，同時保存了自古傳承的《周易》原始巫筮的理念與方法。

「文化易」在詮釋中國傳統象數學的基礎上，參照西方文化人類學著作，比如泰勒《原始文化》、弗雷澤《金枝》、列維—布留爾《原始思維》、馬林諾夫斯基《巫術科學宗教與神話》、《文化論》以及列維—施特勞斯《野性的思維》等書的觀點與文化學視野，對《周易》的原始巫筮記錄進行研究。拙著《巫術：周易的文化智慧》（一九九〇年）是國內運用文化人類學關於巫學的理念與方法所撰作的最早的一部著作，《周易的美學智慧》（一九九一年）是它的姐妹篇。而近著《周易精讀》（二〇〇八年）可以說是「文化易」兼「傳統易」研究的一部新著。

「文化易」，從研究《周易》巫文化開始，重在發現與研究《周易》的人文意義。某種程度上可以說，它是前文所說六個方面之「易」的一個綜合。

原本於巫學，還是哲學

《周易》原本於巫。《周易》本經是關於中華原古巫文化的一部經典。

長期以來，中國易學界一直有「《周易》不是卜筮之書」與「卦爻辭不是筮辭」的看法，隨着「文化易」的提出與研究，這一看法到今天已經不怎麼站得住腳了。宋祚胤《周易譯註與考釋》一書曾經從「六經皆史」說，稱《周易》是歷史記事之作。並且很有些武斷地指出，「易之本詁為卜筮」，是「煙霧迷離之說」，斷言「占筮與《周易》本來無緣」。

「易之本詁為卜筮」，是尚秉和《周易尚氏學》一書裡的話，尚先生確是真正地懂得《周易》。這裡所說的「本詁」，是說從訓詁學來看，《周易》的原型，是「卜筮」。當然，卜與筮是不一樣的。甲骨之占，稱為卜；《周易》之占，稱為筮。因此，《周易》的原型，是占筮，也稱為巫筮。尚秉和所言，並無大錯。

可是不知道什麼緣故，《周易》原本於巫這一點，竟被人全盤否定，說是「占筮」與《周易》連一點「緣」分都沒有，真正讓人深感驚訝。

早年間出版的金景芳《學易四種》及呂紹剛序也曾經這樣說，「《周易》是講哲學講思想的書，卜筮只是它的軀殼」。《周易》「講哲學講思想」，這沒有什麼大問題，但隨着筆者往下的談論與分析，讀者將會理解，其實《周易》這部書，並非僅僅「講哲學」，所謂「講思想」的「思想」，除了哲學，還有其他。毫無疑問，《周易》首先「講」的是一種文化，即原始巫術文化而不是哲學。

中華原古文化，主要是由原始圖騰、原始神話與原始巫術這三大文化形態所構成的。比方說龍文化，它是圖騰、神話與巫術三者的統一。但是一般歷史條件下，原始圖騰、神話與巫術三者，是相對獨立地發展的。讀者可以看到，其中原始巫術文化，比方說甲骨占卜與《周易》占筮，在殷代、周代非常盛行。筆者曾經在拙著《中國美學的文脈歷程》與《中國美學史教程》等多部著作中加以論證並指出，巫術是中華原古文化的主導形態。當然，這不等於說中華遠古就沒有原始圖騰與原始神話。

可以這樣說，所謂「卜筮只是它（《周易》）的軀殼」的說法，是令人難以苟同的。其實，「卜筮」恰恰是《周易》文化的「軀體」。

好在金景芳、呂紹剛二位先生後來修正了原先的看法。出版於二〇〇五年一月，由金景芳講述、呂紹剛整理的《周易講座》序言曾經肯定地說：「《周易》是卜筮之書，這一點，無論從《周易》卦、爻辭本身來看，從《周禮》、《左傳》、《國語》諸書的有關記載來看，或者從《漢書·儒林傳》說及秦禁學、《易》以卜筮之書獨不禁來看，都是鐵一般的事實，不能否認。」於是結論是，「最初，它（《周易》）的確是地地道道的卜筮。然而，經過發展以後，由於發生了質變，於是有了哲學的內容」。又指出，「似《周易》又是哲學著作」。

雖然在《周易》是否是一部「哲學著作」這一點上，兩位先生的態度有所保留，但其終於認識到「《周易》是卜筮之書（引者註：嚴格地說，《周易》本經是占筮之書）」，卻是值得叫人歡迎的。

巫術這種文化，在古代中國十分盛行，歷史也很悠久。甲骨文字中，就有一個巫字。舉例來說，日本《京都大學人文科學研究所藏甲骨文字》（日人貝塚茂樹著）所載卜辭第二二九八，就有這麼一條材料：「癸亥貞，今日帝於巫，豕一犬一。」這一條卜辭的大意是，癸亥時分，巫師進行占卜活動，向天帝占問，用一頭小豬、一隻狗獻祭於神靈。該書所記載的另一條卜辭第三二二一又說，「壬午卜，巫，帝。」大意是：壬午時分進行占卜，巫師向上帝占問。這裡的「帝」，指古代中國人心目中的上帝，即上天。羅振玉《殷虛書契後編》下第四二、四記載一條卜辭：「癸酉，卜巫，寧風。」意思是，癸酉時分，巫師進行占卜，由此推斷大風寧息。又比如在黃濬《鄴中片羽二集》一書中，其第三條卜辭這樣說，「辛酉，卜，寧風，巫，九豕。」意思是，辛酉的時候，巫師進行占卜，通過「作法」，使大風寧息下來，用九頭小豬作為祭品。

我們現在來看這些卜辭，都有一個巫字，可以證明中華巫文化歷史的悠古，而且起碼在殷周之際即大約三千一百年以前，我們的祖先，就已經把甲骨占卜稱為「巫」了。而《周易》占筮，也是「巫」，不過它的占問方式不同罷了。

巫，甲骨文寫作 。從文字造型看，巫字從工。東漢許慎《說文解字》這樣解釋巫字：「工，巧飾也，像人有規矩也。」

學者們因此說，巫字從工，象徵矩形。你想，在自然界裡，一切物體、一切動植物，在沒有經過人工改造以前，都不是矩形的。因此可以說，凡是矩形的，都是經過人工的。所以，把工解說為工巧、巧飾、人為、人工是有道理的，工，就是按照上天旨意，為人做事中規中矩的意思。

因此，從巫字從工這一點可知，古代中華的巫師就是一些從事占卜、占筮以及其他巫術活動的「工作」者。所謂「工作」，倒不是一個外來詞，早在《後漢書．和熹鄧皇后紀》中，就有「以連遭大憂，百姓苦役，殤帝康陵方中秘藏，及諸工作，事事減約，十分居一」的記載，這裡「工作」的意思，指土木營造即建築。

在古代中國尤其殷、周時代，進行土木營造這一「工作」的時候，是一定要進行占卜、占筮、看風水的。這一「工作」，稱為「巫術」；其「工作」者，就是巫（巫師）。

所以，《說文解字》給巫下的定義是，「巫，祝也。女能事無形，以舞降神者也。像人兩袖舞形，與工同意。」這大意是說，所謂巫，也稱為祝。女巫能夠從事與神靈交往、感應的事。這種交往、感應的對象確實存在但又無形無蹤。她們用歌舞「降神」，就是通過女巫的巫術活動即所謂「作法」，讓神靈從天而降來為人服務。巫這個字，也寫作，是巫師揮舞長袖進行歌舞的象形。因此，這個字和從工的（巫）是同一個意思。

早在先秦的《詩經》裡，就有不少巫師從事占卜、占筮活動的記載。比方說，《詩經．小雅．楚茨》云，「工祝致告，徂賚孝孫」。意思是，巫師向神靈報告說，祭祀祖神的祭禮開始了。讓祖神這一神靈賜福於恪盡孝道的子孫吧。《詩經》的同首詩又這樣寫道，

「工祝致告，神具醉止」。意思是，巫師報告說，祭祖的祭禮結束了，神靈們都已經喝醉了。

再比如在屈原《離騷．招魂》裡，有「工祝招君，背行先些」的歌唱，意思是，巫師把尊敬的神靈召喚到人間，神靈就倒轉身軀走在前面領着你。

現在在易學界，已經不大有人反對「原始易學是巫學」這一觀點了，就是當時持激烈反對態度的學人，也覺得沒有堅持舊說的勇氣與必要了，這不能不是「文化易」研究的一個勝利。

可是，在關於《周易》是不是一部「哲學著作」這一點上，還是存在嚴重分歧的。

這問題相當煩難，簡約地說起來，筆者認為：

第一，在《周易》本經中，儘管六十四卦卦爻辭主要是巫筮記錄，總體上不可能是哲學，因為《周易》本經時代，古代中國還沒有成熟的哲學。但是，《周易》本經（指通行本《周易》）六十四卦的排列，在人文思維、邏輯思維上，顯然具有一定的哲學意蘊，此容後再說。

第二，《周易》本經的個別卦爻辭，體現出一定的哲學思想。比方泰卦卦辭說「小往大來」與泰卦有錯綜卦關係（什麼是「錯綜卦」，後文有詳細解說）的否卦卦辭則說「大往小來」。儘管這兩卦的八個字本身並不是哲學的表述，但包含了對一定哲學思想的領悟，體現了樸素的事物對立、對待又相互轉化的思想，正如通行本《老子》所說的那樣，「反者，道之動」。泰卦九三爻辭有「無平不陂，無往不復」的記載，它本身並非哲學表述，但具有一定的樸素辯證法的思想因素。從人文意義上來說，《周易》本經不是「哲學」是可以肯定的。

第三，在《易傳》尤其《繫辭傳》中，所謂「一陰一陽之謂道」，所謂「變通者，趣（趨）時者也」等表述，顯然是陰陽互變互化之哲學思想的光輝體現，還有關於「太極」的言說等等，都具有深刻的哲學精神。但是整個《易傳》，同時又具有非哲學的其他文化思想內容，而且十分豐富浩繁，因此，稱《易傳》是「哲學著作」，不免以偏概全，有些勉強。

當然，《周易》的這些「哲學」並非與巫筮無關。《周易》的文化基質是巫筮，在這巫筮中包蘊着「哲學」及其他人文「思想」的胚胎、根因與因子。巫筮儘管迷信，卻並非沒有哲學、思想因素之人文訴求。巫筮作為文化理念及其操作系統，當然不是《周易》文化智慧的「軀殼」。在《易傳》中，哲學以及其他人文思想，往往與巫筮理念、思想糾纏在一起，不能把哲學看作內涵，而認為巫筮僅是其「軀殼」。應當說，《周易》原古巫筮文化，是中國傳統人文思想和人文精神包括哲學的人文溫床之一，從某種意義上說，它深刻影響了中華哲學及其他人文思想與精神的生成、品格與發展趨勢。

為什麼說巫術與當代生活聯繫緊密

《周易》這部書，的確令人好生奇怪。它可以是高頭講章，大學課本；可以為人導師，指點迷津；可以讓人理性精微，智慧聰明。它是中華古代經典之中最負盛名的一部，但也可以擺在地攤上，被人不屑一顧，嗤之以鼻。這種不啻天壤的遭遇，大約也是自古而然吧。

可以這樣說，世上沒有哪一部書會像《周易》這樣，總是引起太多的爭論，引起人們持久的好奇、崇拜、讚美、否定、困惑與誤解。《周易》是說不盡的，看來一點也不錯。而《周易》與當代中華文化、與當代生活的結緣也是很深的。那麼，緣在何處呢？

《周易》的文化原型是巫。關於巫，本書前文已有討論。這裡，且讓我們先來說說《周易》原始巫文化與當代中華文化、當代生活的血肉聯繫。《周易》不僅僅是老古董，其實，它也頑強地「活」在當代及未來的漫長歲月裡。《周易》原巫的人文之魂，它那繁複、深邃的易理，依然在當代中華的大江南北、田頭街巷遊蕩不已。我們的話題，先從西方學者的有關言說開始。

英國著名文化人類學家馬林諾夫斯基《巫術科學宗教與神話》一書曾經指出：「巫術，哈，這個字眼底本身就好像充滿了魔力，在背後代表着一個神秘莫測、光怪陸離的世界！」不用說，在巫風大熾的中華遠古時代，中華初民曾經怎樣虔誠地相信巫術的「靈驗」，熱衷於通過巫術祈福呈祥、趨吉避凶。巫術行為是遠古部族與個人從事祭祖、狩獵、耕稼、征戰與人自身生死等社會活動的重要文化方式，也是文明時代民族、國家與社會群團舉行慶典、作邑、用兵、起居、飲食以及社會交往等所常常採取的文化方式。

但這絕不是說，凡是巫術都是往古之事。巫術離我們的當代生活並不遙遠。有時候，巫術還是我們當代生活甚至是文化的一個權威。舉例來說，每當晨起聞聽喜鵲登枝高唱，有人便以為好事來臨而內心欣喜；或者，一旦聽到烏鴉怪叫，就認為是「晦氣」。其實，這種有關人的好事、晦氣與喜鵲、烏鴉的叫聲本沒有什麼相干，都是傳統巫術文化理念的體現。喜鵲之吉與烏鴉之凶，在文藝作品中，往往分別是美、善或醜、惡的象喻。這是由古代延續至今的「鳥占」巫術文化理念在當代文化的呈示。

同樣，夜觀彗星垂空，便相信是人間災變的預兆。至今有些老百姓仍然相信它是兇險的「掃帚星」。這是由古代傳承而來的「星占」文化理念使然。

月食、日食的「昏天黑地」，古人相信是凶兆，當代人也有因此而驚恐萬狀的。所謂「天狗吃月亮」之類，也會讓人深信大難臨頭。那麼怎麼來「解救」呢？人們敲鑼打鼓、燃放鞭炮或是朝天放槍，果然，那天狗將吞噬的月華吐出來了。這又是一種巫術理念與行為。

這種鳥占、星占與日食現象的巫例，在《周易》卦爻辭中都有記載。

又比方，我國民間過年吃餃子，也是一種巫術。在三國時代魏國人張揖所寫的《廣雅》一書中，就已經提到「餃子」這一傳統食品。南北朝時期，有個叫顏之推的人，描述當時的餃子，稱「形如偃月，天下之通食也」，可見風氣之盛。一九六八年出土的一個唐代墓葬遺址中，就有十多個餃子盛放在一隻木盆裡。過農曆年這一頓餃子不可不吃，這對北方中國人來說尤其如此。在古代，這一頓餃子的吃法大有講究。都是除夕晚上包好，但等舊歲剛過，新年一到即子時（晚上二十三時到第二天一點鐘）就趕緊吃，討個來年吉利，這叫「更歲交子」。「餃子」者，「交子」也，是「時交於子」的意思。

同樣，說到端午節吃粽子，原本也是一種巫術。相傳戰國時代楚國屈原自沉於汨羅江，老百姓出於對屈大夫的愛戴之情，就包了粽子投進江中，好讓江水之中的魚龍不要吞食屈原的遺體。舊時的臘月二十三日，有家家祭灶的風俗，祭品之中有麥芽糖（飴糖），是要讓灶君老爺吃了粘牙的麥芽糖難以開口，免得這個多嘴多舌的傢伙到天上玉皇大帝面前去說人間的壞話。這兩種巫術，其實都是人對神靈的討好或「賄賂」行為。

有一年筆者在南方的一個城市裡，看到一戶人家出殯時居然放了鞭炮，焰火升得很高，響聲震天動地。這不是在慶祝死去的「勝利」。其實放鞭炮是一種巫術，目的在於驅鬼避邪，很是「實用」的。同樣，過年放鞭炮，年初五「迎財神」放鞭炮，都是驅邪而圖個吉利，很講究「實用」。這是巫術。

也許最能發人深思的，是在「文革」時期，君不見那鋪天蓋地的大字報，一律將那些被打倒的「走資派」、「牛鬼蛇神」的姓名倒寫，還要用紅筆打上一個大大的「×」！試問，寫大字報的人為什麼要這樣做呢？其實，名字倒寫與打「×」，也是一種典型的巫術行為。就是通過這一巫術方式，表明那些人已經被打倒。

大家知道，中國人的宗教感情很是微淡，用梁漱溟《東西文化及其哲學》一書的話來說，叫做「淡於宗教」。可是中國人的巫術情結一向很是頑強的。別的不說，真正的宗教徒來到教堂或者寺廟，是出於內心精神生活的需要，服膺於上帝、真主或是佛陀，其內心深處會感到幸福、寧靜或是空寂。至於眼下中國人的燒香拜佛之類，卻往往有着「實用」的目的。企求發財、陞官、避禍或者升學、婚娶等等，絕對不在少數。就是說，通過燒香拜祭之類，期望神、佛為自己的實際利益「服務」。

這其實不是真正的宗教，而是始於甲骨占卜、《周易》占筮的一種巫術行為。筆者曾經把宗教與巫術文化加以區別，以為前者是「拜神」，後者為「降神」，它們的文化素質與品格是不一樣的。

關於這一點，先是甲骨占卜、繼而《周易》占筮，早已為中華文化定下了一個文化基調。

獨具人文魅力的卦爻符號

沒有哪一部中華人文經典能像《周易》這樣，以它獨有的卦爻符號，向人們訴說人文黎明的傳奇。

半是夢境，半是現實；半是糊塗，半是清醒；半是崇拜，半是審美。

當這一符號系統的帷幕被稍稍撩起，作為一個「非物質文化」的傑出創造，人們由此領悟到，我們的偉大祖先，想要以巫筮這一人文智慧的方式，叩問自然與人生的奧秘，探試人在生活世界的「好運氣」。

陰爻陽爻，八卦，六十四卦，河圖洛書以及方位、時位與太極等等，以氣為生命，構成符號系統與生的吶喊，令人感歎唏噓。

什麼是陰爻陽爻的文化原型

陰爻陽爻，是《周易》象數之學的基本筮符。《周易》八卦與六十四卦系統，都是由陰爻陽爻的不同組合而構建起來的。

陰爻陽爻，都稱為爻。那麼，爻是什麼意思呢？

《易傳》這樣解說爻的意義，稱「爻也者，言乎變者也」。又說，「爻也者，效天下之動者也」。意思是，爻，象徵「變」的道理；它所倣傚的，是天下萬事萬物「動」的規律。

東漢著名文字學家許慎《說文解字》說：「爻者，交也，象易六爻相交也。」這是從文字學角度解說陰爻陽爻，說這兩者因為陰陽相對，所以相「交」。除了乾卦與坤卦，其餘六十二個卦，一卦六爻，是不同組合的陰陽相「交」。

爻，是中華先人所創構的一種特殊文化符號。陰爻為 ⚋（兩短劃），陽爻為 ⚊（一長劃），實在是很簡單的，但卻是中華先人傑出的創造發明之一。可以這樣說，陰爻陽爻連同整部《周易》，是古代中華最傑出的「非物質文化遺產」之一。

陰爻陽爻的文化原型，也就是陰陽爻的起源問題，在中華易學史上存在多種解說，這裡選擇一些重要而有趣的，來一一加以評說。

第一種解說，陰爻陽爻是殷代盛行的龜甲占卜徵兆的演變符號。古人嫌龜兆煩瑣，占卜時難以操作，所以將眾多甲骨經燒烤兼水淬而成的裂紋與爆裂發出的不同聲響，加以歸類，於是創構了陰爻與陽爻。但這是今人的一種邏輯推斷，迄今沒有確鑿的實證。

第二種解說，認為陰爻陽爻是由占卜文化所生成的符號。先民占卜，以泥土燒製同樣形狀、大小的兩器，每器同為凹凸兩面。占卜時候，取兩器同時隨意投擲於地，好像今人的擲骰子。投擲的結果，只有兩種可能：一是兩器的凹面同時向上或向下；二是兩器中甲凸面向上乙凸面向下，或者甲凹面向上乙凹面向下，或是相反。用爻符來表示，那麼第一種情況，可以寫成陽爻⚊；第二種情況，為陰爻⚋。這種解說有一個前提，就是就歷史、人文年代來分析，這種所謂爻符的創構，必須在陶器文化起源之後。

第三種解說，是所謂結繩說。先民以結繩這一方式來記事。用結繩一大結，來表示一件大事；結繩兩小結，來表示兩件小事。前者發展為陽爻⚊；後者為陰爻⚋。古時有所謂「八索之占」。索，指繩子。八索後來發展為八卦，就是結繩三大結為乾，六小結為坤。而兩大結加兩小結有三種情況，就是為巽、為離、為兌；一大結與四小結也有三種情況，就是為震、為坎、為艮。可以根據大、小結的組合，畫出八卦符號。這種解說自古就有，有關古籍是有記載的。但是，從結繩記事到「八索之占」，在人文思維上，是從理性記事到非理性的占卜，這符合古時一般的文化思維發展的普遍規律嗎？

第四種解說，指筮竹的象徵。古人以為上古時代所施用的算策是竹子，用一節之竹與兩節之竹這兩類竹子來運算，稱為筮竹。以陽爻象一節之竹，陰爻象兩節之竹。這種說法，大抵只是傳說罷了。筮字，從竹從巫，故聯想到上古算策用的是竹子。也可能由上古傳說占筮用的是竹策，故創構了「筮」字。與這一說法相近的，是說上古所施用的算策是筮草。筆者曾收到過一個素不相識的人從河南濮陽寄來的一個頗為精緻的紙盒。打開一看，裡面裝了一束大約二十厘米長的草本植物的桿子，剪切得還算整齊，數一下，共五十根，說這是濮陽自古出產的筮草，很是珍稀云云。又說，濮陽是「龍都」，是《周易》算卦的「故鄉」。

第五種解說，所謂象喻天地。原始初民看到天渾然為一，蒼蒼茫茫別無二色，所以用一整畫來表示，稱為陽爻；又見到大地分水、陸兩部分，因此用兩斷畫來表示，稱為陰爻。這一解說比較合情合理，但也沒有確鑿的證據可以證明。

第六種解說，認為陰爻陽爻是日、月的符號。陽爻表示太陽之光，陰爻表示皎月、明星之光。稱易卦的基本組成是陽爻和陰爻，來源於日、月天象。陽爻淵源於日象；陰爻淵源於月象。烏恩溥先生說：「原始氏族社會的人們，觀察到太陽呈圓形，將它畫成⊙形，這就是後來演化而成的『日』字。原初氏族社會的人們，還觀察到月亮呈☽形，這就是後來演化而成的『月』字。古代的人們將⊙象的圓圈展平拉直，就構成了『⚊』陽爻，將☽象的兩劃平列連畫起來，就構成了『⚋』陰爻。」這一說法，想像頗為合理，但也查無實據。尤其所謂古人「將⊙象的圓圈展開拉直」一說，究竟是古人的行為還是今人的「想當然」，不得而知。筆者始終不解的是，為什麼古人會剛好想到把這「圓圈展平拉直」？否則，雖然太陽是常見的天象，但陽爻⚊不是就創造不出來了嗎？

第七種解說，本義是指晷景的符號。這裡的晷，指日晷；景，影的本字。晷景，是上古中華先民觀測日影，然後是月影、風向同時觀測的一種巫術「技藝」，包含原始天文學的文化因素。先民「腦子笨」，他們驚愕於日出、日移、日落與風的流動等自然現象，注意到月亮的升起與降落，試圖通過晷景這種巫術文化方式來把握人自身的命運吉凶，所以才有晷景的發明與施用。

上古晷景主要有兩種方式。

一是所謂土圭測影。圭字造型，是土上累土，以泥土堆築進行操作。《周禮》有「以土圭之法，測土深，正日景」的記載。「測土深」，就是觀測土堆的高度；「正日景」，就是觀測太陽正當中午的影子。現在看來好像是很理性的，其實在上古，卻是一種迷信的巫術。

二是所謂以標桿來測影、測風。標桿在周代時設定的高度為古制八尺，直插在大地之上，這就是筆者在前文所談到的「立中」之「中」。《周髀算經》說：「周髀長八尺。夏至之日，晷一尺六寸。髀者，股也。正晷者，勾也。」這是說，陽光照在標桿（髀）上，在地面留下陰影，便是「正晷」，也稱為「勾」。而夏至到來的時分，地面上留下的陰影為一尺六寸。

這實際是一個直角三角形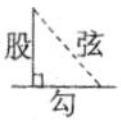

，以標桿（髀）為股、陽光照射於標桿頂端的射線為弦，在地面的陰影為勾。古人迷信，總以為陰影是神秘現象，對陰影感到恐懼。後代有一個成語，叫做「勾魂攝魄」，就是這麼形成的。魂、魄二字都從鬼，而且魂字又從雲，顯然與陰影理念有關。

前文說了，晷景測日又測月，所以日象、月象分別用陽爻與陰爻來表示。這似乎是頗有說服力的一種解說，是非曲直留待讀者來評判。

第八種解說，是所謂男女性器的符號。上世紀二三十年代，弗洛伊德精神分析學說已經傳入中土，一些先進賢達想「玩」個新鮮，追趕時髦，就用「性學」來解讀《周易》八卦的陰爻陽爻。後來郭沫若《中國古代社會研究》一書這樣說：「八卦的根柢（引者註：指陰爻、陽爻），我們很鮮明（顯明）地可以看出是古代生殖器崇拜的孑遺。畫⚊以象男根，分而為⚋以象女陰。」持這一看法的，在郭氏以前，還有錢玄同等人。

這一解說很引人注目，而且在《易傳》中的確有很豐富、深刻的生殖崇拜思想。但是，陰爻陽爻的文化原型，究竟是不是古人對男女性器及其生殖的崇拜，可另當別論。這個問題，筆者在後文還會談到。

第九種解說，是所謂「數字卦」說。這個問題說起來相當煩難，但十分有意思，有進一步思考的價值，還是讓我們放到後文去談吧。

陰爻陽爻起源於「數」嗎

《周易》筮符系統中的這兩個基本符號，起初並不稱作陰爻、陽爻。這一稱名，始見於戰國中後期成篇的《易傳》。它們的文化原型，並非起於男女生殖崇拜，而是一種數的圖形，學界稱為「數圖形卦」或「數字卦」。從文化的角度來看，起於古人對數的神秘崇拜。「數字卦」一共九個筮數：一、二、三、亖、X（⊠）、∧、十、八、Ⅸ（一、二、三、四、五、六、七、八、九）。

十二世紀二十年代，湖北孝感出土過六件鑄有銘文的西周時代的青銅器，史稱「安州六器」。其中一件中鼎很是奇特，在其長篇銘文的末尾有兩個「奇字」，其形如下：

在很長時間裡，學人都沒有能夠讀釋這兩個「奇字」的歷史與人文意義。郭沫若曾經說：「末二奇字殆中之族徽」，認為這是鐫刻於青銅銘文的宗族的「族徽」。

北京大學張政烺教授《易辨》（載《中國哲學》第十四輯，人民出版社，一九八八年）

指出，所謂「奇字」，實際上是一種「數字卦」，他認為這是兩組數字，可以分別寫成：

八七六六六六

七八六六六六

從公元十二世紀的宋代到今天的八百年間，這種由數字排列的「數圖形卦」時有發現，但歷代《周易》研究者，多未曾注意，不知道這究竟是怎麼一回事。

近幾十年間，「數字卦」的發現較多。據《易辨》介紹，一九五〇年春天，在河南安陽殷墟四盤磨村西區發現的一片甲骨上，刻有三個「數字卦」：

可依次翻譯為：

七八七六七六

七五七六六六

八六六五八七

一九五六年前後，在陝西西安張家坡，連續發現兩片甲骨上有兩個「數字卦」；一九七七年秋天，萬餘片甲骨出土於陝西岐山周原鳳雛村，又有「數字卦」的發現。可見，「數字卦」的發現並非偶然。

一九七八年冬天，吉林大學召開古文字學討論會。會後，學者徐錫台發表相關的學術論文，作關於西周卦爻符號文化的探討。張政烺曾在題為《古代筮法和文王演周易》的學術報告中指出，「這些數字都是筮數」。

這些陸續被發現的「筮數」，分奇、偶兩類。張政烺對所搜集的三十二個「筮數」組群即「數字卦」進行分析，列出統計表，這裡轉述如次：

筮數：一 二 三 四 五 六 七 八

次數：36 0 0 11 64 33 24

從統計可以見出，這三十二個「數字卦」，其中多數由六個「筮數」所構成，有的卻只有四個「筮數」。這不影響統計的結果有一個明顯傾向，就是其中「六」這一「筮數」出現次數最多，為六四，「一」這一「筮數」出現次數為其次，為三六。而「二」、「三」、「四」這三個「筮數」從來沒有出現過。

這種現象說明什麼？

因為凡是「數字卦」，總是採用直書方式。在「數字卦」中，「一」字寫作丨；「二」字寫作⚌；「三」字寫作☰；「四」字寫作亖，由於是直書的緣故，張政烺解說道：「寫在一起不易分辨是幾個字、代表哪幾個數，所以不能使用，然而這三數並非不存在，而是筮者運用奇偶的觀念當機立斷，把二、四寫為六，三寫為一，所以一和六的數量就多起來了。」

這真是一個睿智的解說，應當說合乎情理。

在「數字卦」中，「一」這一「筮數」中包含了「三」，「六」這一筮數包含了「二」、「四」，這便是為什麼「六」出現最多，「一」為其次的緣故了。

所以，這出現次數最多的「六」與「一」，已經具有符號初步抽象的性質，可以說，它是《周易》陰爻與陽爻的前期符號表達，一種文化原型。

這又怎麼理解呢？

據考古報告，一九七八年，在湖北江陵天星觀出土戰國楚墓竹簡卦符，這卦符的數字，為一、五、八、九，顯然比「數字卦」所運用的數字一、五、六、七、八有了進一步的簡化。

據考古資料，安徽阜陽簡本《周易》的筮符，僅僅以一（一）、∧（六）兩個筮數構建卦符，拙文《上博館藏楚竹書周易初析》（發表於二〇〇五年第一期《周易研究》）曾經指出：「這是基於原始『數字卦』之一、六出現最多意義上認識的一次飛躍，即純以

一、六這兩個奇、偶之數為代表，體現陰、陽爻之對立、互應與消息的人文意識。」

據考古資料，長沙馬王堆帛書本《周易》的卦符，又純粹用⚊（一）、八（八）兩個數字來表達。比如，它將《周易》乾卦，寫成䷀，坤卦寫成䷁，泰卦寫成䷊，否卦寫成䷋，等等。這不過是把安徽阜陽簡的一、六變成了一、八。而六之所以變八，是因為八與六都是偶數的緣故。

據考古資料，上博館藏楚竹書《周易》的卦符，也是純粹以⚊（一）、八（八）兩個數字構成的，所以拙文《上博館藏楚竹書周易初析》這樣說：「由此可推見，楚竹書與帛書本《周易》因卦符所用筮數符號之相同，在歷史、人文水平上同屬於一類」。「由於阜陽簡純以一與六表述而更接近於原始『數字卦』一與六出現最多這種情況，我們有理由相信，阜陽簡的卦符較帛書本、楚竹書可能更為古老。」

據此可以推定，《周易》陰爻、陽爻的發展軌跡大致是：

「數字卦」→江陵天星觀簡→阜陽簡→長沙馬王堆帛書《周易》（一、八）／上博館藏楚竹書《周易》（一、八）→通行本《周易》（九、六）

「數字卦」作為《周易》陰爻、陽爻原型說，之所以頗具說服力，還可以從古籍的有關論述得到印證。

《左傳．僖公十五年》說：「筮，數也。」這說明，易筮起源於「數」。

《易傳》說：「極其數，遂定天下之象。」這說明，易象始源於「數」。

《漢書．律曆志》也說：「自伏羲畫八卦，由數起。」雖然是傳說，但依然將八卦符號及其陰陽爻的人文源頭歸結為「數」。

當然，「數字卦」說也並非無懈可擊，易學界對此還有爭論。至於通行本《周易》的陰爻為什麼稱為六、陽爻為什麼稱為九等問題，且讓我們放到後文去討論。

八卦緣起於美妙「傳說」嗎

所謂八卦，是指八種用來進行占筮的符號，簡稱筮符，分別為乾、坤、震、巽、坎、離、艮、兑，它們都是由三個爻的符號所構成的。

現在，先來說說《易傳》有關八卦緣起的四種記載，談談這些美妙「傳說」，拂去歷史的塵埃，捫摸中華先人的人文「心跳」。

第一種記載，所謂「伏羲始作八卦」說，前文已經談到，就是「仰則觀象於天」，「俯則觀法於地」，「近取諸身，遠取諸物」那種，被記載在《易傳》的《繫辭》篇中，應當說是名氣最大的，這裡就不詳說了。

第二種呢，《易傳》的《說卦》篇這樣寫道：「昔日聖人之作《易》也，幽贊於神明而生蓍，參天兩地而倚數，觀變於陰陽而立卦。」意思是說，古時候聖人創構《周易》，得到幽微、神秘的神靈的佐助，從而發明蓍筮的方法，依靠生數一、三、五這三個奇數，二、四這兩個偶數來建立以天地之數為「大衍之數」的占筮文化，仰觀俯察天地陰陽的運變，從而創立卦爻符號。這裡所說的生數與大衍之數等，容後再議。這一說法與第一種記載的相同之處，在於這裡所說的「聖人」實際仍指伏羲氏。只是這裡所謂伏羲創卦，並非通過仰觀俯察、近取遠取的方法，而是把神秘的「數」引入創卦說，並且導入了「陰陽」

這一對偶範疇。那麼，所謂「數」，所謂「陰陽」又是什麼意思呢？後文自有專題討論。

現在來說第三種記載，《易傳》的《繫辭》這樣說道：「天垂象，見吉凶，聖人象之。河出圖，洛出書，聖人則之。」大意是說，老天向人間垂示兆象，吉或是凶的結果顯現出來，於是聖人伏羲就來模擬這種神秘的天象。黃河現示圖像，稱為河圖；洛水出現書象，叫做洛書，聖人伏羲就按照河圖與洛書的文化原型來創造八卦。可見，傳說中的「伏羲始作八卦」，並非憑空揑造，而是必有所本，其所根據的，是一種呈示巫術吉凶意義的「天啟」，就是傳說中的河圖、洛書，成為創設八卦的原則、依據。

第四種記載，是引入了「太極」這一範疇，說起來有點複雜玄妙：「是故易有太極，是生兩儀，兩儀生四象，四象生八卦，八卦定吉凶，吉凶生大業。」這一段話，寫在《易傳》的《繫辭》中。是說在這個世界上沒有八卦符號之前，已經有混沌未分的一片淳和之氣，即氤氳狀態的太極存在。是太極的內在運化，才誕生「兩儀」即天地。天地，生成少陽、老陽、少陰、老陰，就是春、夏、秋、冬四時（四象）。四時又成就象徵天、地、雷、風、水、火、山、澤的八卦，也就是乾、坤、震、巽、坎、離、艮、兌八種占筮符號。前三種解說，都認為是伏羲創構八卦，僅僅在創構的方式與過程上有所不同。最後一種解說，則把伏羲這位「上上聖人」撇在一邊，將八卦的緣起，歸之於神秘的「太極」，八卦的生成，是以「太極」為原型的一種裂變與運化。至於什麼是「太極」，後文自有詳解。

這四種記載，大體上真實反映了中華先人對八卦緣起問題的基本見解，總體上都觸及了八卦的文化原型問題，由於《易傳》的《繫辭》、《說卦》等篇，並非一人一時所撰，它們體現了不同時代或地域，不同作者所記錄的不同傳說的八卦緣起，是可以理解的。

問題是，這些傳說中的八卦緣起之說，究竟有多少真理性可言？它們的歷史與人文依據又在哪裡？它們體現了中華先人怎樣的一種人文心態與智慧水平？很值得我們思考。在這四種記載中，筆者發覺，前三種記載與第四種記載明顯存在差異。前者說「伏羲始作八卦」，屬於神話傳說，是一種文化；後者稱八卦緣起以「太極」為原型，當然也是從文化上說的，但是這裡的「太極」，已經不是一個純粹的文化學及巫學範疇，而是處於從文化巫學向哲學、美學等轉化的人文過程中。關於這一點，隨着本書敘說的步步展開與深入，想來讀者會逐漸的心領神會。

需要說明的是，有人認為，八卦源起於古人對八種基本事物的理解，說明先民的人文思維，在追尋世界的本原時，已經具有半抽象、半具象的能力。這八種基本事物是天、地、雷、風、水、火、山、澤。作為萬物之母，八卦的對應物有點類似古印度哲學的地、火、水、風。如果確實是這樣，那麼，中華先民的人文覺悟，倒好像不是從巫學開始，而是從哲學起步的。哲學作為人類更高一級的人文智慧，是否從一開始就成為中華先民的認知特點，頗令人懷疑。而原始巫術文化，恰恰可以是後代的哲學、倫理學與美學得以醞釀、滋生的溫床。

而且，八卦的「八」字，也是很耐人尋味的。從相關古籍所謂殷人「數以八為紀」這一記載來看，八卦緣起於殷文化，大概並非遊談吧。

為什麼說陰陽爻符是符號「宇宙」的基石

在浩如煙海的中華古籍中，可以說沒有哪一部著作能像《周易》這樣具有如此特異而精彩的卦爻符號。

西漢末年，曾經有一部書叫做《太玄》，其作者是大名鼎鼎的揚雄。在書中，揚雄以奇（一）、偶（--）、和（---）三個基本的人文符號，來構建所謂「四重」、「八十一首」的符號圖式。除了《周易》，這不能不說是中國古代另一部具有獨特人文符號的書，應該說它具有一定的創造性。

但是，《太玄》的符號模式，尤其是揚雄的思維方式，其實並沒有超越《周易》卦爻符號思維的人文域限，說《太玄》基本上是對《周易》符號的模仿，並不為過。

漢代著名學者、《漢書》的作者班固曾經說過，揚雄「實好古而樂道」，他總是想讓自己的「文章成名於後世」，認為「周易」是「五經之首」，所以撰寫《太玄》一書，「相與仿依而馳騁」。意思是，模仿《周易》的符號模式，從而使自己的思想像駿馬一樣騰躍。

所以，《太玄》實際上是「擬易之作」。這說明，《周易》的卦爻符號系統獨一無二。

正是這一卦爻符號及其與卦爻辭所構築的複雜的文脈聯繫，使得《周易》巫術具有特別的人文韻味，其洋溢而澎湃的人文智慧，令人神馳心撼。

我們在前面已經談到，從原始「數字卦」的人文土壤中培育成熟的陰爻陽爻，將參與占筮的從一到九的九個自然數，抽象為以「六」代表所有的偶數與以「九」代表所有的奇數。六，是陰爻的共名；九，是陽爻的共名。

陰爻⚋、陽爻⚊及各自所蘊涵的筮數六、九，構成了《周易》巫術占筮符號的兩大基本元素，並由此揭示出世界至繁至簡的兩種互逆互順的關係與態勢。

在《易傳》看來，世界的本原、本體，是象，也是數；是呈象的數、蘊數的象；是「象數互滲」，也就是明末清初之際哲學家王夫之所說的「象數相倚」。

總之，這世界是由陰爻、陽爻及其關係作為邏輯起始所構成的符號「宇宙」。

這符號「宇宙」是至簡的，因為天地萬類，無數事物包括人的難以把握的命運，已被「濃縮」在這兩個簡潔而互應的符號之中；這符號「宇宙」又是至繁的，因為正是這至簡的一長劃（陽爻）與二短劃（陰爻），在易學史的長河中，演繹為繁複的圖書之學，以象喻世界的浩瀚無垠與變化的神奇莫名。

陰爻、陽爻作為中華古代之獨異符號「宇宙」的基礎，雖說其誕生注定帶有這一民族人文母胎的「巫風鬼氣」，卻在文化成長的歷程中，將一個明麗而燦爛的蒼穹貢獻給人類。

陰陽爻符的建構，確是中華先民對天地萬類以及社會人生試圖作出哲學、仁學（倫理學）與美學等的概括與描述，是對紛繁複雜的天、地、人「三極」之兩種對應互動的品類、性質、時態與趨勢的理念意義的把握，中華先民開始朦朧地意識到，自己所身處的這個世界從浩渺的時空到草芥細末既一分為二又合二為一。

如果熟讀《周易》全書，你一定會為該書存在着太多的對偶性範疇而大為驚訝。在《易傳》中，如乾坤、天地、陰陽、剛柔、動靜、尊卑、盈虛、大小、損益、剝復、意象、形神、進退、往來、遠近、方圓、泰否、天人以及天文人文、既濟未濟等對偶性人文範疇，俯拾皆是。

哲學家們說，所有這一切範疇都可以用「陰陽」兩個字來加以概括。

但是多數人並沒有注意到，在「陰陽」這一哲學概括的理念產生以前，早有原始巫學意義上被後人稱為陰爻陽爻的這兩個基本人文符號的誕生及其概括。

所以說，全部《周易》人文智慧的基本模式與框架，其實都始源於蘊涵着「象數」的陰陽爻符。這對符號，是《周易》也可以說是中華文化意象的根因之所在。

全部《周易》的對偶性範疇，其實都是既一分為二又合二為一的，都在講「一」怎樣必然「分」為「二」、「二」如何必然「合」為「一」。

當代讀者也許會覺得這過於膚淺。但在殷周之際，中華古人已經能夠具有如此洞達的智慧，以人文性相反相成、互對互補、互逆互順的陰陽爻符，來表達對於天地萬類與人的本質性的見解，無疑是了不起的。在全人類人文智慧的建構中，也是獨樹一幟的。

這就是《易傳》的哲學概括，叫做「一陰一陽之謂道」。

人們也許對《易傳》的這一哲學概括不以為然，認為這不過是戰國中後期後起的思想。但是我們應該看到，這種精湛而深邃的哲學，卻早已在陰爻陽爻的基本符號模式中開始孕育。在年代上，它比《易傳》哲學的提出，起碼要早五六百年。

所以，某種意義上可以這樣說，《周易》的陰陽爻符，支撐着中華人文智慧的宏偉構築。

八卦象喻什麼

八卦是在陰爻、陽爻的基礎上建構起來的一種筮符文化集成。

如前所述，如果用陰爻、陽爻作三重排列組合，就能夠建構起八種卦符，這便是獨步人類文化智慧王國的八卦，中華先人分別給予其不同的命名：

乾 ☰　震 ☳　離 ☲　兌 ☱

坤 ☷　艮 ☶　坎 ☵　巽 ☴

為了便於記憶，南宋大儒朱熹《周易本義》按照八卦每一卦象的造型特點，編了一首《八卦取象歌》。這首歌訣這樣唱道：

乾三連，坤六斷。
震仰盂，艮覆碗。
離中虛，坎中滿。
兌上缺，巽下斷。

中華古人認為，八卦是一個整合的筮符系統，富於文化象喻意味，該意味具有不同的文化層次與品位。

這裡，所謂乾坤震巽坎離艮兑，首先象喻神秘宇宙的八種基本事物，這便是所謂乾象喻天、坤象喻地、震象喻雷、巽象喻風、坎象喻水、離象喻火、艮象喻山、兑象喻澤。

稍稍考察一下八卦卦名的字義，也許有助於我們對八卦象徵性意義的解讀。

乾，從倝從乙。東漢許慎《說文解字》認為是「日始出光」的意思，指太陽初升。乙，《說文解字》說：「物之達也」，指陽光普照萬物。清人朱駿聲《說文通訓定聲》謂：「達於上者謂之乾。凡上達者莫若氣。天為積氣，故乾為天。」因此，乾的本義，指日出霞光照臨萬物、陽明發達、光輝燦爛的「天」的氣象，乾，帛書本《周易》寫作「鍵」，通「健」。

坤，從土，指涵養萬物的大地。在甲骨文中，至今沒有檢索到「坤」字。但甲骨文有「土」字，寫作或者等。徐中舒主編《甲骨文字典》說，土「象土塊在地面之形。為土塊，一，地也。本應填實作，因契刻不便肥筆，故為匡廓作」。土，又是社的本字，所以，土又指社神、地神。坤，古字為巛，實際是坤卦卦符☷的一種變形。從音訓意義看，坤者，順也，坤以順。

震，從雨辰聲。尚秉和《周易尚氏學》一書說：「震，振也，動也。」從震卦☳卦符看，是「一陽伏二陰之下，陽必上升。故振動而為雷，為起」。因此，雷震而雨，萬物震動。章太炎《八卦釋名》指出，「辟歷（霹靂）振物者謂之震，是故震象雷」。

巽，入的意思，又是風的意思。風有吹入的意義。章太炎《八卦釋名》指出，巽與選「聲類同」。《廣雅．釋詁》謂：「選、納、妠，入也。」《說文解字》說，「入，內也」，「內，入也」。章太炎說，《五帝紀》一書有「堯使舜入山林川澤」的記載，《列女傳》有「選於林木」的說法，所以「選者，入也」。而《荀子．儒效》又有「選馬而進」的說法，所謂「選馬」，就是「縱馬」前進的意思，選有「放縱」的意義。而「放」，《釋名》說：「風，放也。」所以常說的「風牛馬不相及」的「風牛馬」，也可以稱為「放牛馬」。章太炎的結論是，「故選為風矣」。由於巽與選「聲類同」，因而，巽有入義、風義。

坎，有「陷」的意思，坎象喻水，水性在於流動陷落。朱熹《周易本義》說，坎「險陷也，其象為水」。從卦符看，是一陽爻陷在上下兩陰爻的中間，所謂「外虛而中實也」。金文「水」字寫作，原於坎卦卦符☵。

離，象喻火。《易傳》說，離者，「麗也」。象喻火焰光明而美麗。清人陳夢雷《周易淺述》說：「離卦，一陰麗於上下之陽，有附麗之義。中虛有光明之義。離，麗也，明也。於象為火，體虛麗物而明者也。又為日，亦麗天而明者也。」所以，離又象喻日，太陽高懸在蒼穹長空，有「麗天」的美麗意象。金文「火」字寫作，原於離卦卦符☲。

艮，從匕從目，金文寫作，有怒目相視之象，因而，艮有山一般嚴峻靜止的意義。在帛書本《周易》中，艮卦的「艮」，寫作「根」，艮是根的本字，根，有靜止不移的

意義，因而可引申為像山那樣巋然靜持。還有一種解讀是，艮，垠也，圻也，其意指涯岸，所以通「山」。總之，艮象喻山，象喻止，是可以肯定的。其在文字學上的解說尚有分歧，這裡不再贅述。

兑，讀yuè，而不應讀成「兑現」的「兑」。兑是悦的本字。悦，古籍作「說」，如《論語》名句「有朋自遠方來，不亦說乎」的「說」，即「喜悦」的「悦」，在《周易》中寫作「兑」。《周易》有兑卦，有「和兑」的說法。《易傳》說，「兑，說也」，就是這個意思。在文王八卦方位圖中，兑卦在「四正」之「西」，對應於秋。所以古人說，兑是「正秋之卦」，秋季植物成熟，令人愉悦。這個問題說起來有點複雜，不妨放到後面再講。又，兑字從㕣。㕣，指山間泥濘小路，所以，兑有「澤」的意思，兑象喻澤。

故《易傳》的《說卦》說：「乾，健也。坤，順也。震，動也。巽，入也。坎，陷也。離，麗也。艮，止也。兑，說也。」這一解說對我們探尋八卦的基本文化意義，頗有幫助。

乾的剛健，坤的柔順，震的發動，巽的進入，坎的下陷，離的炎麗，艮的靜止，兑的愉悦，這在中華古人看來，都是自然宇宙和社會人生的種種基本屬性、功能與情緒反應。的確，八卦象喻世界的八大基本根因與品格。

除此以外，八卦又極富詩意地象喻其他一系列事物及其關係。

比方說，乾為父，坤為母，震為長男，巽為長女，坎為中男，離為中女，艮為少男，兑為少女，這是象喻一個血親家族，一對父母，生養了三男三女，體現了中國人「多子多福」

的人文與人倫理念。

又比如，乾為首，坤為腹，震為足，巽為股，坎為耳，離為目，艮為手，兌為口，這是用八卦來分別象喻人體的主要器官及四肢，頗有意味。

又比如，乾為馬，坤為牛，震為龍，巽為雞，坎為豕（豬），離為雉，艮為狗，兌為羊，這是以八卦來分別象喻與人類關係較為密切的一些主要動物，其中多數是家養的動物。這裡有兩點稍作說明：一是巽為雞不同於離為雉，雉是野生的；二是這裡所說的龍，並非自然界裡實際存在的動物，它是一種圖騰、一種神話意象、一個巫術符號。這個問題同樣有點複雜，而且講起來十分有趣，我們且放到後文去談。

又比如，八卦象喻古人心目中神秘的地理方位，分兩套系統。第一套系統，是乾為南，坤為北，離為東，坎為西，震為東北，巽為西南，艮為西北，兌為東南，實際是一個「伏羲八卦方位」。第二套系統，是離為南，坎為北，震為東，兌為西，艮為東北，坤為西南，巽為東南，乾為西北，這實際是一個「文王八卦方位」。這種區分，後文會作出解說。

還有一些象喻，比如乾象木果，震象蒼筤竹，巽象木以及乾象大赤，震象玄黃，巽象白，等等，因為不大系統，這裡暫且從略。又有一些象喻，如乾既象圓，又象寒、象玉、象金、象冰；坤象布，象釜（鍋），象大輿（大車），又象柄，等等，一點也不講求邏輯。可能是古人把不同地域、時代的象喻事物與理念雜放在一個文本裡，這也間接證明了八卦象喻的作者，不會是同時代、同地域的同一個人。

太極圖的奧秘何在

太極圖是易圖的一種，很著名。易圖有很多種，故中華易學史上有所謂的「圖書之學」。宋代以前，在所有的易學著作中並沒有易圖。北宋初年，有一個易學家，就是那個理學開山周敦頤從道士陳摶那裡傳受了太極圖，是為中華易學史上易圖與圖書學的開始。

太極圖主要有三種，這就是古人所說的「周子太極圖」、「來氏太極圖」與「先天太極圖」。

「周子太極圖」，就是周敦頤傳自陳摶的太極圖。「來氏太極圖」是由明代易學家來知德根據「先天太極圖」改造、繪製而成。而「先天太極圖」就是坊間所說的「陰陽魚」，也傳自陳摶，流傳最為廣泛，影響尤其深遠。順便說一句，韓國的國旗圖案，就是採用中華古代的「先天太極圖」、配伏羲八卦方位的四正卦而成的。筆者一九九七年在韓國講學時，講到韓國國旗圖案源自中華易文化這一點，聽講者無不面面相覷。

至於圖書之學的最初承傳譜系，《宋史．朱震傳》曾經記載宋初易學家朱震（朱氏有《漢上易傳》傳世）的話：「陳摶以先天圖傳种放，放傳穆修，穆修傳李之才，之才傳邵雍。放以河圖洛書傳李溉，溉傳許堅，許堅傳范諤昌，諤昌傳劉牧。穆修以太極圖傳周敦頤，敦頤傳程顥、程頤。」這裡所提到的一干人物，都是古代易學研究者，其中以周敦頤、邵雍、程顥、程頤與劉牧最為知名。

有關「先天太極圖」，明代趙撝《六書本義》稱其來自於「天地自然」，這是將太極圖的誕生時間，上推到傳說中的伏羲時代。說是伏羲之世，有一龍馬背負太極圖在滎河出現（滎河在今河南省），八卦方位就是根據這太極圖繪製而成的。又說，該圖傳自蔡元定，蔡氏又傳承於四川的一位「隱者」，秘而不宣。那麼，陳摶又是否傳自於蔡元定呢？趙撝並沒有說，可以作為一個疑案。顯然，趙撝的說法與朱震不同。

那麼，究竟該如何來識讀太極圖的奧秘呢？

且讓我們先來看清代易學家胡渭《易圖明辨》裡的一段話：

「其環中為太極，兩邊黑白回互，白為陽，黑為陰。陰盛於北，而陽起而薄之：震東北，白一分，黑二分，是為一奇二偶；兑東南，白二分，黑一分，是為二奇一偶；乾正南全白，是為三奇純陽；離正東，取西之白中黑點，為二奇含一偶，故云對過陰在中也。陽盛於南，而陰來迎之；巽西南，黑一分，白二分，是為一偶二奇；艮西北，黑二分，白一分，是為二偶一奇；坤正北全黑，是為三偶純陰；坎正西，取東之黑中白點，為二偶含一奇，故云對過陽在中也。坎離為日月，升降於乾坤之間，而無定位，故東西交易，與六卦異也。」

這是說，太極圖是一個圓（環），圓內繪互回、互逆的黑、白兩條「魚」，表示陰、陽二氣的動態運化。黑表示陰氣，白表示陽氣。從方位看，陰氣極盛於北，而陽氣發動與它相接。東北是震卦方位，一分白，二分黑，由一個陽爻、兩個陰爻所構成，用☳（震）來表示。東南是兑卦方位，二分白，一分黑，由兩個陽爻、一個陰爻所構成，用☱（兑）來表示。正南是乾卦方位，三分全白，由三個陽爻所構成，用☰（乾）來表示。正東是離卦方位，二分白，一分黑，這黑，指西「白中黑點」即所謂「魚」的「眼睛」，由兩個陽爻、一個陰爻所構成，用☲（離）來表示。而陽氣極盛於南，陰氣起而與它相接。西南是巽卦方位，一分黑、二分白，由兩個陽爻、一個陰爻所構成，用☴（巽）來表示。西北是艮卦方位，二分黑，一分白，由兩個陰爻、一個陽爻所構成，用☶（艮）來表示。正北是坤卦方位，三分全黑，由三個陰爻所構成，用☷（坤）來表示。正西是坎卦方位，二分黑，一分白，這黑，指東「黑中白點」即所謂「魚」的「眼睛」，由兩個陰爻、一個陽爻所構成，用☵（坎）來表示。

胡渭對太極圖的解說，實際上包含了兩個部分。第一部分，指太極圖本身，即「陰陽魚」（見下頁圖）。第二部分，是用伏羲八卦方位即先天八卦方位圖的理念，來解讀太極圖（見下頁圖），實際是以八卦方位來配太極圖。在此解讀中，胡渭還運用了數的奇偶觀念，指明正南正北為乾坤天地，正東正西為離坎日月，指出離為日，坎為月，「東西交易」與其他六卦不同這一情況。這裡所謂「東西交易」，指離卦二白一黑即☲與坎卦二黑一白即☵構成互交關係。

在中國古代尤其是明清時期，太極圖可以說家喻戶曉，無人不識，名氣很大。在儒家、道家的一些著述中，也往往會提到太極圖，遂成了儒、道兩家共同的文化「遺產」。更有民間的一些「算命先生」、行醫郎中及遊方道士，也常常會利用這太極圖，或是算命

太極圖（陰陽魚）

伏羲八卦方位配太極圖

唬人，或是增添行醫的權威性，或是將此圖寫在道服及圖蓑上以渲染崇道的神秘性。

不過，太極圖究竟源自哪裡，我們依然不甚清楚。千百年過去了，這個所謂的「千古之謎」，仍舊讓後來的人追尋不已。

河圖：「天一」的人文意蘊該如何理解

河圖，還有下文所要講到的洛書，都是古人用以表示數與數之神秘關係的一種圖式。

河圖、洛書、伏羲八卦次序、伏羲八卦方位、伏羲六十四卦次序、伏羲六十四卦方位、文王八卦次序、文王八卦方位與卦變圖，共九個圖式，是除太極圖以外《周易》最基本的圖式。南宋朱熹《周易本義》一書第一次把這九圖刊載於卷首，從此開創了一種文本先例，即大凡後來的易學著作，往往載有易圖。而且，這樣那樣的易圖有愈演愈繁的趨勢。當然，易圖的出現，對於讀者解讀、理解易理還是有所幫助的。

那麼，朱熹為什麼要把這九個易圖載於《周易本義》卷首呢？

朱熹本人是這樣解說的。歷史上，「易」有多種，依次「有天地自然之易，有伏羲之易，有文王周公之易，有孔子之易」等等，他指出「自伏羲以上，皆無文字，只有圖畫，最宜深玩。可見作『易』本原精微之意。文王以下，方有文字，即今之《周易》」。

朱熹這部書，是為了追溯易的「本義」而撰寫的。在朱熹看來，易的「本義」，在於「伏羲之易」前的「天地自然之易」，那時的「易」，不是「文字易」，而是「圖書易」。他所以這樣做，為的是讓智者知曉「伏羲之易」以前的所謂「天地自然之易」究竟是什麼樣子，以便啟人心智，讓人「深玩」。

朱熹沒有把太極圖也一起置放在《周易本義》卷首，倒叫人感到有些意外。是不是在朱熹看來太極圖不重要，因而不值得加以重視？還是他當時還沒有發現太極圖？或者另有原因，不得而知。在筆者想來，以朱熹的如此識見與博學，應該不至於忽視太極圖的存在吧！

閒話少說，現在來說河圖。作為「天地自然之易」的重要一種，太極圖似乎不是也不能是人力的創造，而是天啟的產物。便是朱熹也相信，如此「完美」的圖式，凡夫俗子是創造不出來的。

從典籍記載看，似乎先秦以及更早時代，河圖和洛書即已失傳。

漢魏時代的許多易學家，如施孟、梁丘賀、京房、費直以及馬融、荀爽、虞翻、王弼與姚信等人，關於《周易》曾經說過千言萬語，但卻沒有隻言片語提起過河圖以及洛書。究其原因，可能他們確實從未聽說過什麼河圖洛書，或者與他們各自的閱讀趣味有關，或者他們雖然聽說、讀到過有關文字記載，卻並未採信。

但是，另一批易學家及文人學士，如漢代的劉歆、孔安國、揚雄、鄭玄與班固等人，都曾提起河圖、洛書。《竹書紀年》、《淮南子》與《易緯》等書，也有片斷的記錄。

大凡他們所依據的，就是先秦典籍裡有關河圖、洛書的文字信息。

《尚書》曾經提到河圖，說過「大玉夷玉天球河圖在東序」的話。意思是，河圖以及這裡所提到的其他三件「寶貝」「在東序」。「序」的意思，是指中華古代的一種傳統建築樣式。

《論語》記錄孔子之言，有所謂「鳳鳥不至，河不出圖」。鳳鳥是祥鳥。祥鳥不飛來，黃河便不顯現河圖。

魏晉時期，曾有人偽託孔子後人即漢代的孔安國為《尚書》作傳，稱河圖的顯現，是在伏羲氏統治天下（「王天下」）的時候。那時，有黃河裡的「龍馬」，背負着一種圖式，出現在波濤洶湧的河水之中，所以稱為河圖，於是，伏羲氏創構了八卦。至於洛書呢，它的顯現也是一個「神跡」。相傳大禹治水的時候，有「神龜」背有圖樣，浮現在洛水之中，於是，大禹受此啟發而演洪範九疇。

因此，南宋朱熹稱河圖和洛書是「天地自然之易」。

當代讀者當然不會相信這是什麼歷史真實，最多是有趣的神話傳說而已。

現在，讓我們來簡略地談談河圖本身。

河圖

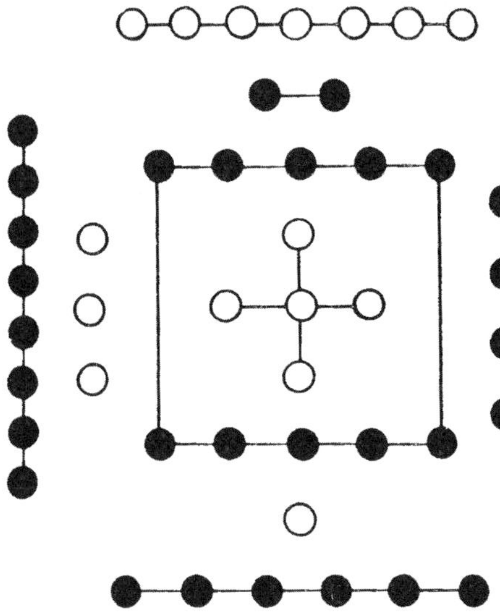

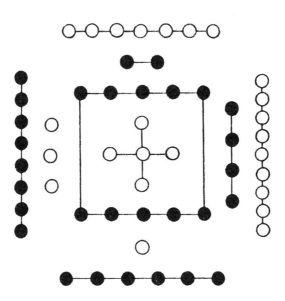

河圖，一個平面為方形的數的有序排列，其中包含由一至十這十個自然數。一、三、五、七、九是奇數，用白圓圈表示，陽性，象徵天，稱為天數。二、四、六、八、十是偶數，用黑圓點表示，陰性，象徵地，稱為地數。

河圖的五個奇數之和，是二十五；五個偶數之和，是三十，所有奇數、偶數的和，是五十五。

我們古人表達在書中的方位概念，正好和今人相反。這河圖的下方為北，上方為南，左為東，右為西。

這就可以看出，表示天地之數的黑點與白圓的平面分佈，是這樣的：

北，天數一配地數六。
南，天數七配地數二。
東，天數三配地數八。
西，天數九配地數四。
中，天數五配地數十。

這就是朱熹《易學啟蒙》一書所說的：「河圖之位，一與六共宗而居乎北，二與七為朋而居乎南，三與八同道而居乎東，四與九為友而居乎西，五與十相守而居乎中。蓋其所以為數者，不過一陰一陽，以兩其五行而已。」

古人認為，這一到十的十個自然數，一、二、三、四、五是生數，六、七、八、九、十是成數，生數與成數，構成了相生相成的關係。

所以在河圖中，北，奇一配偶六，表示陽氣始生，陰氣相成，這便是「天以一生水，而地以六成之」。北象喻水。

南，偶二配奇七，表示陰氣由此始起，而陽氣前來相和，這便是「地以二生火，而天以七成之」。南象喻火。

東，奇三配偶八，表示陽氣漸長，而陰氣相成，這便是「天以三生木，而地以八成之」。東象喻木。

西，偶四配奇九，表示陰氣漸長，而陽氣相和，這便是「地以四生金，而天以九成之」。西象喻金。

中，奇五配偶十，表示太陽、太陰之氣相守而致中和，這便是「天以五生土，而地以十成之」。中象喻土。

《漢書．律曆志》說：「天以一生水，地以二生火，天以三生木，地以四生金，天以五生土。」這是以天、地之數即奇、偶之數的生、成關係說，來解讀河圖的文化底蘊，其中包含了五方、五行即北南東西中、水火木金土一一對應的文化理念。

朱熹《易學啟蒙》指出，河圖的圖式理念，是用一、二、三、四、五這五個生數，來統領六、七、八、九、十這五個成數，而且以一六、二七、三八、四九、五十相配，這是體現了「數之體」。

「數之體」這一見解，是朱熹的總結。其實在《周易》中，數與象是無比重要的兩大範疇和人文理念。在中華先人看來，數是世界的本原、本體，它是先於天地而生、而成的。數生、成世界，統馭天下，首先體現在河圖所表示的自一至十這十個自然的生數與成數及其關係之中。

順便說一句，寧波鄞縣范欽私家藏書樓命名為「天一閣」，這「天一」之名，即取於該河圖之「北」所謂「天以一生水，而地以六成之」語。范氏取此佳名，意在以「天一」之「水」滅「火」，以祈木構藏書樓藏書的安全，並非自持「老子天下第一」的意思。

洛書：如何認識「魔方」的意義

洛書，是一種與河圖並列、齊名而重要的圖式，其「天地自然之易」的人文素質與品格以及它在古人心目中的崇高地位，一點也不亞於河圖。古人總是以「河、洛」並稱的。

洛書，也是一個方形的數的有序排列圖式，但它所採用的數字與排列方位與河圖有所不同。

朱熹《易學啟蒙》說：「洛書以五奇數統四偶數，而各居其所，蓋主於陽以統陰。」意思是說，洛書一共用了從一到九這九個自然數，其中以一、三、五、七、九這五個奇數為主，二、四、六、八這四個偶數為次。奇數性陽，居於洛書的北、東、南、西、中；偶數性陰，依次居於洛書的西南、東南、西北、東北。

北，陰氣極盛，陽氣始生而處於潛藏狀態，象徵冬，所以用奇數一來表示。

東，陰氣漸衰，而陽氣漸長，象徵春，所以用奇數三來表示。

南，陽氣極盛，陰氣始生而處於潛藏狀態，象徵夏，所以用奇數九來表示。

洛書

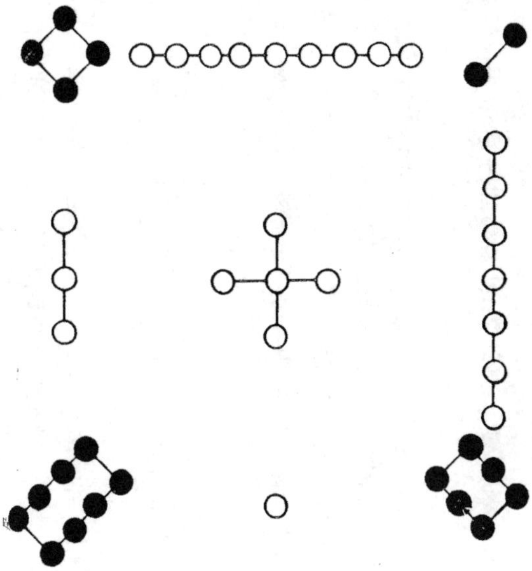

西，陽氣漸衰，而陰氣漸長，象徵秋，所以用奇數七來表示。中，陽氣與陰氣處於和諧狀態，所以用奇數五來表示。奇數五，也是生數五，是生數「終極」，一種中和、完美之境。

這裡，南北東西是「四正」的方位，所以用奇數即陽數、天數來表示。中位尤其崇高，用一至九這九個自然數中居中的數五來表示。這實在可以見出中華古人的用心良苦。與四正和中的方位相比，所謂「四維（四隅）」的方位就是「偏」的了，這便是：西南，偶數二；東南，偶數四；西北，偶數六；東北，偶數八。

古人崇拜神秘的數，尤其崇拜奇數。奇陽、偶陰，把偶數統統安排在「偏」的位置上，體現出崇陽戀陰又崇陽抑陰的人文、倫理理念。

因此，朱熹《易學啟蒙》這樣說：「洛書之一三七九，亦各居其五象本方之外，而二四六八者，又各因其類，以附於奇數之側。蓋中者為主，而外者為客，正者為君，而側者為臣，亦各有條而不紊也。」相信不用多作解說，這段話的大意，大家是明白的。

儘管出自傳說，並且由朱熹歸結為「天地自然之易」，洛書好像僅是神話傳說而已，可是它與巫術占筮的關係，卻在一九七七年安徽阜陽雙古堆西漢墓出土的「太乙九宮占盤」上得到了印證。

這件占盤，或許是模擬八卦方位，其文化原型則是古老的洛書。

據《阜陽雙古堆西漢汝陰侯墓發掘簡報》（《文物》一九七八年第八期），該占盤正面，排列着八卦與五行，小圓盤所刻圖式與洛書圖式相一致。占盤中央有一個點，其文化原型，是洛書奇數五所居的方位。圍繞着「中」，分別刻有「吏」、「招」、「搖」、「也」四字。在「四正」方位上，是「一君」對「九百姓」（北奇數一對應於南奇數九）、「三相」對「七將」（東奇數三對應於西奇數七）。那麼，所謂「吏」、「招」、「搖」、「也」四字，正好分別居於「四維」（四隅）的方位。南、北、東、西、中以及西南、東南、西北、東北等九個方位，這便是所謂「九宮」，是八卦的八個方位加上一個中位。

這件出土漢器至少說明，由宋人所傳授的洛書（包括河圖）不一定由模擬「太乙九宮占盤」圖式而成，但二者在文化思想與思維方式上，必定源於同一文化之根。

值得注意的是，朱熹《周易本義．圖說》曾經指出：「洛書蓋取龜象。故其數，戴九履一，左三右七，二四為肩，六八為足。」是說洛書的文化原型是「龜象」。這與傳說中洛書為大禹時代「神龜」現於洛水的說法相為印證。

這裡且撇開朱熹的說法不談。我們捉一隻活龜來觀察，其背部硬殼上的天生紋樣以及四肢、頭、尾，一般清晰地分為九個部分，這就是頭、尾、龜甲的左部分、右部分、右前足、左前足、右後足、左後足與龜甲的中部區域，一共九個方位。朱熹稱洛書九方位是：「戴九」（頭）、「履一」（尾）、「左三」（龜甲左部分）、「右七」（龜甲右部分）、

「二四為肩」（右前足、左前足）、「六八為足」（右後足、左後足）。最值得稱奇的是，如果我們去觀察龜甲的中部區域，一定會發現，中部實為由五個小部分所組成的紋樣。而奇數五，正好居於洛書的「中」位。

五這個數字很有意思。前文所談到的「數字卦」中五寫作⧖（或⋈），實際是×。這其實是與洛書以及前文所說河圖中央所畫的這一圖式相應的。清人方以智《周易時論·合論》卷一說過，「古五作×，四交藏旋之象。」可見五這個數字，源於洛書以及河圖中央的五，而相通於「數字卦」中的五。

從洛書自一至九這九個數字的分佈看，它實際是一個「魔方」，西人稱為Magic Square，可以畫出一個圖表：

4	9	2
3	5	7
8	1	6

這裡，細心的讀者也許已經注意到，在這個關於洛書的圖表中，數與數之間，存在着在古人看來是非常神秘的關係，那就是無論你將橫向、豎向或斜向的三個數相加，它們的和，都是十五。

橫向：4+9+2=3+5+7=8+1+6=15

豎向：4+3+8=9+5+1=2+7+6=15

斜向：4+5+6=2+5+8=15

這種源於洛書「神數」的魔方，被中華古人認為是「奇跡」。

順便說一下，三國時期，那位「鞠躬盡瘁，死而後已」的蜀國丞相諸葛孔明，傳說他善用八卦陣以抗禦敵軍，無往而不勝。八卦陣果真這般神奇而能屢建奇功麼？

想來是這樣的：無論敵軍選擇從八卦陣八個方位的哪個方位進攻，其結果都會遭遇同等軍力（都是「十五」）的抵抗，所以八卦陣可謂固若金湯。

在美學上，這一魔方的「十五」，使其具有一種均衡的美。洛書平面「九宮」即九個方位之間的關係，當然不是對稱的，但是這種極盡非對稱之能事的均衡，卻是十分完美的和諧。和諧之美這個問題，後文還會談到。

但是，和諧一定是美的嗎？不和諧就一定不美嗎？這是與易理相關的另外一個問題。

什麼是「伏羲八卦方位」

伏羲八卦方位，也叫做先天八卦方位。什麼緣故呢？因為據說伏羲是「先天地而生」的，對此古人深信不疑。

這一方位圖式，也始載於朱熹《周易本義》的卷首。

從方位看，乾卦在南，坤卦在北，離卦在東，坎卦在西，震卦在東北，巽卦在西南，艮卦在西北，兌卦在東南。

伏羲八卦方位

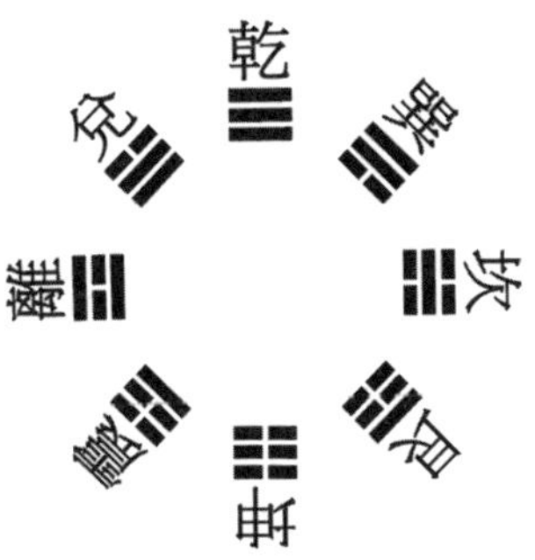

其中，居於「四正」方位的，是乾坤坎離；居於「四維」（四隅）方位的，是震巽艮兑。從象喻意義看，乾坤為天地，坎離為日月，這是處在「四正」方位的四卦。而震巽為雷風，艮兑為山澤，這是處在「四維」方位的四卦。

從這一方位圖式兩兩對應來分析，是乾對坤，即天對地、父對母；坎對離，即月對日、水對火、中男對中女；震對巽，即雷對風、長男對長女；艮對兑，即山對澤、少男對少女。非常齊整，是一種齊整的美、對稱的美。

從卦符審視，☰（乾）三陽爻對☷（坤）三陰爻；☵（坎）二陰一陽爻對☲（離）二陽一陰爻；☳（震）二陰一陽爻對☴（巽）二陽一陰爻；☶（艮）二陰一陽爻對☱（兑）二陽一陰爻。坎離、震巽與艮兑，都分別是二陰一陽爻對二陽一陰爻，但各自陰陽爻的爻位不同。顯然，每一對卦符之同一爻位的爻符的爻性，都是相反的。比如乾☰、坤☷兩卦，它們各自的三個爻，都是爻性相反，都是陽對陰，或者是陰對陽。又比方說離☲、坎☵兩卦，也是這樣，分別是陽對陰，陰對陽、陽對陰，反之亦是這樣。其他震巽、艮兑兩卦，也是如此，可以說是形成了一種對應的美。

我們再來觀察伏羲八卦方位圖。先看每個卦的初爻（就是圖式內側的爻），是有規律可循的。如果我們以乾卦為起始，那麼，它的逆時針的運化態勢是陽、陽、陽、陽，陰、陰、陰、陰。再來看每卦第二爻，如果以離卦為起始，那麼，它的逆時針的發展態勢是，陰、陰、陰、陰，陽、陽、陽、陽。請注意每卦的第三爻（就是圖式外側的爻），如果以乾卦為起始，它的逆時針的發展態勢是，陽、陰、陽、陰，陰、陽、陰、陽。要是以兑卦為起始，是陰、陽、陰、陰，陽、陰、陽、陽。要是以離卦為起始，是陽、陰、陰、陽，陰、陽、陽、陰。反正不管以這八個卦的哪一個卦為起始，不管是逆時針還是順時針，每八個爻為一個序列，共三個序列，它們各自的運化態勢總是有規律、有節奏的。它的確體現了天地自然、人類生命及社會人生的有序性、均衡性與節奏美。

雖然為了強調伏羲八卦方位圖以及前文所說的河圖、洛書的神秘性與權威性，相傳它們是「先天」的創造，而且是朱熹首先把這些易圖放置在《周易本義》卷首的，可是實際上，這伏羲八卦方位圖的繪製，卻完完全全是人工的創造，它本原於《易傳》的有關記載。《易傳》的《說卦》這樣說：「天地定位，山澤通氣，雷風相薄，水火不相射，八卦相錯。」拙著《周易精讀》這樣解讀：「伏羲八卦方位，是乾南、坤北設定卦位；艮西北、兌東南互通氣息；震東北、巽西南相應而親近；坎西、離東不相厭棄。這便是這一方位圖八個卦符相互錯綜的方位。」

如果這方位圖真的是一個文化的「奇跡」，那麼「奇跡」的誕生，一定充分顯示出中華先民的聰明智慧。

明明是後天的創造，偏偏要把這「豐功偉績」歸之於人們所崇拜的文化偶像伏羲，這是崇拜與審美的二律背反與合二為一。

我們一般不太信仰任何偶像。可是偶像一旦出現，有時卻在精神上支撐着主體衰弱、疲憊的心靈，這是人性與人生、人文與歷史的悲劇還是喜劇，抑或兼而有之，的確值得深思。

什麼是「文王八卦方位」

如果說伏羲八卦方位是先天圖，那麼古人相信，文王八卦方位則是後天的，因此也稱為後天八卦方位圖。

什麼緣故呢？因為周文王在中華文化史上，是確有其人的。

與伏羲八卦方位相比較，文王八卦方位在文化理念上，有些什麼特點呢？

文王八卦方位

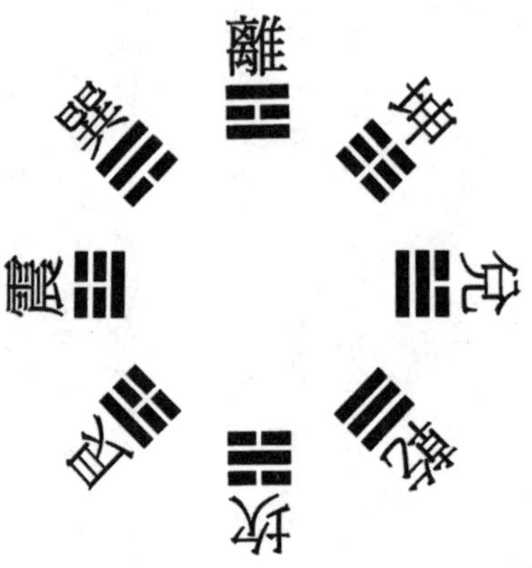

它最大的特點，是在八個方位上所居的八卦，與伏羲八卦方位完全不同，因此，方位圖的方位表述與象徵意義也不同。

文王八卦方位是：離南、坎北、震東、兑西，這是四正；艮東北、巽東南、乾西北、坤西南，這是四維。四正與四維八個方位，加上一個中位，成就了一個八卦九宮的結構模式。

這種結構模式所依據的，是《易傳》之《說卦》篇中的大段文字記載。因為文字較長，恕筆者不再引錄，在此，僅將拙著《周易精讀》一書中的相關譯文大意介紹給讀者。

天地萬類的生命主宰，震卦象喻它的萌始。這生命元氣，與巽卦所象喻的生命齊長，同離卦所象喻的生命共現。致養於坤卦的生命趨於成熟。兑卦象喻生命成熟的喜悦。乾卦象喻生命陽剛之氣的交合功能。坎卦象喻生命的勞倦與衰頹。艮卦象喻生命的終止、完了而又重新孕育新的生命因素。

天地萬類生於震卦，震卦象徵東方。齊長共榮於巽卦，巽卦象徵東南方。所謂齊長共榮，是說一切生命都合於時宜而長勢整齊合一。離卦象徵光明而美麗。天地萬類的美相互映對，光輝燦爛，離卦是位於南方的卦。聖人坐北面南，聽政於天下，好像麗日朗照，他以仁智清明治理天下，都取之於離卦的喻義。坤卦象喻大地。生命、萬物，都孕育、蓄養於大地。因此說，生命、萬物都從大地母親獲得充足的養分。兑卦，象徵生命、萬物正處在正秋這一大好時機之中，萬物成熟所以喜悦。因此，兑卦象徵成熟的喜悦。乾卦象徵生命陽剛之氣的交合功能。乾卦，是位於西北方位的卦，這說的是乾陽與坤陰兩者陰陽交合、相互親近。坎卦象徵水，它是位於正北方的卦，又是象徵生命勞倦、衰頹的卦，象徵萬物閉藏回歸。所以說，萬物經過春生、夏長、秋熟而必然走向冬藏，萬物勞倦、衰頹於坎卦。艮卦，是位於東北方位的卦，象徵萬物的終了，但是終了之時又孕育生機的種子，因此說，生命、萬物完成了一個週期，又初始於艮卦。

文王八卦方位，是春夏秋冬時序交替而運化不已的象徵。從震、巽、離、坤、兌、乾、坎到艮，從方位上看，是從東到東南、南、西南、西、西北、北到東北的方位改變，實際所強調的，是生命、萬物在時間、時運中的運化過程。從生命的始生、到生命的齊長共榮、光輝燦爛、趨於成熟、令人喜悅，這都歸之於乾陽與坤陰的交合親近。從生命的成熟，到生命的勞倦與衰頹，再到勞倦、衰頹之時又孕育生命的種子，這是文王八卦方位圖以方位的循序而變，來生動而深邃地象徵生命的輪迴與不死。

文王八卦方位理念，與中華古代建築文化、風水術的關係十分密切，有關這一問題，後文會作專題討論。

爻位說的要點有哪些

閱讀《周易》，重要的是，要懂得閱讀的方法，一些基本的易學知識，不可不具備。在這些易學的基本知識中，懂得爻位說，是尤其必要的。而《周易》的爻位，實際上即爻時，體現了一種隨時、因時而運化的時間意識。不過，這種時間意識，是用爻位的變化來體現的。

比方說，《周易》六十四卦的每一卦，都是由下、上兩個八卦（每卦三爻）共六個爻構成的。這六個爻構成了種種複雜豐富而有意味的動態聯繫。這種種爻位聯繫，是與爻性相關的。

概括起來，爻位說揭示了爻符之性與爻位的多種基本關係。

先說第一種關係。六十四卦的每一卦，正如前述，都是由下、上兩個八卦構成的，稱為重卦。在《周禮》一書中，又稱為別卦。每卦下方的一個八卦，稱為下卦，或叫做內卦；每卦上方的一個八卦，稱為上卦，或叫做外卦。

六十四卦的每一卦，都是由六個爻組成的。這些爻分陽爻與陰爻兩大類。陽爻稱為九，取生數一、二、三、四、五中奇數一、三、五的和（1+3+5=9），朱熹《易學啟蒙》說：

「其九者，生數一三五之積（和）也。」陰爻稱為六，取生數一、二、三、四、五中偶數二、四的和（2+4=6），即《易學啟蒙》所說：「其六者，生數二四之積（和）也。」當然，陽爻所以稱為九而陰爻所以稱為六，古代易學家還有其他的說法，這裡暫且不表。

讀爻的時候，應自下而上去讀。六個爻位，依次稱為初、二、三、四、五、上。表示爻時、卦時、卦氣的演化。這便是東漢《易緯．乾鑿度》所謂「易，氣從下生」的意思。

那麼，遇到一個具體的卦符，應當怎麼讀呢？

比方說，六十四卦的第一卦乾卦䷀，應依次讀為初九、九二、九三、九四、九五、上九；第二卦坤卦䷁，應依次讀為初六、六二、六三、六四、六五、上六。又如泰卦䷊，應依次讀為初九、九二、九三、六四、六五、上六；未濟卦䷿，應讀為初六、九二、六三、九四、六五、上九。

再說第二種關係。從爻位、爻性的相配來看，每卦六爻，以初、三、五為陽位；以二、四、上為陰位。如果陽爻居於陽位，陰爻居於陰位，稱為「得位」，否則就是不「得位」即「失位」。筮遇此爻，一般以此爻位與爻性是否相一致即「得位」為吉，但也有例外。不「得位」即「失位」往往為凶，但也有例外。所謂「失位」，就是陰爻居在陽位上或者是陽爻居在陰位上。有時，「得位」反而為凶，而「失位」反而為吉，這是因為古人編纂每卦每爻的吉、凶判辭在前，而爻位說的發明在後。我們今天讀《易傳》，知道其中已經有爻位說，《易傳》的編纂大致在戰國中、後期。但《周易》的卦爻辭作為本經的內容，大致早在殷、周之際已經編定。所以不遵爻位即爻時說，是可以理解的。比方說第一卦乾卦䷀，按嚴格的爻位即爻時說，初九、九三與九五，是「得位」之爻，應為吉。可是我們一查爻辭，乾九五爻辭稱「飛龍在天、利見大人」，堪稱大吉大利，九三爻辭「無咎」，吉利。而初九是「潛龍，勿用」，雖並不是兇險之爻，卻也算是不太吉利的。同樣，乾卦九二、九四、上九爻，都是「失位」的，應為凶才是。一查爻辭，卻見九二爻辭寫着「見龍在田，利見大人」，是吉。九四「或躍在淵，無咎」，也是較為吉利的。只有上九爻辭「亢龍，有悔」，符合爻位、爻時說。最有意思的是，六十四卦的最後一卦未濟卦䷿全卦六個爻全都「失位」，按理都主「凶」。而其爻辭，九二為「貞吉」，九四為「貞吉、悔亡」，六五「貞吉、無悔」，「吉」，上九「無咎」。相反，既濟卦䷾全卦六個爻都「得位」，照理應為吉。但九三是「小人勿用」（不太吉利），六四是「終日戒」（不太吉利），上六「厲」（不吉利）。可見，不能刻板地理解爻位、爻時說。當然，也有許多爻辭的吉、凶判辭，是符合爻位、爻時說的。

再來看第三種關係。古代易學家從《易傳》所遵循的爻位說，根據時代的需要，認為每個卦象的陰陽爻之間，存在着多種意義的聯繫。

第一種聯繫，叫做「承」。卦象中陰爻居於陽爻的下面，稱陰爻承於陽爻。如晉卦䷢，初六、六二、六三承九四。

第二種聯繫，叫做「據」。卦象中陽爻居於陰爻的上面，稱陽爻據於陰爻。如未濟卦䷿，九二據初六、九四據六三、上九據六五。

第三種聯繫，叫做「乘」。卦象中陰爻反居在陽爻的上面，稱陰爻乘於陽爻。如既濟卦䷾，六二乘初九、六四乘九三、上六乘九五。

第四種聯繫，叫做「比」。卦象中陰爻、陽爻的相鄰關係稱為比，有順比、逆比或者說正比、反比的區別。如比卦䷇，九五比六四，是順比（正比），上六比九五，是逆比（反比）。比卦六四爻辭說：「外比之，貞吉。」這是說，比卦六四爻的爻位在外卦的下方，故稱「外」。六四比九五，為順比，正比。六四爻、九五爻都是「得位」的爻，而且九五爻「得中」，所以筮遇六四，筮得的結果是「吉」。

第五種聯繫，叫做「應」。卦象中爻位的初與四、二與五、三與上，可能構成彼此和諧的陰陽關係。陽爻在上、陰爻在下的，是順應；陽爻在下、陰爻在上的，是逆應。如否卦䷋，初六應九四、六二應九五、六三應上九，這是順應。又如泰卦䷊，初九應六四、九二應六五、九三應上六，這是逆應。

第六種聯繫，叫做「中」。六十四卦的每一卦，都由內卦（下卦）與外卦（上卦）所構成，這是我們前面說過的。內卦的中爻，外卦的中爻，不管它們是陰爻還是陽爻，兩者都處在內卦、外卦的中位，叫做「居中」。如果陰爻居在內卦的中位，陽爻居在外卦的中位，稱為「得中」，也叫做「得正」。如前文所舉的否卦，六二、九五不僅居於中位，而且「得中」（得正）；相反，泰卦九二、六五都是「失位」的爻，所以不「得中」（得正）。當然，有些卦的中位之爻，雖然不「得中」，但由於它們畢竟居在中位，所以占筮的結果，也往往是「吉」。關於這一點，我們在讀《周易》時，常常會碰到的。

「中」還有別一種意義。六十四每卦六爻，以初、二爻位象喻地；三、四爻位象喻人；五、上爻位象喻天，一卦六爻，是一個「天、人、地」結構。「天」、「地」，可以歸結為廣義的「天」（神性之自然），所以實際上這是象喻「天人合一」。在這「天、人、地」結構中，象喻「人」的三、四爻，也稱為「中」。順便說一句，這種「天、人、地」結構，後來在律詩的結構中也有所體現。比方七律，每首八句，第一、二句為首聯，象喻天；第三、四句與第五、六句，兩兩對仗，象喻人；第七、八句為尾聯，象喻地。這是易理向審美滲透的一個顯例。同時，這種「中」，古人也有以初、四象喻地，二、五象喻人與三、上象喻天的說法，因而這裡的二、五爻位象喻「中」。這種說法，實際上綜合了內卦之「中」、外卦之「中」以及「應」的易學理念。

第七種聯繫，叫做「互」，也稱「互體」。《周易》六十四卦，每卦六爻，不僅包含內卦（下卦）、外卦（上卦）兩個八卦，而且，居於第二、三、四爻位與居於第三、四、五爻位上的各三爻，又可以分別構成兩個新的八卦。劉大鈞《周易概論》舉例說，屯卦䷂原由內卦震☳與外卦坎☵所構成，為震下坎上之象。但是從「互」的聯繫來看，屯卦又包含坤、艮兩個「互體」之卦。屯卦六二爻辭說：「女子貞，不字，十年乃字。」

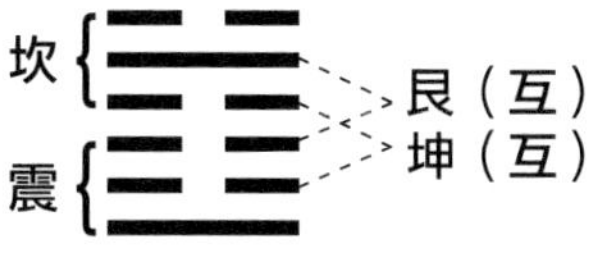

屯卦

如果不用「互體」說，屯卦僅為震下坎上之象，按《易傳》所言，「震為長男」而「坎為中男」，都是「男」象，沒有任何「女」的意象，因此這爻辭沒法與爻符相對應。可是從「互」的角度看，出現了一個坤、一個艮。按《易傳》，「坤為女」而「艮為少男」，便具有男、女和諧的意思。按照古代禮俗，女子成年合婚，以簪子插挽髮髻，稱為「字」。所謂「待字閨中」，指少女未曾出嫁。所以這爻辭的意義與屯卦的爻符聯繫起來了。大意是，這女子卜筮（貞問）的結果是，當下不宜成婚，必須等待十年（並非確指，指多年）以後再出嫁。

再舉一例。豫卦六二爻辭說：「介於石，不終日，貞吉。」豫卦䷏，坤下震上。如果按照坤下震上之象來分析，並無「石」象。但是，用「互體」說來解讀，就解讀得通了。六二、六三與九四互體為艮卦，六三、九四與六五互體為坎卦。這裡暫且不說坎卦，所謂艮，按照《易傳》的意思，「艮為山」也。而山有石，於是六二爻辭的「石」象，在卦符的「互體」中得到了落實。豫卦六二爻辭稱「介於石」，一方面是按照「互體」說，所以有「石」象；另一方面，這六二是陰爻居在陰位上，是「得中」（得正）的吉爻。而且，六二在豫卦中既無「應」又無「比」，好像界石（介通界）豎立於「中」，有堅定而無偏的「中正」之象。介石其人者，中正也。

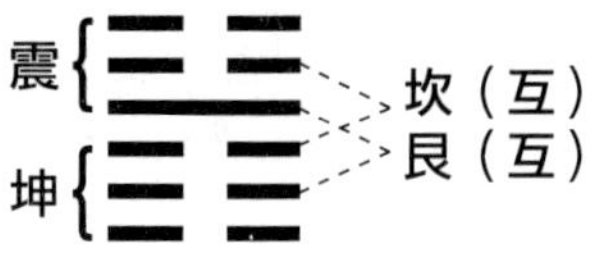

這七種基本關係，六十四卦中絕大多數卦象都是具備的，我們在解讀卦辭、爻辭與相應的卦符、爻符文脈聯繫的意義時，常常會用到。但乾卦、坤卦比較特別，除了內、外（上、下）卦，陰、陽位與「中」等關係以外，無「承」、「據」、「乘」、「比」與「應」等關係，因此爻位、爻時說，並不是每卦、每爻都適用的。

除此以外，有的學者如劉大鈞《周易概論》一書曾經這樣斷言：「凡擬之以物時，初爻之辭皆取象於下。」舉例來說，乾卦初九稱「潛龍，勿用」，坤卦初六稱「履霜，堅冰至」，噬嗑卦初九稱「履校滅趾，無咎」，賁卦初九稱「賁其趾，捨車而徒」等等，「皆取象於物之下者」，意思是，都取象在人、物的下部，如「龍」之「潛」、「履霜」的「履」以及「趾」等。相反，「凡擬之以物時，上爻之辭皆取象於上」，如乾卦上九「亢龍，有悔」，比卦上六「比之無首，凶」，咸卦上六「咸其輔、頰、舌」等等，這「亢」（亢奮，情緒高漲）、「首」（頭部）、「輔、頰、舌」（牙床、面頰、舌頭），都與「上」相聯繫。言之鑿鑿，很有些道理。

但是事情總有例外的時候，尤其在《周易》的問題上。如需卦上六爻辭「入於穴」，「穴」是地洞，與「取象於上」相違背。又如頤卦初九爻辭「捨爾靈龜，觀我朵頤，凶」，「朵頤」指口腮，在人體的上部，怎麼反在初九爻辭中出現呢？這顯然不符合「取象於下」的原則。

因此，易象、易理的豐富複雜往往有出人意表的地方，讀易、解易不能僅聽一面之詞。

氣究竟意味着什麼

說到氣，不約而同的疑問是：氣是什麼？

我們先來看甲骨文。甲骨卜辭裡有「氣」字，寫作⺀。筆者在《中國美學範疇史》（主編，三卷本）的「導言」中曾說過，氣「指原始初民文化心靈對河流時而流水滔滔、忽而乾涸之自然現象的神秘體驗，兼指在初民看來那種河水忽然乾涸之神秘的自然狀態」。甲骨文的「氣」，是一個象形兼會意字，上下兩橫像河岸、中間一點，表示流水忽而乾涸及人的神秘體驗之所指。

由於古人神秘地看待流水忽而洶湧、忽而乾涸這一自然現象，就造出一個氣字，來指稱與表達古人對這一現象的驚訝、敬畏與領悟。

氣字原本寫作⺀，後來演變為三，這已經有點像目前通用的簡化漢字「气」；後來，古人認識到人的生命之氣與飲食息息相關，於是將气寫作氣，從米。可以說，目前通用的簡化漢字气，是由繁體漢字氣回復到了氣字的原本造型。

在中華哲學中，氣是一個哲學元範疇，是表示事物本原、本體的一個範疇。哲學意義的所謂本原，是說事物源自哪裡、源於什麼。古人說，天地萬物，都源於氣；哲學意義的所謂本體，是說事物的一般本質是什麼。古人的回答是，天地萬物的本體是氣。天地間的生命無限多樣，個個不同，但無數生命體之間有一種東西是相同的，這便是作為生命本體的氣。而且從本原意義上說，天地萬類的生命，都來源於氣。

恩格斯《自然辯證法》這樣說道：「有一個東西，萬物由它構成，萬物最初從它產生，最後又復歸於它。它作為實體（本體），永遠同一，僅在自己的規定中變化，這就是萬物的元素和本原。」

古時候有一部書，叫做《公羊傳》。它是「六經」之一《春秋經》三「傳」中的一種，它這樣解說氣：「元者，氣也。無形以起，有形以分，造起天地，天地之始也。」意思是說，氣是天地萬物的元始。萬物由「氣」而生，「氣」是「無形」無蹤的，一旦「有形」，就意味着生成了萬物。萬物又蘊含着氣。

所以氣總是與「生」聯繫在一起的。氣是生命的一個根因、生命的本蘊，也是生命發展的一種內在的推動力量。按照古人的說法，人以及動植物的生命，在發生，在發展，在成熟，又在衰亡，皆由於氣。生命從誕生到滅亡，是氣的演變的不同狀態。《莊子》一方面說，「通天下一氣耳」，意思是天地萬類的本原本體，只是一個氣；另一方面說，「氣聚則生，氣散則死」，這是把人的生死，僅僅看作氣的聚散而已。那麼氣本身是死還是不死呢？

答案只有一個，那就是：氣是永遠不死的。

要是氣會死去，那它還是天地萬類的本原、本體嗎？

這就說到《易傳》那個關於氣的著名命題了。《易傳》說：「精氣為物，遊魂為變。」

這裡所謂精氣，是戰國時人關於氣的另一種說法。這裡所謂物，不是天地萬物的物，而是生成、決定天地萬物的「物」，實際是一種「元物」。這裡所謂遊魂，是指生命的死亡及其狀態。你看，這遊魂的魂，從鬼，鬼是人之生命的死亡狀態。當然，這是一種迷信的說法。氣是不死的。而變，是指生命之氣從聚到散的一個過程。假如用陰陽說來表達生命之氣的聚與散，那麼，聚氣叫做陽氣，散氣叫做陰氣。這陽氣又稱為人氣，而陰氣，便是鬼氣了。也就是說，前者為生氣，後者是死氣。

關於氣，孔子有一個說法，叫做血氣，值得一提。孔子說，人年少的時候，血氣未成，「戒之在色」；年長之時，血氣方剛，「戒之在斗」；年老之時，血氣漸衰，「戒之在得」。這一說法，記載在《論語》一書中，是孔夫子有名的血氣「三戒」說。這裡第三「戒」所謂「戒之在得」的「得」，指人的貪得無厭。孔夫子的這「三戒」之論，可以說是「金玉良言」。人的少年時代，身體沒有長成，所「戒」在好色；青壯之時血氣充沛，所「戒」在與人爭鬥；年老的時候，則應該心氣平和，所「戒」在貪。

那麼，在孔子之前，關於氣的理解，又當如何呢？

孔子生當春秋末期。在此之前，談論氣問題較早的，是西周末年（確切地說，時值公元前七八〇年）的伯陽父，他在解說地震的起因時，就曾提出「天地之氣」這一命題：

「夫天地之氣，不失其序。若過其序，民亂之也。陽伏而不能出，陰迫而不能烝（蒸），於是有地震。」這是說，所謂天地之氣，不能喪失它的和諧。如果氣的和諧狀態被打破了，這就成為天下動亂的凶兆。陽氣隱伏而難以發出，陰氣逼迫而不能使陽氣蒸騰，所以就有地震發生了。

這是關於地震成因的一個經驗性描述，其中已具有某種哲理意蘊，所謂「陽伏」、「陰迫」之說，證明伯陽父其人在此問題上已經具有某種哲學意味的思考。至於說「若過其序，民亂之也」，則又顯然屬於「巫」者之言。事實上地震並非一定就是「民亂」的先兆。

因而這一說法，比較接近氣的文化原型。

自從甲骨時代造出一個氣字，氣所體現的，便是一種關於流水忽而乾涸的神秘體驗，這顯然是具有巫術色彩的。這種具有巫術色彩的氣的意識，早在成書於三千一百年前的《周易》本經中，就已經存在。

《周易》本經通篇不見一個氣字，但不等於說其中沒有巫文化意義上的氣的人文意識，這便是咸卦所謂的「咸」（感）。關於這一問題，我們後文會談到。

以命理爲文化基因的「僞技藝」

《周易》「十八變」的巫筮操作，作為巫術「偽技藝」與「倒錯的實踐」，以象數、命理為其文化基因。是否意味着這是中華文化的根因之一？究竟是偉大民族文化智慧的早熟還是偏執？

是的，這是一個怎樣燦爛、神異而令人驚訝的人文「黎明」，古代中華童年的「夢」甜蜜而酸澀。「萬物有靈」建構起《周易》巫筮之獨具人文魅力的符號「宇宙」，無論古人或是今人都處於既困惑、迷茫又清醒、理性的文化兩難之境。

然而，人的命運只能依靠自己去把握，沒有必要、也不能按照所謂神靈的意志去生活。

前兆迷信、「十八變」的巫筮操作究竟靈驗與否以及風水術等等，其象數與命理的文化意蘊等問題，值得思索與評說。

怎樣解讀巫術的前兆迷信

作為一種巫術「偽技藝」，《周易》占筮偏偏以「數」的運演為其文化機制，這是意味着中華童年文化智慧的早熟還是偏執？數的神秘，毋寧是《周易》古筮法的人文魅力所在。然而，人自身的命運與道路，卻只能依靠自己去把握，沒有必要也不能按照神的意志去生活。

我們說，《周易》巫筮文化是一種源於上古的文化迷執，這並非是在故意貶低這一偉大人文經典深巨的意義與價值。

我們的話題，從巫術的前兆迷信開始。

從文化心理機制上來分析，中華古人在其漫長的生命、生活實踐中，必然會產生一種心理趨勢與心理要求。那就是，既注意到與人的實踐行為相關的種種前兆現象，又渴望預知人實踐行為的後果是凶是吉、孰好孰壞。

人對於這種前因後果是非常關心的。

並且，為了這種預知實踐結果的渴望，人們就愈加關注事物的種種前兆現象。尤其當關係到人的命運以及民族、國家的前途時，人們瞻前顧後或者對前因後果的嚴重關切，更是異乎尋常。

古人認為，一個人、一件事或者一個民族與一個國家的前程即「後果」如何，早已包含在其前期的種種跡象之中，前因決定後果。因此，可以從前期現象來推知後面的後果、結局。

這種前期現象，就是古人所說的巫術徵兆、預兆、前兆。

夏天烏雲翻捲，雷聲大作，就可能下雨，烏雲、雷聲在人們的心目中就構成下雨的前兆。

人突然食不甘味、睡不安寢，或者突然消瘦，或者噩夢糾纏，可能是生病的前兆。

井水忽然下落或上漲，一些動物驚恐萬狀，遠走高飛，有可能是發生地震的前兆。

這些，本來是正常的自然現象，在現代科學的知識體系裡，算不上什麼神秘，更不會由此產生巫術。

可是，在「萬物有靈」的古人頭腦裡，情況就根本不同。上古社會生產力極其低下，當古人無法理解下雨、生病與地震的真正原因時，自然界的奇觀足以導致人的種種迷信與迷誤，形成一種錯誤的前兆觀。

明明某一事物的前兆現象與人的命運之間沒有內在的因果聯繫，卻因為人們相信「萬物有靈」，誤以為人與一定的事物、現象之間存在因果聯繫，總是為某種神力、神旨所操縱，加之歷史與人文的積澱，所謂前兆迷信，所謂巫術，便成為一種頑強的文化傳統。

黃昏時候，忽然一隻烏鴉在村頭枯樹上啼叫，這時村裡恰好死了一個人。也許若干年以後，村民們又聽到一隻烏鴉在黃昏的枝頭啼喚，同時村裡恰巧又死了一個人。這種偶然的巧合，在一切皆有可能的社會生活裡總是可能發生的。

但在「萬物有靈」的頭腦裡，這種巧合便可能有一種貌似合理的引申，以至於因此建構起一種前兆迷信，即認為人的死亡，是因為黃昏村頭枯樹烏鴉鳴叫的結果。這是以神靈旨意為思想與思維中介，將烏鴉的出現與村裡幾度死人這兩件互不相干的事，在文化心理上加以「奇妙」的對接。

因此，烏鴉便在中華巫術文化模式中，莫名其妙地變成了「喪鳥」、「凶鳥」而長期背負着「該死」的罪名。

這種以烏鴉為凶兆的文化模式，其實並不具有普世意義。比如在日本，烏鴉反倒是受人歡迎的吉鳥。筆者在日本講學那年，曾親眼目睹一群群烏鴉展開灰黑的翅膀，在神社虯勁、高大的松樹叢中盤旋、飛鳴，這在我這個「中國佬」看來，無論其形象、叫聲，都令人生厭，但在日本人心中，那烏鴉好比鳳凰一般。

這說明，巫術文化的所謂吉兆、凶兆，在不同文化中的人文素質、品位與品格，實際是隨「機」、隨「緣」的。這種機、緣，具有民族與時代文化之執拗的勁頭。

又比如，古代有個農夫，偶然與妻子在野外過夜，剛好這一年他們種植的玉米獲得了大豐收；另外一個莊稼漢與他的情人在田野野合，這一年他們的莊稼，也恰巧獲得了豐收。這就可能建構起一種文化心理上的「因果」聯繫，即認為人在野外的性行為作為一種前兆，可以促成植物的豐熟。據說西方古代就有一種巫術，以野合為前兆迷信、為「魔法」，企圖促使農耕有好收成。

出於同樣的前兆心理，人們甚至迷信自己能跳多高，莊稼就能長多高。據有關記載，西方古代還有一種巫術，它的儀式是，一個或一群農夫在田埂上晝夜蹦跳，直跳到筋疲力盡、昏死過去才肯罷休。至於這種巫術是否有實際成效，只有天知道了。

巫術的前兆迷信，根本上就是沒有窮盡的，因為它的「因果」聯繫是出於純粹的偶然，是由信仰神靈與巫的人文心理所組織起來的。

在信仰神靈與巫術的人那裡，任何事物發展鏈條中的前期現象，只要有某種人文契機，都有可能變成一種前兆迷信。

在《周易》一書中，有關這種前兆迷信的記載很充分、很典型，幾乎俯拾皆是。

比如《周易》小畜卦九三爻辭說：「輿說（脫）輻，夫妻反目。」意思是，大車車輪的直木脫散，是夫妻反目成仇的一個凶兆。因此，古人如果見到車輪脫散不能行駛，就相信夫妻反目的日子就要來臨。

又如小畜卦上九爻辭說：「月幾望，君子征，凶。」意思是，月亮幾乎圓滿之時，君子出征，兇險。這是迷信「月幾望」為「君子征」的凶兆。

又如泰卦初九爻辭說：「拔茅，茹其匯，征吉。」意思是，拔起一把茅草，見茅根糾結在一起，這是出兵征戰的吉兆。

又如同人卦初九爻辭說：「同人於門，無咎。」意思是，一出門就碰到同行者，這是沒有咎害的吉兆。

又如旅卦上九爻辭說：「鳥焚其巢，旅人先笑後號咷。」意思是，看到鳥巢遭雷擊而被焚燬，出門在外的旅行者先是覺得好笑，而後號啕大哭。這一條爻辭所寫的，是古人相信看到鳥巢被焚，一定是旅人雲遊在外而無家可歸的凶兆。

前兆迷信，顯示出人對不同事物之間「可能」存在的內在聯繫的一種模糊而非理性的偏執，它是建立在神靈與巫的迷信心理基礎上的，是巫術的一種文化心理前提。

神靈與巫的迷信理念的文化實質，是人對所謂超自然力量、異己力量的一種崇拜。所謂超自然力量、異己力量，實際是人類還沒有能力把握到的盲目的自然力和社會力，是被神化的、人尚無力把握的那些自然規律與社會規律。

所以人們相信，種種前兆，是神靈有意給人所顯示的一種神秘「信號」與譴告，是對人的預示與警策，而把那些將要發生的事件或命運的吉凶、福禍，看作是神靈有意的安排和獎懲。

同時由於前兆迷信，人們還可能將那些原本是人為的努力看作是天意使然、命中注定，讓人甘於所謂命運的安排。

由於人愈是在艱難的生活境遇中，愈是希望自己活得幸福、活得快樂，其心理狀態愈是希望趨吉避凶，希望生活多出現吉兆而努力迴避兇險。

前兆迷信，一種幼稚而有趣的人類童年的文化心態。

而《周易》算卦，就是在「算」出種種「前兆」——所謂「變爻」就是「前兆」——的前提下，由此判斷吉凶。

為什麼說「數」是周易文化的根本

在《左傳．僖公十五年》裡，記有一個關於《周易》巫術占筮的著名命題，叫做「筮，數也」。意思是說，《周易》巫術占筮的根本點是「數」。

關於數，《易傳》有許多論述。其中最重要的，是以下兩條。其中第一條這樣說：「昔者聖人之作易也，幽贊於神明而生蓍，參天兩地而倚數，觀變於陰陽而立卦。」意思是古聖伏羲創作易卦符號的時候，得到幽微、神秘之神靈的佐助，從而發明了蓍筮的方法，依靠生數一、三、五這三個奇數和二、四這兩個偶數，來建立以天地之數為「大衍之數」的揲蓍文化，仰觀、俯察天地陰陽的大化流行，從而創立占筮、算卦的符號。

第二條則這樣說：「極其數，遂定天下之象。」意思是，窮盡筮數的變化與底蘊，就能判定天地萬類的種種兆象。

那麼，這種數的人文意蘊又是什麼？

首先應當指出，這數是指《周易》巫術占筮所施用的「大衍之數」。什麼是「大衍之數」？這裡的「衍」即演的意思，所以「大衍之數」，就是「大演之數」，指用於算卦的數。具體地說，指從一到十這十個數的總和。古人認為，一、二、三、四、五是生數，六、

七、八、九、十是成數。

同時應當指出，這些參與巫術占筮的生數、成數，其實不是現代科學意義上的自然數，而是古代人文意義上充滿神秘意味的數。古人對這些筮數是很敬畏的，數是人之命運吉凶的象徵。比方說一個人命裡注定要遭受苦難甚至毀滅，我們就說這是那人的「劫數」，有「在劫難逃」的意思。這裡的「劫」，是佛教用語，世界一生一滅，稱為「劫」。

所以說，數是《周易》占筮文化作為巫術的一種根本性質的人文特點。古今中外，巫術的種類無窮無盡、無限多樣，只有《周易》的占筮是一種別具一格的數術、數文化。數在《周易》巫術占筮中具有舉足輕重的地位。沒有數，也就沒有《周易》占筮本身，它是《周易》占筮的人文命脈。

《周易》的數，不同於數學意義的那種理性、抽象的數。

數的神秘理念，起始於初民對人類世界無數事物種種數、量關係的初步感知、困惑、敬畏乃至驚怖的意緒。初民的人文智慧水平極為低下，他們對世界萬類無數複雜多變的數、量關係是無力把握的。

凡是人所無力把握的東西，必在人之有關鬼神理念的催激之下，在人的心靈深處加以扭曲地複製與重構，其中充滿了帶有神性意味的想像與虛構，促使人對事物之間複雜多變的數、量關係產生神秘、離奇的感覺、意識、情感與理念。這用一個字來形容，就是

「神」，或是「神」的變種，就是「鬼」。

比如，原始初民見到海灘上有大量的鯨集體死亡，其數量之巨令人駭然，這一奇異現象必定會在初民的心靈中激起巨大而驚恐的震盪，人們因為不明鯨之死亡的真正原因而無所適從，或是被死鯨數量的巨大弄得神思恍惚、心魂難安。因此，這種種關於死鯨的奇異現象結果使人產生神秘、驚奇的心理反應，於是，一種神秘的關於數的人文理念與意緒，就漸漸地誕生了。在這一人文心理的基礎上，誘發了某種以鯨之集體死亡為徵兆的巫術，或者是乞求於某種神靈的原始宗教意識、巫術文化意識。

又比如，遠古社會生產力低下，初民對自然力的抵抗能力很弱小，故其對人自身的生殖繁衍十分關切。忽然有一天，初民領悟到魚的生殖能力竟十分的強，對江河湖海中魚卵及游魚的數量之多甚是驚訝、欣喜。在這種對魚的數量且驚且喜的文化心態中，可能萌發由於生殖崇拜而引起的關於魚的巫術智慧，西安半坡彩陶盆上的「人面魚紋」的人文意義，大約就在於此吧。

從對中華原始巫術文化的考察不難見出，許多原古巫術理念，往往是與數的神秘理念糾結在一起的。而且，這種數並不是一種抽象的、純粹的數，它始終與某些相應的神秘事物的理念糾纏在一起。比如，上面所說的死鯨之數與死鯨現象、魚卵之數與魚之生殖現象，在初民的心靈上原本是不可分的。

用法國文化人類學家列維—布留爾《原始思維》一書的話來說，這叫做「數」的「神秘的互滲」，就是神秘的數的理念與一定的事物、現象，在文化意識、觀念之中建立起「互滲」關係。也就是說，天與人，物與我，主觀與客觀等等是不分的，是神秘的混沌。

舉例來說，一個童智始啟的孩童即使做簡單的加法時，常常也要用「扳指頭」的方法。問他一加二等於幾，他會先伸出一個手指，再伸出兩個手指，然後再依次數這一個與那兩個手指，才知道一共是三個手指。當然，這種「數」與數「數」的方法是不具有神秘意味的，但對於孩童來說，一加二為什麼等於三，以及怎麼會等於三的，他是心裡不明白的。那數與手指這種意象，是混沌的。

列維—布留爾《原始思維》曾經說到地尼丁傑族印第安人的原始計數的方法與過程，就很是生動有趣：

他伸出左手，把手掌對着自己的臉，彎起小指，說一；接着他彎起無名指，說二；又彎一下指尖，接下去彎起中指，說三；他彎起食指來指着拇指，說四；只數到這個手指為止。然後，他伸開拳，說五，這就是我的（或者一隻，或者這隻）手完了。接着，印第安人繼續伸着左手，併起左手三個手指，使它們與拇指和食指分開，然後，把左手的拇指和食指移攏來靠着右手的拇指，說六，亦即每邊三個，三和三。接着他把左手的四個手指併在一起，把左手的拇指移攏來靠着右手的拇指和食指，說七（一邊是四，或者還有三個彎起的，或者每邊三個和中間一個）。他把右手的三個手指碰一碰左手拇指，這就成了兩對四個手指，他說八（四和四或者每邊四）。接着，他出示那個唯一彎着的右手小指，說九（還有一個在底下，或者差一個，或者小指留在底下）。最後，印第安人拍一下手，把雙手合在一起，說十，亦即每邊都完了，或者數好了，數完了。

這種關於自一到十的計數的手指操作，既認真又煩瑣，計數者的態度極端虔誠，還顯得相當笨拙，典型地體現出「數」的「神秘互滲」的巫術文化意味。

所以，正如列維—布留爾所說，在初民的原始人文智慧中，不存在現代文化意義上的純粹、抽象的數，關於數，通常是被某種神秘的人文理念、意緒與氛圍所籠罩着的。《周易》巫術占筮的數，也是這樣的。

可以這樣說，《周易》巫術占筮關於數的理念意緒與操作，處在一種半具象、半抽象的智慧發育階段，並且受巫術神秘理念與意緒的支配。

列維—布留爾說：

每當他想到作為數的數時，他就必然把它與那些屬於這個數的、而且由於同樣神秘的互滲而正是屬於這一個數的什麼神秘的性質和意義一起來想像。

列維—布留爾的結論是：

因此，每個數都有屬於它自己的個別的面目，某種神秘的氛圍、某種「力場」。

這裡所謂的「力場」，其實就是關於數的「神秘的互滲」，《周易》巫術占筮的筮數，也是神秘互滲的。這也便是《周易》所說的「氣」，也稱為「場」，英文叫做 field，它是與巫術文化智慧密切聯繫在一起的。一種代表人類文化「黎明」時期逐漸消退的「黑暗」，一種代表在「黑暗」之中逐漸升起的「黎明」。

我們知道，《周易》六十四卦的每一卦，都是由下、上兩個八卦重構而成的，而每個八卦都有三個爻符。我們的先人為什麼要將八卦設計成「三」個爻符呢？這「三」又是從何而來呢？

從中華上古留存下來的有關文字資料可以看到，中華初民對於數的感覺、領會與敬畏，無疑也是與「神秘的互滲」相聯繫的。

就說一、二、三這三個數吧，在古文字中分別寫作弌、弍、弎，都從弋。弋的意思，是指用繩繫的箭來射獵。因此，從一、二、三這三個數的構字理念，透露出初民狩獵及獵物多少與事理「神秘互滲」的個中消息。

由於上古中華初民的智力十分低下，在很長一段歷史時期內，初民並不能數清野獸以及獵物的數量究竟是多少。他們曾經像稚童一樣，只能數到三，三以後是什麼數，就不知道了，由此對「三」這個數肅然起敬，對「三」以後是什麼，充滿了神秘感。

列維—布留爾《原始思維》這樣說：

> 這個數的神秘性質起源於人類社會在計數中不超過三的那個時代。那時，三必定表示一個最後的數，一個絕對的總數，因而它在一個極長的時期中必定佔有較發達社會中的「無限大」所佔有的那種地位。

「三」在中華上古一定曾經被看作是非常神秘的、「無限大」的，是中華初民曾經所敬畏的「最後的數」。

《周易》八卦的這一筮數，自然不是中華最遠古的原始狩獵者的創構，它的製作年代要晚很多，卻有力地反映出初民關於「三」之「神秘互滲」文化智慧的原始面貌。

至於《周易》六十四卦每卦六爻，其爻符數是「三」的兩倍，則更顯示出數的「無限大」了。不過，這已是更為後起的關於筮數的文化理念。

「十八變」的巫筮操作

既然《周易》原本占筮之書，則必有一套巫筮操作方法。大凡想學點《周易》、想在這文化智慧的「大海」中舀一瓢飲的讀者，大都想知道所謂《周易》巫筮是怎麼回事。筆者曾多次向大學生講授《周易》文化課程，時常會遇見熱心於《周易》的學生來問：老師，你會「算命」嗎？《周易》巫筮到底如何操作？

筆者認為，人們各自的命運都只能依靠自己去掌握，沒必要、也無法按照所謂的「預測」去生活。

可是講授《周易》如果不講一點《周易》的占筮方法與操作過程，則難以進入《周易》文化之堂奧。

《周易》占筮的全過程，稱為「十八變」，相當煩瑣，也頗為有趣。

占筮開始，先把筮策五十支握在手中。

隨意取出其中的一支不用，象徵太極。其餘四十九支筮策用於演卦，分在左手、右手中任意成兩份。左手的一份象徵天道（古人以左為上，右為下，所以左象天）；右手的一份象徵地道。比如，我們隨意將四十九策分為25與24兩份，那麼，目前占筮操作過程的發展態勢是：

50-1=49，1，象徵太極。
49=25+24。
25（左、天）；24（右、地）；1（太極）。

從右手所持筮策中任意取出 1 支，夾在左手的小指與無名指之間，象徵人道。

這樣，雙手所持的筮策共為三類，即象天、象地、象人，用《易傳》的話來說，這叫做「三才之道」或者稱為「三極之道」。

50-1=49，1（太極）。
49:25（左、天）；24（右、地）-1=23；1（人），1（太極）。

接着，用四支筮策為一組，先用右手一組一組地分左手所持的筮策，再騰出左手分原先右手所持的筮策。這「四」，象徵四時。

結果，由於以「四」為一組來分，所以每隻手裡的筮策必有餘數，一共有四種情況：或者餘數為 1，或者餘 2，或者餘 3，或者餘 4。

25（左、天）=4×6+1；

24（右、地）-1=23=4×5＋3。

這說明，左手的筮策被分數了六次，餘數為1；右手的筮策被分數了五次，餘數為3。

再把左手筮策的餘數，夾在左手中指與無名指之間，這餘數象徵陰曆閏月，《易傳》稱為「歸奇於扐（勒），以象閏」。「扐」是將筮策餘數夾在手指間的意思。

中華古代曆法五年之內必有兩次閏月，所以《易傳》說「五歲再閏」。

同時，把右手的筮策餘數，夾在左手中指與食指之間，這餘數也象徵閏月，稱為「故再扐而後掛」。

到這裡，演卦遠未結束。

從筮策的演算程序可見，有一個現象值得注意：兩手筮策的餘數此時必成對應態勢：

如果左手餘一策，右手必餘三策；左手餘二策，右手必餘二策；左手餘三策，右手必餘一策；左手餘四策，右手必餘四策。

如我們現在正在進行的占筮操作，屬於第一種情況，就是左餘1而右餘3。只有這四種情況，沒有第五種。

而兩手對應餘數的和，只有兩種可能：要麼是四，要麼是八。

因此，再分別加上原先夾在小指與無名指之間象徵「人」的那一策，不是五策，便是九策。

再從參加演卦的總筮策中減去餘數和象徵「人」的那一策之和，就是去掉五策或者九策，這時，左、右手中所剩下的總筮策不是四十，便是四十四。

49-9=40；49-5=44。

到這裡為止，完成了演卦的第一步，用《周易》占筮的專用術語說，叫做「一變」。

第二步，也就是「二變」。用剩下的筮策總數四十或者四十四，拿出一策象徵人，隨意分為兩份，象徵天、地。

再以「四」來分，象徵四時。這時，雙手的筮策餘數，如果左餘1，右必餘2；左餘2，右必餘1；左餘3，右必餘4；左餘4，右必餘3。

再加上象徵「人」的那一策，不是四策，便是八策。

用「一變」以後所剩的總筮策數四十或者四十四，分別減去四或是八，那麼，必定有四十、三十六、三十二這三種結果。

40-4=36；40-8=32；
44-4=40；44-8=36。

這就是「第二變」。它的操作過程與「第一變」基本相同。僅僅從「第二變」開始，一直到「第三變」，不必從所剩總筮策數先拿出一策來象徵太極，原因是象徵太極的那一支筮策，在「第一變」操作開始時已經拿出來放在一旁了。它所象徵的，是全部「三變」占筮操作的「本原」與「本體」。

第三步，就是所謂「第三變」，它的操作程序與「第二變」完全相同。

經過「三變」，必然得出四種結果，所剩的總筮策數有四種情況：三十六、三十二、二十八、二十四。而它的餘數與象徵「人」的那一策之和，也是四或者八。

再把這四個運演的結果，分別用「四」去除，可以決定一卦的初爻。

36÷4=9，稱為老陽之數，用陽爻⚊來表示。
32÷4=8，稱為少陰之數，用陰爻⚋來表示。
28÷4=7，稱為少陽之數，用陽爻⚊來表示。
24÷4=6，稱為老陰之數，用陰爻⚋來表示。

由於一卦均為六爻，而每一爻都要經過「三變」才能得以確定，所以，整個占筮過程，必須經過「十八變」，才能定出用以占筮的一卦，這就是《易傳》所謂「十有八變而成卦」

的意思。

說到這裡，忽然想起「姑娘十八變」這個民間俗語來，它的語源即來自《周易》的這一占筮過程，有「變化多端，不可捉摸」的意思。其他又如「十八般武藝」、「十八相送」、「十八盤」、「十八調」與「胡笳十八拍」等語，看來都與《周易》演卦的所謂「十八變」有點關係。

從以上所討論的「十八變」操作儀程可以知道，經過「三變」以後，如果所剩餘的筮策數為三十六，以三十六除於四，為老陽之數九。乾卦作為純陽之卦，一卦六爻都是老陽，所以，以三十六策乘以六，是二百十六策；同樣道理，坤卦是純陰之卦，一卦六爻都是老陰，用所剩餘筮策數二十四除於四，得老陰六，所以，以二十四策乘以六，一共是一百四十四策。乾坤兩卦，是《周易》六十四卦中最重要的卦，乾坤象徵天地。乾坤兩卦的總策數，以二百十六加上一百四十四，共計三百六十，象徵天地運動的一個週期，約等於一年的時日。這就是《易傳》所謂「乾之策二百一十有六，坤之策百四十有四，凡三百有六十，當期之日」的意思。

同時，《周易》六十四卦共有三百八十四爻，其中老陽、少陽、老陰、少陰各為九十六爻。我們在前面已經討論到，這四者在巫筮過程中所剩餘的筮策數，分別是三十六、二十八、二十四、三十二。所以，

$36\times96=3456$；$28\times96=2688$；

$24\times96=2304$；$32\times96=3072$。

3456+2688+2304+3072=11520。

《周易》六十四卦分「上經」三十卦，「下經」三十四卦，為上、下兩篇，所以《易傳》說：「二篇之策，萬有一千五百二十。」

在中華古人看來，這個筮數代表了世界萬物無數兆象的無窮變化，神秘、神奇得不得了，這也便是《易傳》所謂「當萬物之數」的意思了。

說到這裡，「十八變」的巫筮操作究竟是怎麼一回事，其實還不大清楚。有三個問題需要在這裡提出來。

第一個，前面曾經說過，所謂經過「三變」可定一爻，那麼怎麼定呢？

第二個，每一卦六爻中的任何一爻，都有陰爻或者陽爻兩種可能，但是如果是陽爻，那麼究竟是老陽還是少陽呢？如果是陰爻，又究竟是老陰還是少陰呢？如果連這一點也不能確定的話，是無法筮得結果的。

第三個，即求筮者尤其關注的是，你怎麼能知道這筮得的結果是吉還是凶呢？

如何確定每卦六爻的任何一爻是陰爻還是陽爻，這要看每爻「三變」的餘數與象徵「人」的那一策的和究竟是多少。

我們知道，這種餘數與象徵「人」的那一策的和，是有規律可以尋找的。

這就是：第一變是九與五；第二變是八與四；第三變是八與四。

這裡，我們設定九、八為「大數」；五、四為「小數」。

把九、八、五、四這四個數中的任何三個數，加以排列組合，可以得出以下幾組數群：

A.9、8、4；9、4、8；4、9、8；……
5、8、9；8、5、9；9、5、8；……
8、8、5；8、5、8；5、8、8；……

這裡，每個數群中數的排列次序與我們要得到的結論沒有關係，僅僅從數的「大」、「小」來看，總是呈現「二大一小」的態勢，稱為少陽，就是陽爻的一種，用「⚊」這一符號來表示。

B.5、4、8；4、5、8；8、5、4；……
9、4、5；4、5、9；9、5、4；……
9、4、4；4、4、9；4、9、4；……

這裡，也不管它們的數序排列，僅僅從「大」、「小」來看，總是呈示「二小一大」的態勢，稱為少陰，陰爻的一種，寫作「⚋」。

C.5、4、4；4、5、4；4、4、5。

總是呈現「三小」的態勢，稱為老陽，陽爻的一種。因為是老陽，可變為陰爻，暫且寫作「口」。

D.9、8、8；8、9、8；8、8、9。

總是呈現「三大」的態勢，稱為老陰，陰爻的一種。因為是老陰，可變為陽爻，暫且寫作「×」。

少陽、少陰不變，稱「不變爻」；老陽、老陰可變，稱「變爻」。用數符來表示，老陽為九、老陰為六、少陽為七、少陰為八。

這便是古人所謂「六九變，七八不變」的意思。

現在，我們假定經過煩瑣但有趣的「十八變」的筮策演算，已經定出一卦六爻，它每一爻的餘數與象徵「人」的那一策的和所構成的數群，依次為：

9、8、4（二大一小，少陽⚊）
5、8、8（二大一小，少陽⚊）
9、4、8（二大一小，少陽⚊）

9、4、4（二小一大，少陰⚋）
9、8、8（三大，老陰，可變爻×）
5、8、4（二小一大、少陰⚋）

《周易》巫筮操作的定义，按爻位總是自下而上，第一個「三變」所定的是初爻，依次而上。

這樣，我們可以把上面的六個數群翻譯成一卦，用筮符表示為：䷊。

顯然，這一筮符的下卦三個爻均為少陽，屬於不變爻，構成乾卦☰；上卦中間一爻為老陰，為變爻，上卦實際是一個坤卦。所以，該下卦、上卦構成乾下坤上之象，這是一個泰卦。

但是，這個經過「十八變」所推演出來的泰卦的第五爻即上卦的中爻，是一個變爻，是老陰必變為陽爻。

這就從泰卦變為需卦了，用筮符來表示：䷄。這便是所謂「變卦」。

就「變卦」來說，先秦易筮有一個術語，稱「×之×」。這裡叫做「泰之需」，意思是泰卦六五爻變，一變而成為需卦。「泰之需」的「之」，動詞，意思是「變成」、「變為」、「變到」。

那麼，巫筮的所謂吉、凶，又怎樣判定呢？就這一筮例來說，其判定的依據，在本卦（泰）的「變爻」。

泰卦六五爻就是「變爻」，可以從泰卦六五爻辭來求驗吉利還是兇險。

我們翻開《周易》本經來查看，泰卦六五爻辭說：「帝乙歸妹以祉，元吉。」

這裡稍作解釋，帝乙，指商紂王的父親，名乙，所以稱「帝乙」。歸，女子出嫁，是她的人生所「歸」。妹，少女的通稱。祉，福。元，太。

這一條爻辭記載了殷末的一個占筮實例，是說殷帝乙嫁出他的寶貝女兒，真是大吉大利。

顯然，這是一個吉爻。

如果你想通過這次占筮，來求問你自己的婚配前途如何，恰好筮遇到該卦的這一變爻，實在是「大吉大利」、「紅運高照」了。

如果你不是求問婚配前途，所求問的事情與這泰卦六五爻辭的內容風馬牛不相及，那也不要緊。反正這是泰卦的一個吉爻，占筮者會憑三寸不爛之舌，自圓其說，解釋得讓你滿意，這便是「算命先生」的所謂「本事」了。

為什麼說巫筮是一種「遊戲」

除了「十八變」的《周易》古筮法，這裡筆者再來說說另外兩種比較簡便的《周易》占筮之法。

先來說第一種。

用蓍草或者筮竹五十策，除去一策不用，象徵太極。把四十九策任意分成兩份，分握在左、右手中。從右手一份中任意取出一策，夾在左手小指與無名指之間。用右手數左手原有的蓍草或是筮竹，每八策為一組，可以直至數到不留一策。如果不留一策，餘數為零。那麼，這餘數加上夾在左手小指與無名指之間的那一策，合計為「一」，為乾卦☰。如果合計為「二」，為兌卦☱；如果合計為「三」，為離卦☲；如果合計為「四」，為震卦☳；如果合計為「五」，為巽卦☴；如果合計為「六」，為坎卦☵；如果合計為「七」，為艮卦☶；如果合計為「八」，為坤卦☷。只有這八種態勢。這樣，已經很簡便地求得了一卦的下卦。再用同樣的操作規程做一次，又求得了一卦的上卦。

再把四十九支蓍草或者筮竹，任意分成兩份。從右手中取出一策，夾在左手小指與無名指之間。將左手中原有的筮策數以六策為一組去分，分盡而不留一策。

餘下的加上夾在小指與無名指之間的那一策，形成如下的演卦態勢：

如果合計為「一」，是初爻；
如果合計為「二」，是二爻；
如果合計為「三」，是三爻；
如果合計為「四」，是四爻；
如果合計為「五」，是五爻；
如果合計為「六」，是上爻。

這上爻就是「變爻」，可以以「變爻」的本卦爻辭為占驗結果。

比方說，我們現在就來演算一次。握在手中的一把筮策共五十，取出一策不用，象徵太極。把餘下的四十九策任意分為左四十八、右一。將右手的一策夾在左手小指與無名指之間，將左手原有的四十八策以八為一組去數，數了六次，餘數為零。這時，把這餘數（零）加上夾在小指與無名指之間的那一策，合計為一。這說明，我們求得的這一卦的下卦已可確定，它是乾卦。

按照同樣的操作規程再來一次。比方說，這一次分為左二十三、右二十六，從右手取出一。再以八為一組去數左手的筮策，數了兩次，還剩七策，加上一策，共計八策。這樣，這一卦的上卦又可確定，它是坤卦☷。於是，全卦已經確定，它是乾下坤上之象，是泰卦䷊。

再將四十九策任意分為兩份，比方說，是左十五、右三十四。取出一策於右手，夾在左手小指與無名指之間。再以六為一組去數左手的筮策，數了兩次，還剩餘三。將這三加上一等於四。這說明這泰卦的第四爻是「變爻」，稱之為「泰之大壯」，就是泰卦䷊四爻變而為大壯卦䷡。按照本卦的泰卦六四爻辭加以解說，就是這次占驗的結果。

再來說第二種。

根據唐人所說，可用銅錢三個，任意向地投擲。投擲的結果，必然出現四種態勢：如果兩個銅錢正面、一個背面時，這是少陽⚊；如果兩個背面、一個正面時，這是少陰⚋；如果三個銅錢都是背面，這是老陽⚊，變爻；如果三個都是正面，這是老陰⚋，變爻。這樣投擲六次，就求得一個全卦。

假設我們六次投擲結果是這樣的：第一，老陽；第二，少陰；第三，少陽；第四，少陽；第五，少陰；第六，少陽。

那麼，就可以畫出一卦：䷝，這實際上是一個離卦，但初爻是變爻。離卦初爻變而為旅卦，稱之為「離之旅」：䷷。占筮結果，可以從離卦（本卦）初爻爻辭求解（以上兩種簡易筮法，筆者介紹時，曾參閱孫振聲《白話易經》一書）。

這種巫筮，實在可以說是一種「遊戲」。為什麼這麼說呢？

讓我給你舉個例子。

比方說，有一次模特比賽，比賽舉辦方根據預先估計的參賽人數、總體水平等因素，預設決出冠軍一名、亞軍兩名、季軍四名、優勝獎十名。這就是說，在比賽還沒有開始的時候，這一次模特參賽者得獎的「命運」，已經被舉辦方所決定了。不管這一次的總體水平如何，哪怕總體水平讓人不敢恭維，反正比賽的結果，是預設好的冠軍一人，等等。可是如果這一次舉辦者不設冠軍一項呢？那麼不管實際參賽的選手怎樣出類拔萃，比賽結果，就一定不會產生模特冠軍。

這就是說，預設是一個權威，它在某種意義上，可以決定一些參與者的命運。

同樣的道理，比方假設，在香港「黃大仙」大殿前放了一筒籤，一共一百支。根據製籤者的預設，其中「大吉」十支；「中吉」二十支；「小吉」四十支；「終吉」二十支；「凶」十支。雖然就某一個求籤者來說，他抽到一支怎樣的籤，有隨機性，好像「天機不可洩露」，可以昭示求籤者的「命運」。可是，就這一筒籤的總體求問概率來說，已經被預先設定好了。比如，「大吉」求到的概率，是百分之十；「凶」的概率，也是百分之十。這就是「命運」。

如果假定預先設定的吉、凶之類概率不是這樣。比方有一筒籤，也是一百支，每一支籤上都寫着一個「凶」字，沒有寫着「大吉」、「中吉」、「小吉」、「終吉」之類字樣。那麼，無論求籤者怎麼求問，哪怕求得「昏天黑地」，哪怕虔誠得不能再虔誠，其所求到的籤，總是兇險的。

相反，如果這一百支籤的每一支都寫着「大吉」字樣，那麼，無論求籤者是何等的心不誠，但都能夠保證其每一次求問的結果是大吉大利的。

難道，這就是所謂「天機」嗎？

《周易》「十八變」的古筮法，以及這裡所說的比較簡便的筮法，都是由人而不是由神預先設定的。它們其實是一個數學問題，當然，它的確要比現在的模特比賽或求籤的預先設定要複雜得多。而且，當這種「數」的設定與命理思想合二為一時，確實可以召喚一批批信仰者。

靈驗還是不靈驗

《周易》巫術占筮究竟靈驗不靈驗呢？

根據古籍記載，《周易》巫術占筮，實在「靈驗」極了。李鏡池《左國中易筮之研究》（註：這裡所言「左國」，指《左傳》與《國語》）一文說：「占婚嫁，占戰爭，占目前之行事，占將來之命運，吉吉凶凶，無占不靈。」

讓我們先來介紹兩個留存到今天的古代著名筮例。

據說春秋時「（魯）莊公二十二年」（公元前六七二年），陳厲公生了一個寶貝兒子取名敬仲。這敬仲年幼時，他父親請人用《周易》算了一卦。筮遇「觀之否」，就是觀卦六四爻變而成否卦。一查作為「本卦」的觀卦六四爻辭，只見寫着「觀國之光，利用賓於王」這一句話。於是占筮者解釋說，陳國未來的國運，必先衰而後復起，但不是敬仲自己，而是其子孫將在異國稱王（賓於王）。你看，觀卦卦象䷓，下卦為坤，上卦為巽。坤為地，巽為風；否卦䷋坤下而乾上，是坤地乾天之象。所以，觀卦六四爻變而為否卦，這是風行大地、浩蕩於天的兆象。同時，否卦六二、六三、九四三個爻構成一個互體之象艮卦，艮為山。而否卦的外卦本為乾天，這是指示國運像山嶽一樣巋然不動又光輝燦爛如同天光（國之光）。按照《易傳》的說法，艮不僅象山，而且象門庭；乾不僅象天，又象金玉；坤既象大地又象布帛，因此，筮遇「觀之否」，這是各路諸侯向王進獻金玉、布帛的好兆頭。而爻辭「賓於王」，顯然指在異國稱王的意思。

那麼，這異國又在哪裡呢？占筮者進而解說道，既然否卦的互體之象為艮卦，艮為山，那麼，異國一定在東部太嶽之地，那裡是齊國。

但是，那互體之象艮為山，否卦外卦乾為天，前者象徵太嶽高入雲天，後者象徵青天在上，這就造成了所謂「山嶽配天」、「不能兩大」的對峙形勢。既然「不能兩大」，那就預示陳國先亡國，而後由敬仲的子孫輩在異國稱王。

有趣的是，這一占筮的預言，據說果然「應驗」了。

根據《左傳》一書的記載，昭公八年，陳國被楚國所滅。後來，陳敬仲的五世孫「陳桓子始大於齊」，陳桓子果然在齊國光大祖業。這「大」是光大的意思。而哀公十七年，當楚國再度出兵時，陳敬仲的第八代孫陳成子又奪取齊國王位而代之。

第二筮例：昭公元年（公元前五四二年），晉侯得了一場重病，求秦國一代名醫醫和來診治。醫和深知晉侯的病是治不好的了，就用《周易》占了一卦，筮遇蠱卦。就解說道，晉侯得的是「蠱疾」，一種精神錯亂、神志昏迷的重病。其病因是「淫溺」過度。

這是怎麼一回事呢？

你看這「蠱」字，皿、蟲為蠱。放在食具中的食品變質腐敗生蟲，這便是「蠱」。晉侯的病，好比食品蠱敗一樣不可救藥。

而且，蠱卦下卦為巽，上卦為艮，根據易理，巽為風，為長女；艮為山，為少男，所以筮遇蠱卦，必現風吹落山、長女迷惑少男的兇險之兆，晉侯得了不治之症，果不其然。

再說兩個筮例。

東漢的王充曾講過一件據說發生在春秋時期的事情。說是某年魯國要發兵去攻打越國，用《周易》占了一卦。筮遇鼎卦九四爻變，其爻辭謂：「鼎折足，覆公餗，其形渥，凶。」意思是：祭祖鼎器的足折斷了，王公的祭品傾倒在地，它的形狀黏黏糊糊，齷齪不堪，一地狼籍，兇險。

這分明是一個凶卦，聞之令人嚇出一身冷汗。所以子貢判斷，魯國攻打越國，一定潰敗。「鼎折足」是「人折足」的凶兆，魯國軍隊必將一敗塗地。

可是孔夫子卻認為是「吉」。為什麼呢？孔子說，「越人」居住在南方的水鄉澤國，用行船來代替步行，打仗行軍善於用船而不必用「足」長途跋涉，故「吉」。果然，據說魯國打敗了越國。

據劉大鈞《周易概論》所敘，話說明代有兩位讀書人同遊金陵——金陵就是現在的南京。他們來到神樂觀參訪，恰好這時觀中丟失了一隻金盃，百尋不見，觀中人於是就疑神疑鬼，一會兒懷疑張三，一會兒懷疑李四，弄得觀中雞犬不寧。兩位讀書人出於好心，想幫助失主尋找金盃，就用《周易》占了一卦，筮遇剝卦䷖初六爻變而為頤卦䷚，於是推斷，金盃沒有被偷走，而是被人埋匿在神樂觀院中西南角地底五寸深的土中。一去查探，金盃果然找到了。

這又是什麼緣故呢？

且聽我慢慢道來。剝卦下卦為坤，上卦為艮，坤為地，而艮卦，據朱熹《八卦取象歌》，「艮覆碗」是也。而金盃作為盃具與碗同類，同是器皿，所以艮卦也有「杯」象。又按照《易傳》的意思，「艮為止」。因此，這剝卦的下坤上艮之象，就是「金盃埋在地下」的預兆。又因為在文王八卦方位圖中，坤卦位於該圖的西南方，而且在八卦九宮中，坤卦屬於「第五宮」。所以，占筮者斷定，金盃一定藏匿在觀中院內西南角的地下五寸處。

我們在此一口氣說了四個「靈驗」的例子，聽起來實在有些令人匪夷所思。對於這些「靈驗」筮例的記載與傳說，我們今天應當怎麼看待呢？

這裡，筆者想談一點個人看法，以求教於高明。

首先我們要樹立一個基本的理念，所謂巫筮的「靈驗」，究其實倒不一定是《周易》本身確有什麼「神性」，反而是占筮者與信筮者虔誠地堅信這一「神性」的緣故。

不是因為《周易》巫筮「無占不靈」而導致千百年來無數人對它的虔信，恰恰相反，正是出於對它的虔信、崇拜，從而認為《周易》巫筮是「靈驗」無比的。這就使得篤信巫筮的無數古人與今人，總是處在「二律背反」的尷尬境地。從顯在的邏輯看，只有當《周易》巫筮實實在在是「靈驗」的才能使人崇信；而從潛在非理性的「邏輯」看，只要你崇信《周易》的巫筮，那麼，它就必定永遠是「靈驗」的。「靈驗」才能使人虔信；虔信才導致「靈驗」，真乃所謂「信則靈」也。這是因果互逆互順的邏輯。

「信則靈」這句話的逆命題，則是「不信」則「不靈」。因此，要問《周易》的巫術占筮究竟靈不靈，首先決定於你對它信不信。本來，靈不靈的問題可以放到一定社會生活與實踐中去加以檢驗的，可是，這裡卻決定於你對它的信還是不信。

這真是《周易》巫術文化智慧的一個怪圈。當然，關於命理、命運或占筮的靈驗與否等，其人文內涵十分複雜，值得深入研究。

關於《周易》巫筮所謂「信則靈」的問題，這裡有必要再作進一步的申說。

在中華古代文化中，所謂「仁、義、禮、智、信」的「信」，為「誠」。它的本義，指原古巫文化意義上的所謂「信息」。比方在甲骨占卜中，燒灼與水淬龜甲或者牛骨，發出聲響與裂紋，便是預示吉利還是兇險的所謂「信息」，簡稱「信」。西漢揚雄《太玄．應》有所謂「陽氣極於上，陰信萌乎下」的說法。古人註：「信猶聲，兆也。」在《周易》

巫筮中，所謂「信」（信息），又稱「消息」，指種種兆象此消彼息、此息彼消之無窮運化。

因此可以說，《周易》巫筮的所謂「信」，本義指吉兆與凶兆。

由於這種吉凶之兆總是如期而至，從不為其他什麼力量所欺。凡是巫筮，關鍵在一個「兆」字，《易傳》又稱為「幾」。什麼叫「幾」？幾者，吉或凶之「先見」（先現）者也，即事物發生變化、人的命運發生變化的種種先兆。有先兆，必有後果；有後果，必有先兆。兆者，信也；信者，兆也。

就《周易》巫筮而言，由於這「兆」從不「失約」，因此，所謂《周易》巫文化，實際上是一種「信」文化。這信，本指兆象，兼指對兆象的信任和虔信。

信，又是一種傳統的人文力量，因為是傳統，它強大得很，幾乎可以說是自古以來中華民族的一種「集體無意識」，也叫做「種族記憶」。

既然是「種族記憶」，它講的就不一定是真理的問題，不一定是真假、是非的問題，而是一種人文「意志」。這意志，就是對《周易》巫筮自古以來的無比信從與崇拜。

《尚書．洪範》曾經這樣說：「汝則有大疑，謀及乃心，謀及卿士，謀及庶人，謀及卜筮。」意思是，如果你有重大的疑難問題，先要自己動腦筋思謀，再和卿士商討，再與庶人商量，但最後作出決定的依據，是通過甲骨占卜與《周易》占筮。柳詒徵《中國文化史》謂：「當時國事分為五權：天子一人一權；卿士若干人一權；庶人若干人一權；

龜一權；筮一權。五權之中，三可二否，皆可行事。」（上冊，第八十一頁）

這種決定大事的「五權」說，似乎有一點古代「民主」的意味，實際上這種「民主」最終建立在「信」於卜、筮的王權基礎之上。

《尚書．洪範》又說：「汝則從，龜從，筮從，卿士逆，庶民逆，吉。」意思是，每臨大事必須決疑的時候，只要你認為可以信從，就信從龜卜或巫筮的結果，即使卿士不贊成，庶民不贊成，而這件事做起來還是吉利的。而「庶民從，龜從，筮從，汝則逆，卿士逆，吉」，則是說，凡遇大事要聽「信」於龜筮，即使這時候「天子、卿士皆反對，而庶民借龜筮之贊成，亦可以使天子、卿士放棄主張」（見柳詒徵《中國文化史》上冊第八十七頁）。

從這裡可以見出，當一事猶豫未決、意見分歧的時候，古人就請出「卜筮」這兩位「尊神」來定「吉凶」、統「意志」。

這便是所謂「信」文化及其人文傳統。

當然，原汁原味的「信」，即使是《尚書》所記，也一定不是最原始的人文面貌了。然而關於「信」，還是可以從有關古籍中略知一二。

比方說，在南宋朱熹《周易本義》中，有《筮儀》一篇，說的就是對巫筮的「信」的問題。信還是不信，等於是靈驗還是不靈驗的問題，信從與否，在這裡是決定一切的。

根據《筮儀》所記，我們看到：在巫筮開始之前，必須請風水先生測定風水方位，選擇一個朝向好、乾淨清潔的地方修築「蓍室」。這蓍室必須南向開門。室內中央安置筮床，床大約長五尺、寬三尺。預先準備好五十根蓍草，用織成的帛條小心地繫好，放在黑色的蓍袋之中，一起安放在蓍盒裡面。這蓍盒的規格也很講究，或者是竹製的，或者由質地優良的堅木做成，有的還在它的外表經過油漆與雕刻。它的圓徑三寸長，上下高度稍微大於蓍草的長度。它一半是底部，一半是蓋子，兩者相互套在一起。而蓍盒的下部插置在一個基座上，為的是不至於傾倒下來。

占筮開始，必須焚香祈禱，向「神靈」致敬。蓍室裡灑掃擦洗，務必一塵不染。放置一隻香爐在室內的床的正中，準備好一炷香，又將筮硯洗乾淨，放入清水，磨好墨，準備好毛筆和黃漆板，放在香爐的東側。

而在做這一切之前，代筮者與求筮者必須衣冠整潔，洗淨雙手。進門從東首走到蓍床的前面，點上香火，插入爐中，面北而拜。

如果請人代筮，求筮者焚香禮拜後，稍稍退在一旁，默默地向北站立。這時，代筮者站在床前，面朝南方，但位置應該偏西一些，來接受求筮者的訴說。求筮者向代筮者陳述所筮何事，態度虔誠。代筮者也須十分虔誠，連連點頭或者說「知道了」。接着，求筮者面朝西站在代筮者的右側，代筮者向北站着，開始操作。

代筮者兩手捧起蓍盒，拉開蓋子，「請」出一把蓍草，共五十策，將筮策在裊裊香煙之中「熏染」一下，表示受其靈氣。口中唸唸有詞，表示向神靈請示：某人某姓某名，今天因為何事向神靈求問，不知是否可以，有疑問求助於神靈解答，不管吉凶得失，禍福憂喜，只有神靈才知，還是請神靈明白見示。

接着便是嚴肅、虔誠、冗長的占筮過程，我們在前文中已有詳介；或是採用簡約一些的占筮法，這裡從略。

隨後根據占筮結果，作出使求筮者或自筮者信可的解讀。待這一切儀程結束，占筮者將蓍草、蓍盒收拾停當，撤去筆硯之類，再一次焚香跪拜而退。

介紹到這裡，我們分明可以感受到《周易》占筮時的氣氛是何等肅穆，幾乎嚴峻到了「決定命運」的地步。

當然，這種筮儀不完全是先秦原版，比方焚香跪拜等禮儀，顯然是來自佛教自西漢末年傳入中土之後而興起的齋戒、拜佛儀式，但「信」這一巫筮文化的主題，在此筮儀過程中的表現還是很突出的。

《周易》中的數有何含義

從數學角度看數，它是一種理性、一種抽象，它作為人類的聰明智慧，可以到達真理的彼岸。從人文角度看數，它則是一種涉於真理領域的理性精神。

可是，數的理念作為人類智慧之一，並不是從一開始就如此成熟的。數的冷峻理性，注定要遭受原巫文化「愚昧」的奴役，披上神秘的人文面紗。

比如，說到《周易》用以巫筮自一到十的這十個數，就不具有其獨立的理性品格，所謂「天一，地二；天三，地四；天五，地六；天七，地八；天九、地十」，這十個數的「智慧」品格，就總是與巫文化意義上的天、地理念糾纏在一起。它們不是數學理性的數，而是巫性的數。

在《周易》筮數中，一表示「天數」、「陽數」之始，表示混沌原始、一片淳和之氣。在「十八變」的《周易》古筮法中，一又表示所謂「大衍之數五十」、留取一策不用的那一根蓍草，象徵巫筮得以進行而靈驗的太極，它並非哲學意義而是巫學意義上的一。

二這個數，在《周易》筮數中，表示「地數」、「陰數」之始。表示「兩儀」，就是巫意義上的所謂陰陽、天地。

那麼三呢，正如本書前文所談到的那樣，它本有的原古之巫的神異與詭譎，顯示了前兆的變幻無窮、莫測高深。作為筮數，是《周易》八卦的每卦三爻之三以及六十四卦每卦六爻之「六」（作為「三」的兩倍）。而「天、地、人」「三才」（三極）所說的三，是講三者之間神秘而動態的感應、合一。在巫術中，什麼是天，什麼是地，什麼是人，無有判分，原始混沌。

同樣，四這個數在如北美印第安人部落那裡，作為巫意義上從四方吹來的風，是與所謂的四方之神的理念糾結在一起的。四是神靈的代號，四個熊神、四個豪豬、四隻松鼠、四隻閃電鳥之神以及四個身材高大的女神、四個年輕的聖徒，等等，在那些已經遠去的部落巫儀之中，關於四的巫性一再顯現出來。

列維—布留爾舉例說，如果要使巫術成功，必須「挑選四個年輕人，要不近女身、元陽未洩的處子」，「要繞祭台走四圈」，「他們帶着定數的彩箭，數目是四支」。而蘇茲人相信雷神有四個，它們各自的面貌，是黑、黃、藍與紫紅等四色。它們住在天邊的高山上，其住所的大門向四處洞開，各門又以蝴蝶、熊、鹿與海狸作為「門衛」。在曼丹人那裡，其神秘的巫術之一，便是在帳篷地上放着四隻裝滿水的皮囊。他們為了捕殺更多的野牛，出征的野牛舞，第一天必須跳四次，第二天八次，第三天十二次，第四天十六次。在一些原古部落中，女子分娩後，母子必須在帳篷裡留住四天，或者八天，或者十二天，或者二十天。在加拿大的溫哥華島，古代由巫師舉行青年男子的成丁割禮，手術完畢後巫師站起來，必須向左轉四圈、向前伸足四次。用餐時水壺、盤子、匙子和杯子四樣東西，必須由一個人專用，使用四個月必須扔掉，吃飯時每口飯咀嚼不能超過四次，等等。

可見，這四或者是四的倍數，在巫文化中，具有無比的魔力，四既是一種好兆頭，也可以是凶兆，它是關於數的巫術禁忌。

四在中華原古文化中也十分活躍。所謂「黃帝四面」，就是說黃帝有四張面孔同時朝向四方的神話傳說，一定源於四為巫術吉兆的人文理念。中國古代詩歌的體裁，最先發展的是「四言」，這是原古巫文化崇拜四的人文理念影響文學審美的一個顯例。同樣，漢語成語何止萬千，以四字成語為多，也很說明問題。

四在《周易》筮數中是神秘的，老陽、少陽、老陰、少陰這「四象」令人崇拜。

「十八變」的古筮法操作，以四策為分，象喻四時，為什麼要這樣呢？從純粹數學運演的角度看，不這樣運算，便一定「算」不出想要的結論，事實上，四為幸運之數，以四來分，是巫筮「靈驗」的源泉。而無論《周易》的先天、後天八卦方位圖，都有四正、四隅的人文理念。

所以說，在中華原古文化中，數崇拜是一大傳統。早在甲骨卜辭中，就有所謂「四方風名」即四個風神來自四方的記載。而所謂「八風」的說法，也與「四」的巫術理念相關。

當然，巫術理念也是因時代而演變的。比方四，因為它與漢字「死」諧音，在今天的遭遇便有點不太妙。這便是在一部分人的頭腦中，有恐四（死）的怪念頭。購買住房，逢「四」的樓層，不選。有的房產商為了這個緣故，在給樓層編號時，明明是第四樓層，其各家各戶的門牌號碼，一概不出現「四」這一數字，而稱「5××」或「3A××」之類。十三樓之上，應該是十四樓，可是偏不這麼編號。十三樓上面一層，直接叫「十五」樓，反正死活不要這個「十四」。什麼緣故呢？就是因為「十四」的「四」，是「死」的諧音。

這種社會現象，頗與烏龜在今天的遭際相彷彿。

想那烏龜「老兒」，在歷史上的權威與名聲，曾經何等煊赫！號稱「神龜」、「靈龜」，人們拜之唯恐不及。可到了今天，「烏龜」是罵人的話。烏龜的背甲有天生的紋路，把背甲分為「十三塊」，即其四周八塊加中央五塊。上海方言中有句罵人的話，叫「十三點」，顯然與「烏龜」有關，於是株連到「十三」這個數字，連「十三」也變成不吉利的了。所以，也有房產商把原本的十三樓命名為「十五」樓，原本的十四樓命名為「十六」樓，或者以「十二A」、「十二B」依次代稱十三、十四，真是煞費苦心。

說過了四，再來說五。

在「數字卦」裡，五這個數寫作╳或者⋈，五是指兩劃相互交叉的中心一點、加上兩劃的四個端點之和。在河圖洛書與八卦方位圖中，四正加一個中，就是五，實際上五表示中的方位。在《周易》筮數中，如乾卦九五爻、坤卦六五爻，都處於一卦六爻的第五爻位上，這爻位是上卦的中位。五是一個吉數，它也是《周易》所謂一、二、三、四、五這五個生數之極，在古人看來，五當然是吉祥而善美的。在所謂八卦的「魔方」中，如前所述，無論豎、橫、斜三個方向上三個數的和，都是十五，十五是五的三倍，吉利。

幾年前，筆者曾到西安參觀西安的半坡博物館，見其陳列在玻璃櫃裡的仰韶文化時期的彩陶盆內側所繪彩繪舞人，以五人為一組，那種翩翩起舞的樣子，給人的印象十分深刻。這五的神秘魅力，很值得讓人回味。

中華先民十分看重五，發展出關於五的系統文化理念，構成了整齊的同構對應。比如：

五方：東、南、中、西、北。
五行：木、火、土、金、水。
五音：角、徵、宮、商、羽。
五色：青、赤、黃、白、黑。
五味：酸、苦、甘、辛、鹹。
五帝：太皞、炎帝、黃帝、少昊、顓頊。
五獸：蒼龍、朱雀、黃龍、白虎、玄武。

這裡，五方的中，本義指遠古晷景的那根直立於地表的標杆，是觀察左右、前後「四方」的出發點。五行的土，是人類賴以生存發展的基礎，滲透着中華先民強烈的戀土情結。五色的黃，為吉利之色、大地之色，後發展為帝王之色。五味的甘，自然也是人人喜歡的。五帝的黃帝，是中華民族的人文初祖，之所以「黃帝四面」，是因為黃帝居於天下之中的緣故。五獸的黃龍，又是龍族之中品位最高的龍。

但在其他一些民族的文化觀念中，五的遭遇就有些不同了。比方說在爪哇的土人那裡，一個「星期」僅五天，依次象喻東方（白色）、南方（紅色）、西方（黃色）、北方（黑色）、中心（雜色）。在印度，五是犯忌的數，是由濕婆所控制的凶數。但在有些地域，五又是一個幸運之數。比如農民祭拜土地，必須用鏟掘五個土團，用犁開五條溝，用芒果樹葉給每條溝灑水五次，等等，實在是很有意思的。

至於六，在《周易》中首先指一卦六爻的六。乾卦六爻，都象喻龍，《易傳》稱為「時乘六龍以禦天」。又指龍從潛、見、飛到亢的六個階段。因為六十四卦每卦六爻凡「十八變」，是通過巫筮來占斷人的命運的整個操作過程，蘊涵着人們趨吉避凶的善美的嚮往，所以，後世人們心目中的「六」，象喻「順」，所謂「六六大順」是也。

六在古印度，也與一定的巫的理念聯繫在一起。在古代印度的西北各邦，八十四、三百六十這兩個數都是吉利的數。其曾經規定，八十四個村落為一個行政管轄區域，又以三百六十為宇宙起源之數。後世的印度佛教徒，星期一每逢新月出現，總要繞無花果樹走一百零八圈。而阿育王時代，大造佛塔，據說總數達八萬四千座。這些數都是六的倍數。至於印度佛教基本教義的「六道輪迴」、「六根清淨」與「六相圓融」中的六，原本都具有巫的意義。

說到七，在《周易》中表示天地人「三才」加上四時而為七，這個七，可以概括宇宙時空與人的存在。又表示日月加上五星而為七。古人將所謂「二十八宿」分為四個星區，每一星區為七宿。《易傳》有所謂「反覆其道，七日來復，天行也」的說法，這是說，從姤卦䷫一陽消、遯卦䷠二陽消、否卦䷋三陽消、觀卦䷓四陽消、剝卦䷖五陽消、坤卦䷁六陽消，到復卦䷗的一陽來復，形成了一個卦變反覆的週期，構成一個「消息」卦的系統，從姤卦的初六爻變為復卦的初九，要經歷七變，這象徵一個「天行」即天道運化的消息盈虛過程。所以說，七是一個「天行」的「來復」週期。順便說一句，《易傳》

所說的「七日來復」，筆者一直懷疑是「七曰來復」之誤。關於這個問題，以後有機會的話，可以做番考證。

七在馬來亞人那裡，也具有不同尋常的巫術意義。列維—布留爾指出，古時候馬來亞人相信人有七個靈魂。所以，如果要詛咒一個人，就必須在巫術操作中，用七根樺樹枝、唸七遍咒語、用七根扶留籐給靈魂以七次打擊。當古印度教教徒焚燒死者遺體收集骨灰的時候，會在焚屍之地寫上「四十九」這個數。為什麼呢？這是召喚天上的四十九種神風來清掃大地。而在古印度的燈節之夜，久婚不孕的女子必須用七口井裡的水來洗澡，方能「治癒」不育之症；而「治癒」恐水病的良方，是連續到七口井前向井裡看。

最後，再來簡略地談談八、九、十這三個數。

在中華民族的人文歷史上，東方殷人「數以八為紀」，他們崇拜八這個數，八卦的起源在殷代，大約是沒有疑問的。

《漢書．律曆志》曾經說，「自伏羲畫八卦，由數起」。顏師古註曰：「萬物之數，因八卦而起也。」

近代易學史上有位治易的學者胡懷琛，曾經撰寫過一篇《八卦為上古數目字說》的論文，發表於《東方雜誌》二十四卷二十一期（一九二七年十一月），該文這樣稱八卦與數的關係：「吾以為最初畫—，為一字；畫═，為二字；畫☰，為三字。（一二非卦，待下文說明。）至此遂停頓不復再向前進。然則何以記四以下之數？曰：將☰之最上一畫截斷，成☱，為四。再將次畫截斷，成☳，為五。再將最下一畫截斷，成☷，為六。至於此不能再畫。遂復將☷之最上一畫連續，成☶，為七。復將次畫連續，成☴，為八。復將最下一畫連續，成☰，為九。一至九之數目，已完備矣。然九與三無別。……故卦只有八而無九也。」

胡氏又說，至於⚊、⚌兩個卦符，與其餘六個卦符造型不一致，「於是於⚊之上下各加⚋，於⚌之中間加⚋，成為今日之卦形」。這樣，八卦與數字的對應關係如下：

☵	☲	☰	☱	☳	☷	☶	☴
坎	離	乾	兌	震	坤	艮	巽
一	二	三	四	五	六	七	八

這種解讀，雖說有些地方不免牽強，但總體上的意見還是可供參考的。

而九是天數、陽數之極，十是地數、陰數之極。所以，九為老陽之數，陽剛之喻；十是成數之極，九與十都象喻「神秘的圓滿」。

不過，「周人數以九為紀」，「九」是周族最崇拜的數。在「數字卦」中，原本陽爻的原型是一，在成書之初的《周易》裡，陽爻才稱為九，這在前文已經討論過。這也正好證明，《周易》是在周代、周人那裡成書的，它體現了周人崇「九」的人文理念。因此，在後代的中華文化中，深受周代、《周易》影響的中國建築文化等等，都具有崇九的人文傾向。這個問題，且讓我們放到後面去加以討論。

最後是數字十，它的象喻「圓滿」是毫無疑問的。它是周人對所謂九象徵圓滿的發展與強調。在河圖中，居於河圖中位的數，是奇數五配偶數十。這讓人清楚看到，今天的尊崇十，所謂「十全十美」、「十全大補」之類說法的人文原型，即為《周易》以及與《周易》相關的河圖。

有關數的人文內涵殊為豐富，我們這裡僅能舉其要者約略談及。需要說明的是，數學意義上的數，作為聰明智慧，偏偏是在原古巫文化之貧瘠的土壤中孕育而成，它是如此艱難而又富於詩意地遭受了巫之「愚昧」的奴役。巫意義上的數，具有原始命理因素。作為數學的濫觴，它以「象數互滲」的人文面貌與品格，在《周易》巫筮文化之精神迷亂與稚淺的中華童年，迎來數之理性的一抹晨曦，數的「聰明」，與原古巫文化之數的「愚昧」，原本曾經進行過一場漫長、艱苦而充滿詩意的「對話」。

為什麼說《周易》巫筮是一種典型的「白巫術」

西方文化人類學家把巫術分為「黑巫術」（Black Magic）和「白巫術」（White Magic）兩大類。黑巫術是積極性的，就是所謂「惡的巫術」，通過運用「同能致同」的「交感定律」，直接「感致」或者間接「染觸」的巫術方式，使對方遭受災難、痛苦甚至死亡，從而達到攻擊的目的。比方說「你去死吧」這一詛咒，就是源於簡單的「惡的巫術」。

白巫術也稱為「善的巫術」，教人避免「惡」的結果，對人生的痛苦、災禍與死滅盡量迴避，具有消極的防禦性質。

至於中國的《周易》巫筮，可以說是一種典型的「白巫術」、「善的巫術」，它的全部意義專執於所謂的趨吉避凶、祛惡向善。

筆者曾經對《周易》本經所記載的筮例做過一個粗略的統計，其中標明「吉」之類的筮例，大約有二百五十多個，「凶」之類的，僅僅有七八十個，前者約為後者的三倍多。這可以證明，《周易》巫筮的巫術理念，是何等的嚮往人生的吉祥，即使有兇險、災變難以避免，也要力求防止與躲避。

《周易》巫筮的目的，在於叩問人自身的命運吉凶與休咎如何，而不是去惡意地攻擊別人。

據不完全統計，《周易》筮問的內容範圍，包括行旅近百條、祭祀近百條、戰事八十餘條、飲宴三十餘條、漁獵十九條、牧業十七條、婚媾十八條、疾病七條、訟獄十餘條以及婦孕三條，等等，沒有一個筮例的內容，是攻擊他人的。

中華古人對於這個世界、對於他人，總是非常善意、非常友好的，他們執著地追求善的美好境界。

我們閱遍整部《周易》，難見一個苦字或惡字，這實在不是偶然的。

《周易》這位「智慧」老人，對這個世界及人類，總是露出善意的笑容。這再次證明，中華民族是一個善良的民族、友好的民族。

但是人們也可以看到，世界上有些民族的巫術，總是通過惡意的「作法」去攻擊他人，企圖致人以死地，其中充滿了陰謀與陷阱，比如被中華古人稱為「放蠱」、「扶乩」之類的巫術就是如此。

《周易》巫筮不是這樣，它只是趨吉避凶而已，有一種「明哲保身」的人文態度。它對他人是寬容的，始終充滿自信。

有些民族的巫術，則始終充滿激情，甚至迷狂、迷亂的人文意緒。比如非洲某原始部落青年男子的「成丁禮」，是用一二百根鈍而不銳的骨針刺滿全身，最後一針必須橫穿舌頭，直至鮮血淋漓，其痛苦之狀令人心悸。一個希伯來少年的割禮，也是痛苦而迷狂的。

這無比的激情，是期望人經過巨大無比的痛苦的人生歷練，獲得一種精神力量，在惡面前戰無不勝。

相比之下，《周易》巫筮雖然並非沒有非理性的激情與迷狂意緒，但其激情與迷狂的程度，是十分淡薄的，而且較為內斂。它不是那種「要死要活」、「性命交關」的巫術，它顯得平和、從容，它的「內心」固然不是沒有焦慮與緊張，但確沒有一種急迫而焦灼的心理氛圍。

縱觀整個「十八變」的占筮操作過程，都是數的運演，慢條斯理、溫文爾雅，比起那些火爆火燎、尋死覓活，或者惡狠狠地攻擊他者的某些古代巫術來，顯然要冷靜、冷峻得多。占筮，作為一種非理性的內在衝動，化作樸素理性的數的運演，從「象數互滲」的迷氛之中，睜開一雙對世界充滿好奇而迷茫的眼，用偏於冷靜的態度，埋頭於命運的博奕，好像一個心地善良、智慧過人而又謹小慎微的「老學究」。

《周易》，作為一種人文品格偏「冷」而尚「白」的巫術，它多少缺乏少年般的狂放和情緒的激越慷慨，而在虔誠的文化心態中，趨於思辨，守護它那向善的精神家園，這是很值得教人尋味的。

「降神」還是「拜神」

閱讀、研習《周易》的人，往往把巫筮混同於一般的宗教信仰。其實，這二者是頗有區別的，其根本的區別，首先表現在對於神靈的人文態度的不同。巫術，包括《周易》巫筮，是「降神」的文化，而宗教的文化本質，是「拜神」。這該如何理解呢？

西方著名精神分析學說的創始者弗洛伊德，曾經舉例來說明巫術、宗教與科學三者之間的區別。弗洛伊德說，比如久旱無雨，巫術通過「作法」即運用一系列巫術操作儀規，讓巫師通過「降神」來求雨；宗教意義上的求雨，是信徒虔誠地跪拜在神靈面前；而科學的求雨，可以用人工降雨的方法。

就這一點來說，巫術的「降神」，是巫「降」神，而不是神「降」巫。巫在神靈面前有一定的主體性、主動性。巫是什麼？是通神的人。他（她）既然能夠通神，可見其智慧、力量不凡。但是，巫既原於人，也原於神，離開神靈的憑附，巫也一事無成。

儘管世上沒有一個巫不虛張聲勢、言辭鑿鑿地聲言自己「無所不能」，他（她）總是企圖使人相信，他（她）可以面對世界上的一切挑戰，可以呼風喚雨，使河水倒流，大地震動（順便插一句，二十世紀八九十年代中國內地突然湧現的一大批「大氣功師」，本質上即現代之巫），可是，即使名氣再大的巫，也常常遭受令自己難堪的失敗，甚至為此犧牲掉名譽、權威乃至生命。

弗雷澤在《金枝》中曾經這樣寫道：「人們第一次認識到了他們（引者註：這主要指巫這個群體）是無力隨意左右某些自然力的。」「如果他（巫師）覺得自己如此渺小脆弱，那末他就一定會認為控制自然這部龐大機器的神，該是多麼巨大而有力量！隨着與神平等（引者註：指巫師認為他自己與神是「平等」的）的舊意識的逐漸消失，他同時也放棄了憑藉自己的力量與智慧，或者更精確些說，憑藉巫術，來指導自然進程的信心。」於是，宗教代替原始巫術而登上歷史、人文舞台，從幼稚地「降神」，變成了無奈地「拜神」。

這並非歷史與人文的倒退，而是一種進步。因為當人類有能力、有必要創造一個宗教意義上的神學體系而不是巫學的時候，則意味着人文心智的提升。

宗教信仰是一種崇拜。崇拜是對象的被神化同時也是主體意識的迷失，它極大地激發人的意志與情感之力。

宗教主神的建構，是人的主體意識的缺失，同時又是人的偉大形象在彼岸的屹立。神是顛倒了的、人的偉大形象。而宗教的主神意識，成為之後哲學本原、本體說的歷史與人文溫床。神是人之力量、智慧在天上的倒影。當人的主體意識與創造力殘酷地被神剝奪的時候，人的偉大之力又奇跡般地在神的身上得到了虛幻的實現。

神是一個奇跡，那是因為人本是奇跡的緣故。所以，宗教把巫術拋在歷史的後面。

可是，宗教注定不能離開巫文化的歷史與人文之源而特立獨行於這個多事的世界。宗教的歷史與人文基因來自於巫。就此意義而言，一些人類學家將原始巫術稱為原始宗教，是有道理的。

這當然不等於說，總是巫術在前而宗教隨後。縱覽今日世界，種種巫的行為、理念與信仰，遠沒有絕跡。而且情況往往是：表面上的宗教信仰與行為，實際上卻是巫罷了。

比方說，許多善男信女來到寺廟的佛與菩薩面前焚香跪拜，並不是為了純粹的精神需要，並不是真正地「看破紅塵」、「四大皆空」，而是大有所「求」，他們許願這個、許願那個，他們「燒頭香」、「燒高香」，甚至一擲千金、「做功德」，是為了求子、發財、陞官、避禍，是有明確的現實目的的。這不是求巫的行為，又是什麼呢？這是變相的、披着宗教崇拜之外衣的「巫」。

這不是心悅誠服的「拜神」，而是向神有所索取的「降神」。他們的施捨，其實有點類似於對神的賄賂。在嚴格的宗教意義上來說，這無異於對神的褻瀆。

這種人文現象，反倒說明中國自古就是一個「淡於宗教」的民族，直到今天，這一點也沒有改變。「淡於宗教」這一著名命題，是由著名學者梁漱溟在大約八九十年前提出來的。對此問題有興趣的讀者不妨去讀一讀梁氏的名著《東西文化及其哲學》。

為什麼中國人「淡於宗教」呢？這是因為中國自古以來「重於巫術」的緣故，單看殷之甲骨占卜與周之易筮，都是原始巫術文化，並且曾經十分繁榮。這一點，梁漱溟倒是沒有。

風水術的人文原型是什麼

筆者在研究《周易》與風水術及其文化問題時發現，典型的中華古代風水文化的人文原型，是《周易》的文王八卦方位。

典型的風水方位，把邏輯原點設在文王八卦方位的西北方，這裡是乾卦的所在，就是從西北方開始，來勘測所謂陽宅或陰宅與其周圍自然環境、人文環境的位置關係。

在風水模式中，西北方是太祖山所在，由西北方的山脈走勢向北方延伸，為少祖山、祖山與主山。主山是陽宅或陰宅主人的「靠山」。主山的正南方，就是整個建築人文環境與自然環境之所在，即屋舍或墳墓等，有時在中心區域的偏北位置。

在陽宅、陰宅的左、右兩側，是所謂的左山、右山，風水術上稱為「砂」，就是比從西北到北方山脈低矮的山巒，這在古時「四靈」說裡，叫做東青龍、西白虎。

陽宅、陰宅必須坐北而朝南，它們的南部有水系流貫，從西部流向東南方，這東南方在風水術中稱為「水口」。「水口」是整個建築環境的唯一入口處。而陽宅、陰宅的南部如果沒有水系流貫，建造陽宅、陰宅的人出於風水術上的考慮，會人工挖掘一個池塘，稱為匯龍潭。在一些佛寺或文廟的前方，往往會有這樣的匯龍潭。

陽宅、陰宅的南面，除了水系或匯龍潭，還應有兩座小山，靠近陽宅或陰宅的那一座稱為案山，案山之南，又有朝山。

這樣的風水佈局，是為典型的好風水。後（北）有「靠山」，前（南）有自然水系（或人工挖掘的匯龍潭），有案山，朝山，東有青龍山，西有白虎山，而陽宅或陰宅，則建造在這一「風水寶地」的中位，構成一個四面有山環護、如封似閉、水流其間、得水為上、藏風次之的自然地理與人文環境。

一般研究風水術的人，以為到此為止，已經揭示出中華古代風水術的真諦。但是有一個問題還沒有作出解答，這便是，大凡典型的風水模式，為什麼要以西北方作為太祖山、風水術的邏輯起點，即所謂龍脈的起點呢？

這個問題，只要分析一下文王八卦方位，問題就迎刃而解了。

文王八卦方位以西北為乾位，又以北為坎、東北為艮、東為震、東南為巽、南為離、西南為坤、西為兑，加上一個中位為中宮之所在，形成一個「八卦九宮」模式。值得注意的是，乾位在西北。據《周易》，乾為父、為剛、為陽，同時為天、為龍、為馬，乾卦象徵父（祖父）。因此在風水術中，起於西北方位並延伸到北方的雄偉、蔥蘢的山勢走向，就是風水龍脈。所謂龍脈，就是家族的父脈、血脈，象徵家族血親、生命與興旺的源頭，這是在命理文化氛圍籠罩中的對於生命、生殖、生氣與血脈的肯定性謳歌。

因此，《周易》文王八卦方位的人文理念，尤其關於乾位西北的理念，是中華古代典型風水術的文化原型。

同時應當看到，所謂看風水，實際上是在一定命理觀念中，觀察與處理人與建築、環境的關係問題。

看風水有一個「八字方針」，就是所謂「覓龍、察砂、觀水、點穴」。

所謂「覓龍」，就是尋找龍脈的所在，尋找起自西北的山脈形勢。有一本叫《地理大成．山法全書》的書這樣說：「龍者何？山之脈也……土乃龍之肉，石乃龍之骨，草乃龍之毛。」意思是，凡是吉利的風水，處在西北方位的山脈，絕不是光禿禿、毫無生氣的山，而是有「土（肉）」、有「石（骨）」、有「草（毛）」的。龍脈是家族生命的「根」，象喻血親家族的旺盛生命力，必須山勢高峻、植被豐富、山脈自西北到北而連續不斷。

龍脈的山勢有五種。《古今圖書集成》卷六六六把它歸結為「五勢」。這就是所謂「龍北發朝南為正勢；龍西北發作穴向南為側勢；龍逆水上朝順水下，此乃逆勢；龍順水下朝逆水上，此乃順勢；龍身回顧祖山作朝，此乃回勢」。「正勢」、「側勢」、「逆勢」、「順勢」與「回勢」，便是所謂的「五勢」。可見，龍脈是一種「勢」。勢字從執從力，指雄性的一種生殖力、生命力，這正是乾的品格。

所謂「察砂」，「砂」指陽宅、陰宅左（東）、右（西）兩側的山巒。從方位來說，左（東）為震而右（西）為兑，震男、兑女，是震為主而兑為從，震為上而兑為下，震陽而兑陰，因此，風水術中所謂「察砂」的任務，是考察東青龍、西白虎的山勢體量、地理位置以及與龍脈、水系等地理、人文環境之間的關係，其中主要是尺度。根據風水術口訣所謂「青龍要高大、白虎不能抬頭」的理念，以東青龍山高於西白虎山為佳吉。「察砂」的主要目的，是以觀察青龍、白虎為主，也觀察青龍、白虎與主山、案山、朝山之間的地理位置關係，作出綜合判斷。

所謂「觀水」，是對水系的觀察與判斷，首要的任務，是尋找、觀察與確立水口的位置以及整個水系的走向等。《管氏地理指蒙》說，「水隨山而行，山界水而止」，並且，「入山首觀水口」。注意水系與山勢的地理、人文聯繫。水須活而忌死，水宜潤潔而忌枯濁，應流動但不宜過分浩大。而且，以水口在東南方位為佳，指水系流向東南。如果該風水地理中沒有自然形成的水系，應在陽宅或陰宅的前方（南）開掘體量適度的匯龍潭。而一般的所謂「好風水」，其入口總是在東南方位。什麼緣故呢？因為在文王八卦方位中，東南為巽位，據《易傳》，巽為風、巽為入。中國南方的許多廟宇，比如浙江寧波的天童寺與台州的一些寺廟，一般入口都設在東南方。這是受文王八卦方位理念之影響的緣故。當然，水口所在的東南隅地勢應當偏低，水流向東南為順，否則為逆。順吉而逆凶。正如前述，所謂「觀水」，還應審理水系的種種形勢、形態。水系流貫於山間自有落差，但落差太大，水流湍急而浩大，不是好風水。水流平緩而清澈，動中涵靜，則是吉水。水系若帶，呈環抱之勢，當然是吉水。在案山之北、陽宅之南，有潭水澄碧，且呈團聚之形勢，無歪斜、傾瀉、瑣碎之態，自然吉利，否則就兇險了。這種所謂風水觀念，如果祛除其命理思想，其中還是具有一些樸素環境學的合理因素的。

所謂「點穴」，指測定陽宅、陰宅的最佳地理位置。穴居是中華上古先民的一種居住常式（另一種是巢居），這裡的穴，指陽宅或陰宅。陽宅者，活人居室；陰宅者，埋葬死者的墳墓。「點穴」的意思，就是確定陽宅、陰宅的吉利方位。《陽宅會心集》卷上說，陽宅「喜地勢寬平，局面闊大，前不破碎，坐得方正，枕山襟水，或左山右水」。這裡，除「左山右水」的說法可以再作討論外，其餘的說法，都是典型的「點穴」之論。而《陽宅會心集》是對《宅經》一書的發揮之作，比較後出，在風水觀念上固然不夠純粹與經典，但從另一方面來說，也是有「道理」的。你想想，這裡所謂的「左山右水」，在方位上是「東山西水」的形勢。文王八卦方位以東為震而西為兑，雖然這裡的震卦沒有「山」這一喻義，但與震東相鄰的東北方位上，有艮卦，據《易傳》，艮為山，因此，這裡已涉臨「山」象；而居於西的兑卦，象喻澤水，因此，所謂「右水」的根據已經有了。至於陰宅的「點穴」原則，在風水觀念上，其實與陽宅是一致的。陰宅是陽宅的一種發展形態。人活着的時候住在陽宅即宅所之中，人死了，根據「事死如事生」的原則，陰宅即陵墓是活人居所的延伸。

總之，風水術也有所謂的「三綱五常」：

三綱：

第一，氣脈（龍脈）是家族富貴、貧賤之綱；

第二，陽宅、陰宅的基地即自然、人文的地理位置，是左、右山巒的吉、凶之綱；

第三，「水口」是所謂生旺、死絕之綱。

五常：

一是龍脈要真實、生動，不要枯死無生氣；

二是陽宅、陰宅建造的地理位置，要正好應在風水術所遵循的文王八卦方位的中位之上，不能偏失；
三是陽宅、陰宅左、右的山巒要左大右小，秀麗美觀；
四是水口要在東南，要源頭活水，潔淨清澈，水系要環抱山勢；
五是陽宅、陰宅的朝向要講究，以南向最為吉利。

相傳為晉代郭璞所撰的《葬書》說：「氣乘風則散，界水則止。古人聚之使不散，行之使有止，故謂之風水。風水之法，得水為上，藏風次之。」大意是說，好風水生氣灌注。生氣是乘着風而發散的，它遇到了流水就棲止。古人的風水之術，將生氣聚集起來使它不至於飛散，大化流行又有棲止的區域，所以稱之為風水。風水的根本法則，選定好的水系是第一位的。第二，則是環境內要風氣流漸，又可以潛藏得住風，如卦似閉。一般都認為，這是古人關於風水的一個經典性定義。它的關鍵是氣，正如《葬書》一開頭就說，「葬者，乘生氣也」。當然，這一有關風水的總體認識，顯然蘊含了在古人看來是神秘的命理思想。而在筆者看來，所謂風水術，是古人認識與處理人與環境的關係時所遵循的一種營造準則。如果剔除其命理因素，就可能呈現較為樸素的環境學與生態學思想。

風水術的人文意蘊何在

英國研究中國古代科學技術史的李約瑟，在他《中國的科學與文明》一書中，曾經談到中國的風水之術問題。他說，所謂風水，「是使生者與死者之所處，與宇宙氣息中的地氣取得和合的藝術」。

李約瑟把風水術定義為「藝術」，頗有點出乎人的意料。人們不禁要問，風水術，果真是與文學藝術一樣的「藝術」嗎？

李約瑟這裡所說的「藝術」，當然不是指文學、音樂、繪畫與舞蹈之類具有純粹審美意義的藝術。其實藝術，原本可以分廣義（本義）與狹義的兩種。廣義的也就是本來意義上的藝術，可以指一切人為、人工造作的過程、成果、工具，尤其指人自身。它實際上指的是人類文化。

美學家朱光潛《談美書簡》曾經指出：「Art 這個詞，在西文裡本義是『人為』或『人工造作』。」「人為」與「人工造作」的過程、成果、工具等等，尤其是人自身，都可以稱為「藝術」，這樣的「藝術」，指文化。

文化是什麼？「人為」、「人工造作」也。凡是被人所改造的自然，凡是人所創造的，以及人自身，都叫做文化。這也便是所謂「自然的人化」、「人化的自然」，其中，人是人所創造的最優秀的文化成果。在這文化之中，當然也包括古代文化，包括甲骨占卜與《周易》占筮之類的巫術。

在古代，巫術時有被稱作「藝術」的情形。

文藝復興時期，英國著名的劇作大師莎士比亞，在他的名作《暴風雨》中，曾經寫有這樣一句台詞，主人公普羅斯庇羅脫下他自己的法衣時說：「Lie there, my art.」意思是：「躺在這裡吧，我的法衣。」這裡的「art」（藝術），指的是法術（法衣），也便是巫術。

在中國古代，把陰陽占候卜筮幻化之術稱為「藝術」的，也並非孤例。如《晉書·藝術傳序》即稱：「藝術之興，由來尚矣。先王以是決猶豫，定吉凶，審存亡，省禍福。」

這裡所說的「藝術」，顯然不是純粹審美的文學藝術之類，而是指巫術。因此，李約瑟把風水之術稱為「藝術」，指的是一種巫術文化。

一般而言，風水之術，有四大要素。

第一個要素，風水關係到「生者與死者之所處」。

這是指風水之術關係到陽宅與陰宅的建造。所謂陽宅，指活着的人所居住的場所，包括人的生活、生產活動的一切建築及其環境。所謂陰宅，指埋葬死者的陵墓及其環境。這裡的環境，包括自然環境和人文環境。

第二個要素，風水關係到「氣」，李約瑟稱為「宇宙氣息」。

那麼，氣是什麼呢？《易傳》裡有兩句話值得注意。一句是「同聲相應，同氣相求」。意思是，相同的音、聲可以相互呼應；和同的氣，就是說陰氣、陽氣，相互應求。中國古人堅信，宇宙天地之中有一種東西，看不見摸不着，神秘莫測，叫做氣，它的神奇處在於能相互感應，引起人生吉凶、禍福的變化。另一句謂「精氣為物，遊魂為變，是故知鬼神之情狀」。意思是說，宇宙天地間那看不見、摸不着的氣，是一種神秘、神奇的「物」，它也叫做「精氣」。精氣是人之生命的原始之「物」。精氣的聚散決定人的生死，人死時魂飛魄散，變做「遊魂」，所以對於氣，「古人聚之使不散」。而從「遊魂」則可知什麼叫做鬼神的實際情況了。

李約瑟《中國的科學與文明》還說，「氣」這種東西，「我還是寧肯不進行翻譯，因為它在中國思想家那裡的含義是不能用任何一個單一的英文詞彙表達出來的」，它「可以是一種感應力」。

氣的人文理念與神秘意緒，滲融在整個中華古代的風水思想與實踐之中。它的神秘功能是一種「感應」。

第三個要素，風水之術的氣，是「宇宙氣息中的地氣」。

古代中國人把宇宙天地中的氣，大致分為陰氣、陽氣兩大類；陽氣稱為「天氣」，而陰氣就是「地氣」了。因為是「地氣」，關係到陽宅、陰宅及其自然、人文環境，所以風水之術，總是首先與一定的地理、地形、地貌以及方位等聯繫在一起的。

第四個要素，是所謂「取得和合」。

風水之術，是使陽宅、陰宅與地氣「取得和合」的「藝術」。中華古代文化最基本的一點，是強調生命的和諧，所謂以和為美、「和為貴」等等，都是這個意思。從巫術文化角度看，和為吉，不和為凶；和則生，不和則死。《周易》文化，尚吉、尚生、尚和，關於這個重要問題，後文還會專門討論，此處從略。總之，一句話，風水之術的施行，就是要通過這一特殊的「術」，企圖求得「生者與死者之所處」，與地氣達到一種「和合」的境界。

如前所述，風水之術的人文意蘊在於，古人以命理的人文理念、意緒與方法，通過陽宅、陰宅的建造，來認識與處理人與自然環境、人文環境的關係問題。風水之術中不可能沒有命理思想，古人之迷信不必諱言，關鍵是我們今人不必迷信。如果祛除風水之術中的命理理念與意緒，那麼，風水之術具有一些樸素的環境學因素。風水文化是一種典型的「氣」文化，也是一種生命文化。古人正是基於對人自身生命問題的關切，才誕生出風水文化。

《宅經》說：「凡人所居，無不在宅。雖只大小不等，陰陽有殊。縱然客居一室之中，亦有善惡。」筆者《風水聖經．宅經葬書》一書這樣翻譯：「凡是供人居住的，沒有不稱之為住宅的。雖然外表上看來只是大小不一樣，但其中卻有陰陽風水的不同。即使只是居住在一個房子裡，風水也有好壞。」《宅經》又說：「故宅者，人之本。人以宅為家。居若安，即家代昌吉；若不安，即門族衰微。」譯文是：「所以，住宅的風水，是人生的根本。人是以住宅為家的。人居住的地方如果安寧，這家人便可以世世代代昌盛吉祥；如果居所不安寧，這家族便要衰敗。」

而另一重要的風水經典《葬書》則說：「葬者，乘生氣也。」大意是，「埋葬死去的人，就是要隨順、駕馭生命之氣」。埋葬死者、建造陵墓，本是處理「死」這一問題。但是，風水之術的文化主題，卻是「生」而不是「死」。這「生」的思想，在《周易》中體現得最為典型、重要。《易傳》說：「生生之謂易」，「天地之大德曰生」。風水之術中的陰宅文化，是關於死者的埋葬以及陵墓的建造，然而其人文理念的重點，卻在於死者子孫後代的「生」。這是《周易》生命文化的一大特色。

從「氣乘風則散，界水則止。古人聚之使不散，行之使有止，故謂之風水」這一風水定義分析，所謂「風」、所謂「水」，並不是「氣」本身，而只是「乘生氣」即隨順、駕馭「氣」的手段與方式。生命之氣的聚散、行止，是通過「乘風」、「界水」來實現的。風水的人文主題是生、是和、是氣，但風水本身不是「氣」。怎樣使陽宅、陰宅及其環境與「地氣」「取得和合」，這就是施行風水之術的重要的目的與人文意蘊。

這一目的，能否真正實現呢？那是古人十分關心和考慮的事。至於風水術的人文意蘊，卻是豐富而深邃的。

需要指出的是，中華風水術儘管具有一定的命理思想，但並非一味地強調「命裡注定」，而是強調「知命」。什麼叫做「知命」？就是古人企圖通過風水術，來認識、把握人自身的命運。孔子自稱「五十而知天命」，《易傳》有「樂天知命故不憂」的思想，儘管實踐中的風水術能否真正做到「知命」不得而知，然而風水術確實體現出中華古人企圖認知環境之真諦，在營造實踐中把握其自身命運的努力。李約瑟《中國的科學與文明》指出：「風水包含着顯著的美學成分，遍佈中國的農田、居室、鄉村之美不可勝收，皆可藉此得以說明。」雖說未必時時、處處之美，均可以「風水」來加以「說明」，但古人關於環境美、生態美與建築美的體會、追尋與營構，確實與具有一定命理思想的風水術混雜而富於詩意地糾纏在一起。這大約便是從風水術所顯現的所謂「知命」思想。

「風水」別名及其「鬼神」觀念說明了什麼

「風水」一語自從《葬書》對其下過一個定義，千百年來愈加流行而深入人心。《葬書》據說是晉代郭璞所寫。但這不等於說，在郭璞之前或之後，沒有關於風水術的種種別名、別稱。

那麼，風水的別名究竟有哪些呢？有很多。這裡我們選擇主要的幾種來介紹一下，它們都源自《周易》。

風水的第一個別名，叫做「陰陽」。

這一別名，雖然大致流行於元代之後，但典出於《周易》成書的先秦時代。

在殷代的甲骨卜辭中，至今還沒有檢索到「陰」字，或許已有「陰」字，但還未出土與讀識。甲骨文有「陽」字，寫作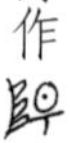。金文「陰」字則寫作（見《平陰幣》）與（見《大陰幣》）。

中國最早的詩歌總集《詩經》一書中，有「既景乃岡，相其陰陽，觀其流泉」的歌詠，所謂「相其陰陽」，指的就是「看風水」。

在戰國中後期撰成的《易傳》中，有所謂「陽氣潛藏」、「陰始凝也」、「分陰分陽，選用柔剛」以及「陰陽合德，而剛柔有體」的說法。這裡所說的「陰陽合德」，是指陰氣、陽氣都具有和合之性的意思。這裡的德，通性，所以古人有「性德」或「德性」的說法。所謂「陰陽合德」，就是前文所說的「同氣相求」。而所謂「風水先生」，別稱「陰陽家」。

風水的第二個別名，稱為「地理」。

「地理」這一別名，出自《易傳》的《繫辭上》篇。原文是：「易與天地準，故能彌綸天地之道，仰以觀乎天文，俯以察乎地理，是故知幽明之故。」其大意是：易理與天地並生，所以能夠統領、覆蓋、包容一切天地自然的大道理。聖人仰望蒼穹，觀察天的神秘之象，俯瞰大地的地形、地貌與地勢，所以知曉陰陽、幽明的神秘緣由。這裡所謂「仰觀」、「俯察」，既是天文學的原始，又是風水術的原始。前者「觀」的是天文，後者「察」的是地理，兩者都源於原始巫術文化。中國的天文學，是從上古的占星術與占候等原始巫術起步的，它與命理觀念緊密地聯繫在一起。中國風水術所重視的是「地氣」，是五行即金木水火土，是方位，這一切都關係到地理。所以，風水之術又別稱「地理」。

在中國古代，所謂看風水，又稱「相地理」。先秦時期的《管子．形勢解》這樣說：「上逆天道，下絕地理，故天不預時，地不生財。」是說人如果上逆於天象，下違於風水，那麼，人是會倒霉的。

順便說一下，這裡《管子》書所謂「形勢解」的「形勢」一詞，原本就是一個風水學術語。形者，指地形；勢者，指山脈走向與水系流向，指龍脈的地理氛圍以及整個陽宅或陰宅及其環境的和合氣勢、氣象。中國古代風水術基本分為「形勢（形法）」派與「理氣」派。正如前述，以「文王八卦方位」為基本模式的風水術，屬於「形勢」派，它強調地理方位與形勢走向。「形勢」派有時又以「伏羲八卦方位」為基本模式，明清時期北京紫禁城的吉利風水，就是如此。

風水的第三個別名，是所謂「形法」。

「形法」這一別名，來自《周易》。《易傳》有「形而下者謂之器」的說法，是說器物都是有「形」的，這是與「形而上者謂之道」相對而言的。道抽象而無有形相，器具體而本是形物。山川草木、地理方位，關乎風水，當然也是世上萬物、萬器中的一種。

《易傳》的《繫辭下》篇又說：「古者庖犧氏之王天下也，仰則觀象於天，俯則觀法於地，觀鳥獸之文與地之宜，近取諸身，遠取諸物，於是始作八卦。」這段話前文已有引述，大意是：古時候伏羲氏統治天下，抬頭仰觀天象，低頭俯察地理，又觀察大地上的動物、植物，近取之於人自身，遠取之於天下各類事物，於是創始八卦，用來會通天地萬類陰陽消息，健順動止的德性，推類萬事萬物的實際。其實這段話同樣也關係到風水文化，尤其這裡所說的「觀法於地」，即包含「看風水」。

地是有形之器物，所以風水也可以稱為「形法」。在《周易》中，雖然「形」、「法」兩字是分別出現的，但從這兩個字的合用中，我們已經可以見出中華古人的風水觀念。當漢人班固在《漢書．藝文志．數術略》中將中國古代的數術文化加以歸類時，風水即被歸為「形法」這六大數術的一種，這六大數術分別是：天文、曆譜、五行、蓍龜、雜占和形法。班固說：「形法者，大舉九州之勢以立城郭室舍之形。」「形法」不是什麼別的，指的就是「形」、「勢」，它關係到「立城郭室舍」之事。

風水的第四個別名，是「堪輿」。

「堪輿」這一風水別名，名氣是很大的。今日稍有些文史知識的人大都知道堪輿指的就是風水，但是未必人人都清楚「堪輿」這一名稱的來歷。

西漢初期，淮南王劉安曾召集其門客編集過一部《淮南子》，又稱《淮南鴻烈》，其思想大致屬於「黃老之學」範疇。「黃老之學」的根本點是以黃帝與老子相配，實際上是把儒家與道家思想相組接，用先秦道家的「無為」思想即「道法自然」的思想作為統治術，讓天下百姓休養生息、徐圖發展，從而「無治而無不治」，就是以「無治」的手段、方式，來達到天下「無不治」的目的。

就在該書的《天文訓》篇中，有「堪輿徐行」這句話，東漢文字學家許慎《說文解字》曾經對堪輿作出解釋，他說：「堪，天道也；輿，地道也。」他認為所謂堪輿，說的是天地之道，這是對堪輿的一種哲學意義的解讀，已經離「堪」、「輿」兩字的本義很遠。

從文字學角度看，堪字從土，那又如何理解堪字有天道的意義呢？

實則所謂堪，是指地面突起。就連許慎本人，在《說文解字》的另一處也明明白白地這樣說：「堪，地突也。」一方面說堪指天道，另一方面又稱堪為「地突」，許慎之說可謂「以子之矛攻子之盾」。倒是清代文字學家段玉裁在為《說文解字》作註時僅說「地之突出者曰堪」，方才避免了許慎的尷尬。

而堪輿的輿，原指車箱，泛指車子。《周易》六十四卦中的小畜卦九三爻辭說：「輿說輻，夫妻反目。」是說車子的輪子脫落是一個凶兆，預示夫妻反目成仇。這裡的輿，當然是指車子，而「說」，實際是「脫」的誤寫。《易傳》又有「坤為地」、「為大輿」的說法，大輿指的是大地，用卦符來表示，是坤卦。因此，無論是堪還是輿，都與大地、地氣、地理、地形相關，堪輿術，指的就是風水術。

堪輿是風水術最流行的別名，從古到今，所謂風水師，就是堪輿家；風水學，又稱堪輿學。三國時期魏國的孟康曾說過「堪輿，神名。造圖宅書者」。這是為了神化風水之術，將堪輿直接說成是神的名稱了，而且將其直接稱為撰寫風水之書的作者。這裡的「圖宅」，也是風水的別名。

有關風水的別名，以上所舉這四個是比較重要的。除此之外，還有諸如「相地」、「相宅」、「卜宅」、「圖宅」與「青烏」等多種，這裡就暫且從略了。

在風水術的人文思想中，「鬼神」的觀念，也是相當活躍的。

《易傳》「鬼神」二字，有時是分開說的，有時又放在一起。如何理解《易傳》所說的鬼神，對於正確理解風水文化甚至中華古代文化的「巫」這一根因十分重要。

讓我們舉例說明。《易傳》這樣說，「故神無方而易無體」，意思是，神靈沒有方所而易理沒有形體。這「神無方」是什麼意思呢？是說神秘、神奇、神妙的變化，是沒有方向、讓人摸不着頭腦的。又如「陰陽不測之謂神」，是說陰陽的恆常變化無法測定，這便是「易」的神秘與神妙。又如「是故蓍之德圓而神」，是說蓍數的德性運化無窮，圓融周備，神秘莫測。

有關「鬼神」連文的用法，在《易傳》中最引人注意的有兩處。

一處說，「精氣為物，遊魂為變，是故知鬼神之情狀」。意思是說，精氣是生命的原始根因，精氣充沛，生命存在。人死後，則是魂飛魄散，變成了遊魂。所以，人們由此而懂得鬼神的實際情狀。

另一處則說，《周易》算卦是數的神秘運演，「此所以成變化而行鬼神也」。意思是，《周易》古筮法是通過筮數的運演來顯現兆象的神秘變化，從而判斷人之不測的命運。

《易傳》說「神」或「鬼神」的地方很多，雖然它沒有單獨說到一個「鬼」字，然而值得引起我們注意與深思的是在《易傳》中，往往是「鬼神」兩字連用。而且從「鬼神」這一詞彙的構成來看，是「鬼」在前而「神」在後，這又是什麼緣故呢？

應該說，這種詞彙現象的出現不是偶然、個別的，而是有特殊緣故的。

《論語》曾記錄孔子的一句名言，叫做「敬鬼神而遠之」，這是一個極富於思想意蘊的巫學命題。我們知道，在宗教文化如基督教文化裡，神是至高無上、十全十美的，神的絕對權威是上帝，是信徒絕對崇拜的對象，所以，宗教文化實際是一種「拜神」文化。可是，巫術文化就不一樣了，巫術是人相信通過巫來通神，用巫的「偽技藝」（馬林諾夫斯基語）即一整套巫術「作法」，使神從天界降下，從而達到趨吉避凶的目的，為人服務。所以，巫術文化包括《周易》巫筮，實際上是一種「降神」文化。

這等於是說，在《周易》巫筮文化結構中，神並非絕對權威，而是可以由巫召喚的一個角色。巫不是不迷信神，但並非絕對迷信神的威權。在巫術文化中，巫既通人又通神。僅僅依靠巫自身的智慧與力量，不可能實現他自己的生活目的，因此必須借助於神；但是，巫也並非徹底拜倒於神的腳下，一種幼稚而不知天高地厚的人文信念，便在相信神的同時，也相信其自身的智慧與力量，通過「降神」的人文方式，來證明雖然不得不依靠神，卻能勇於面對和應對這個世界的挑戰。

巫術文化中的神，其地位是很有意思的。他不像在宗教文化中那樣高高在上而成為頂禮膜拜的對象。他似乎隨時可以聽候巫的召喚，從天界到人間來走一遭，整日忙忙碌碌，東家出西家進，為了祛邪趨吉，為了人間名利，為人治病，為人求子以及回答人間諸如宜不宜婚嫁、下葬與建房造屋等現世的疑問。可見，巫術世界中的神是一個忙碌而講求實用的角色，他從不拒絕人的祭品供奉，接受一些小恩小惠，然後賜福給人，弄得自己很有點庸俗。

因此，以鬼、神並提，而且讓鬼凌駕於神之上，稱之為「鬼神」，實在是中華文化始原於巫文化的一大特色。而孔夫子的一句「敬鬼神而遠之」，可以說，十足揭示了《周易》

巫文化的一個人文真諦。

人對於鬼神，既非不敬，亦非疏遠，而是採取了尊奉兼疏遠的策略，這種對待鬼神的人生態度，實際上就是一種根因於巫的人文態度。

故而人與神（鬼神）的關係，不是不尷不尬，也非不倫不類，更不是三心二意，而是一種進退自如、左右逢源、富於彈性的文化策略。一種實用主義的人文態度。

可見在《周易》中，鬼神二字雖然有神秘、神奇、神妙等意思，但在嚴格意義上，它並不是一個宗教學的概念，而是巫學的詞彙。

一九九六年夏天，筆者曾應邀到東北吉林參加一個學術會議。期間會議主辦者慇勤地邀請與會者去參觀當地的一所寺廟。只見寺廟裡供奉着各路「神仙」的泥塑造像，並且按照人間秩序與等級來安排。除了大雄寶殿供釋迦佛像外，一些偏殿、配殿裡，還塑有老子、孔子、關羽甚至李時珍等人的造像，以及當地一些不知名的土神與「孤魂野鬼」之類的雕像，彷佛是來了個「兼收並蓄」的大雜燴。記得那位會議主辦者問我對此作何感想，我對他說，「加得愈多，減得愈多」。我的意思是，別看這裡「神」才濟濟，其實在中國人的心靈深處，並沒有諸如以上帝為絕對權威的神在，這是「空寂的神殿」。

但也不是沒有一些神的人文意識與理念、意緒在，孔子固然說過「敬鬼神而遠之」的話，但他還有另一句名言，即「祭如在，祭神如神在」。意思是，祭祀神靈，好像神靈就在這裡。反過來說，如果人不去祭祀神靈，那麼，神靈就肯定不「在」了。這豈不是說，神靈都是祭出來的？

這是《周易》巫術包括中華古代一切巫術文化的一個人文傳統，或者說，中華傳統的人文之根，深植於以《周易》巫術為代表的中國古代的一切巫術文化之中。

《周易》的人文智慧

世界上，沒有哪一種巫術文化像《周易》巫筮這樣，從命理的「祛魅」而走上哲思、倫理與審美等人文解放的道路。

天人、意象、陰陽、生死、形神、憂樂、剛柔、圓方，等等，都在人文時間意識的覺醒中，被賦予哲理與詩性智慧的品格。

古人所謂「見乃謂之象」、「生生之謂易」、「知幾其神」與「易以道陰陽」等人文命題，以其深邃、美麗的哲理詩韻，提升了古代中華的人文精神。

「天人合一」的人文意蘊是什麼

人們常常說，中華文化是「天人合一」的文化，中國古代哲學及其美學，也是「天人合一」的，如此等等。話雖然不錯。但是如果把這個「天人合一」作為標籤到處亂貼，以為是一劑包治百病的「良藥」，那就適得其反了。

重要的是，究竟什麼是「天人合一」呢？它的人文意蘊究竟是什麼？這些問題談起來還是很有意思的。

如果僅從這一命題的正式提出來看，首先提出「天人合一」的，大約是《張子正蒙》一書。該書收錄了北宋初期哲學家張載的言說及其思想。

《張子正蒙．乾稱篇下》說，天下的文人士大夫「因明致誠，因誠致明」，他們都是聰明與仁誠兼備、品學高尚之人，「故天人合一，致學而可以成聖，得天而未始遺人，《易》所謂『不遺』、『不流』、『不過』者也」。這是說，聖人的境界，是「天人合一」的境界，「成聖」要同時兼備「致學」、「得天」兩個條件。「致學」就是深入地「學」，從而進入「得天」即「天人合一」的境界。而「得天」並未「遺人」，即沒有忽視人為因素。所以人的行為，能夠擁抱、成就大地萬物而沒有遺漏；廣泛地遵循「天」的運行法則而自己的行為不失據淫濫；在天地萬物的運行與範圍之中，沒有偏失。

這裡張載所說的「不遺」、「不流」、「不過」，分別引自《易傳》的「曲成萬物而不遺」、「旁行而不流」、「範圍天地之化而不過」。

雖然「天人合一」的提法比較晚近，但不等於說，在北宋以前，中華文化、哲學與美學中，就沒有「天人合一」的思想。

從人文意識的起源來看，早在「萬物有靈」的原始文化中，已具有「天人合一」的人文因素。在先民看來，人與物都是有「靈」的，這等於是說，天、人合一於「靈」。原始巫文化的「巫」，既通「天」，又通「人」，所以在人文理念上，巫是「天人合一」的，這是文化人類學意義上的「天人合一」。

孟子曾經說過，「盡其心者，知其性也；知其性，則知天矣。存其心，養其性，所以事天也」。筆者在拙著《中國美學範疇史》（三卷本）的《導言》中曾經指出，「盡心、知性、知天、存心、養性與事天，這是指聖人之心性，與天的相通與合一」。所以，孟子也是主張「天人合一」的，不過，這裡加入了一個「知」的人文因素。

《易傳》在闡述乾卦的卦義時這樣發揮說：

夫大人者，與天地合其德，與日月合其明，與四時合其序，與鬼神合其吉凶，先天而天弗違，後天而奉天時。

大賢大德的人與天地同一性德，與日月一樣光明，與春夏秋冬四時運行一般具有時序，與鬼神一樣知曉吉凶休咎、神妙難言。該「大人」先於天的啟告，而有所作為，卻從不違背天則，後於天的啟發，而為人做事，又遵循天的時序與機運。就連天則都不去違背，更談不上違背人的意志與違背鬼神的旨意了。

這就是《易傳》著名的「天人合德」說。

《莊子》的「天人合一」說，可以用《達生篇》裡「以天合天」來做代表。前一個「天」，指主體虛靜、玄無之心，指精神自然，後一個「天」，指外在自然界。所以「以天合天」這一命題，已經是哲學、美學意義的「天人合一」這一命題的前期文本表述，指所謂「心齋」、「坐忘」的天人合一即物與我、主觀與客觀的一種精神渾契境界。

《莊子．秋水篇》通過「河伯」設問：「何謂天？何謂人？」「北海若」回答：「牛馬四足，是謂天。絡馬首，穿牛鼻，是謂人。」意思是，牛和馬的四隻腳是天生的，這叫做「天」。用轡頭絡在馬首上，用韁繩穿牛鼻，這叫做「人」。這「人」，指人為、人工。所以，這樣的牛馬，是「天人合一」。

西漢董仲舒關於「天人合一」也有明晰的表述，他認為萬物都是同類的，所以合一。這叫「以類合之，天人一也」。北宋程頤《語錄十一》說得更有點過分，「人與天地一物也」，所以，「天人本無二，不必言合」。

關於「天人合一」的人文意蘊，其實有多種多樣。

第一種是在原古時代，所謂鴻蒙未開，原始混沌，人的智力十分低下，還沒有形成明晰的天的意識與人的意識，所以原始混沌意義上的「天人合一」，實際是「天人未分」。

第二種是隨着人智力與人文理念的進步，產生了神性、巫性意義上的天、人意識及天、人之間的感應思想。建立在人文信仰基礎上的，是原始宗教、巫術意義上的「天人合一」，實際是「天人感應」。

第三種是在哲學意義上，正如《莊子》所說的「以天合天」，是建立在理性基礎上的「天人合一」。

第四種是就人格來說，《易傳》所說的「天人合德」，主要是儒家道德說意義上的「天人合一」。

第五種是理性地分出什麼是天（自然、客觀、物），什麼是人（人文、主觀、我），是在「天人相分」的基礎上，通過人的社會實踐，從而改造了自然與社會，達到「天人合一」的境界。所以，一切人類的科學實踐，都可能在「天人相分」的基礎上，達到「天人合一」。

如果從傳統儒家、道家與佛家文化意義上來看，這三家其實都是主張「天人合一」的。儒家重視人為，重視道德，是「天人合一」於「仁」；道家重視天然，講求自由，是「天人合一」於「道」；佛家「四大皆空」，說到天人關係，無所謂合，也無所謂不合，佛家所主張的，是「天人合一」於「空」。

象是如何成為一個基本人文範疇的

在《周易》以及整個中華人文世界中，象，自古就是一個獨特而尤具生命力的基本人文範疇。

《周易》本經巫筮所依賴的卦爻符號，被稱為卦象、爻象，它們其實就是占驗吉凶的兆象。在《易傳》中，有所謂「聖人設卦觀象」，「是故吉凶者，失得之象也；悔吝者，憂虞之象也；變化者，進退之象也；剛柔者，晝夜之象也」之類的說法，其意思是說，聖人觀天地自然之象而創設卦爻之象。所以吉利或兇險，是人生喪失、獲得的象示；錯悔或遺憾，是人生憂患、愁虞的象示；天地萬類的變化，是進取、退避的象示；陽剛、陰柔，是晝夜交替的象示。

《易傳》給象下的定義是：「是故易者，象也。象也者，像也。」這是說，象是易理的根本，卦象、爻象的人文意義，在於象徵。沒有一部中華先秦古籍，像《周易》這樣，如此重視象及象的人文意義。

由於《周易》「象巫術」及其「象思維」深刻影響着中華文化的建構與發展，某種意義上可以說，中華文化，實際上可以說是一種「象文化」。

那麼，象，又是怎樣成為一個基本的人文範疇的呢？這個問題較為有趣，且讓我們慢慢道來。

早在殷代的甲骨卜辭中，已經有了象這個漢字，它的主要書寫符號是：

，見於羅振玉《殷虛書契前編》三〇、五。

，見於郭沫若《殷契粹編》六一〇。

，見於董作賓《小屯．殷虛文字乙編》七三四二。

象是一個象形漢字，看上去很像一頭大象的樣子。東漢時期，文字學家許慎《說文解字》一書這樣解說：「象，南越大獸，長鼻牙，三年一乳。象耳牙四足之形。」意思是說，大象是生長在「南越」（指今廣東等地）的巨大的獸類，它的鼻子、牙齒很長，三年之間生育一胎。象這個漢字，像長有耳朵、牙齒與四條腿的大象之形。這一說法證明了早在東漢的時候，中華北方中原地區已經沒有大象的蹤跡，大象只是「南越大獸」而已。

根據考古，起碼在殷商時代，中原地區即當今河南一帶，還有大象生活在那裡。

一九三五年秋天與一九七八年春天，在河南安陽小屯的殷王陵遺址，曾先後發掘兩個祖宗祭祀坑，出土了兩具大象的骨骸，其中，一九七八年出土的大象骨骸相當完整。

殷墟象坑的發掘，引起了考古學界熱烈的爭論。有的說，這用於祭祀的大象，是從南方運來的。有的說，這大象是河南本地的「土產」。徐中舒主編的《甲骨文字典》指出：「又據考古發現，殷商時代河南地區氣候尚暖，頗適於兕象之生存，其後氣候轉寒，兕象逐漸南遷矣。」有些卜辭，可以證明殷商時代，河南一帶還有大象出沒。如羅振玉《殷虛書契前編》三一、三說：「今夕其雨，隻象。」意思是，占卜預示，今天晚上下雨，是捕獲大象的吉時良辰。這裡，隻，即「獲」。《篚遊》八六又說：「乙亥，王卜貞。田噩，往來亡災，王占曰：吉。隻象七，雉卅。」意思是，乙亥時分，王進行了一次占卜，向神靈貞問。在一個叫做「噩」的地方進行田獵，來來往往沒有災禍，王占卜的結果是吉利。這次田獵活動，捕獲了七頭大象，三十隻野雞。羅振玉《殷虛書契考釋》所以說：「又卜辭田獵有『獲象』之語，知古者中原象，至殷世尚盛矣。」

可是，在殷周之際或稍後的周代初期，中原地區氣候突變而氣溫趨寒，迫使大象因為怕冷而向南方遷居。因此，早在戰國時期，大象已在中華北部的河南一帶絕跡多時。當時的中原百姓，早已沒有親眼目睹大象的福分了。「大象」的話題，成了老輩裡的傳說，一種純粹的歷史記憶。所以，如果偶爾從地下發現一堆動物殘骸，人們便懷疑那是大象的殘骸，這就是《戰國策．魏策》所謂「白骨疑象」的意思了。

正因如此，作為動物的大象、　種曾經真實的歷史存在，逐漸淡出中原古人的視野，而轉變為一種單一的心理記憶與心理印象。

《韓非子．解老》對通行本《老子》所說的「道」者「其中有象」之「象」，曾作出這樣的解說：「人希見生象也。而得死象之骨，案其圖以想其生也。故諸人之所以意想者，皆謂之象也。」這意思很清楚，當時北方的百姓，已經很少能見到活着的大象了。而一旦看到大象的骨骸，就根據骨骸的圖像來想像大象活着時候的樣子。所以，人們把「意想」的東西，都稱為「象」。於是，作為動物「大象」之心理記憶、心理印象的「象」，又進一步發展為關於一切事物的心理記憶與印象的「象」。（註：以上有關從動物大象到人文之象的考辨資料，參見汪裕雄《意象探源》）

那麼，作為人文範疇的「象」，是什麼意思呢？

在筆者看來，某一樣事物、某一種東西，以前曾經見到過、接觸過，現在這東西雖不在眼前，卻對它保持着一種心理記憶和圖景印象，這就是人文意義上的象。

人文之象，作為《周易》以及中華文化的一大基本範疇，是以視覺為主的五官感覺在心靈的迴響，一種以感性為心理內容的心靈圖像。

人文之象，是主觀的，不是客觀的，不是客觀存在的東西。因為是主觀的、「意想」的，所以在古人的心目中，它往往是神秘而神奇的。

所以，古人與今人一見到卦爻符號，就說這是卦象、爻象。其實人們所見到的，是卦爻符號，是刻於竹簡或寫在紙上和書本裡的有「形」的東西。而卦爻符號在心靈的印跡、印象與氛圍等等，才可稱之為「象」。

古人之所以稱卦爻符號為卦象、爻象，是因為在傳統的人文理念中，主觀與客觀是不分的，所以一見到卦爻符號，就稱為「象」，而卦爻符號，實際是佔有空間的一種「形」。

《易傳》說：「在天成象，在地成形。」象是對天而言的，所謂天象是也。天象這一概念之所以產生，那是因為天離人遠而令人深感神秘、神奇的緣故。

而且，人文之象是以視覺為主的五官感覺在心靈的迴響。五官感覺，包括眼、耳、鼻、舌、身五種感覺。比如身的觸覺，對「象」來說，也是重要的。中醫所謂「脈象」、「脈徵」的象，指的是脈動在中醫師心中的印象，而不是指脈動本身。

象，當它成熟為中華文化一個基本人文範疇的時候，中華文化，尤其是其中的審美文化、藝術文化，便放射出炫目而燦爛的光輝。

八卦方位與四合院的關係怎樣

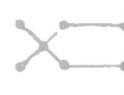

當今讀者，對於明清北京四合院的方位佈置，或許已經有些陌生，因為四合院作為建築的歷史陳跡，正在從人們的居住領域之中退出去，讓位於所謂具有現代人文意義的那些高層住宅與別墅之類。然而作為珍貴的建築文化遺產，它將長久地留存於現代而又古老的東方大地，人們可以在北京的胡同裡發現它美麗的蹤影。「物以稀為貴」，保護四合院，具有重要的意義與價值。

四合院的文化與審美意蘊，是相當深厚而有意味的。它的方位理念，可以說來自文王八卦方位圖。

明清北京四合院，是明清時代建造與盛行於北京的一種典型的北方民居。四合院平面呈方形，其中典型的形制，是其四壁除東南隅開一扇大門以供出入之外，外牆上不設一扇窗，是名符其實的「四合」之院。這種封閉性的空間安排，除了因為地處北方、要求民居實現保暖的實用性功能之外，更重要的，是非常契合中國古人傳統的內向性格與追求含蓄的心理氣質。

四合院的基本格局有單進式、多進式，縱向發展。也有幾座四合院並列而建，在縱向開拓的同時，又注意橫向的鋪排，而一般以具有三進院落的四合院為多見。

比方說，你現在正在走近一所四合院，給你印象最深的，是其規整的空間佈局和封閉的外部造型。從四合院東南隅的大門進入，迎接你的，迎面是一塊影壁（也稱為照壁），壁面上繪有一些畫圖，素雅而美麗，也可以是一面素壁，能夠引起你的注意與觀賞興趣。或者是些磚雕、磚刻作品，其美可羨。也有在影壁前放置花卉、山石盆景之類的，令人愉悅。而在筆者看來，那素壁其實最是耐看，或者日光朗照，或者皎月清灑，光影變幻，饒有興味。

影壁實際上起了一個遮蔽視線的作用，使人對內院景致不能一覽無餘，充滿期待，構成一種類似「曲徑通幽」的美感。影壁所在空間比較狹小，從人文審美的角度，有先抑後揚的效果。

穿過這一小空間，左折步入院落。只見院子稍微大了一些。左手邊有一排房屋稱為倒座。北向開門，它的南牆，就是四合院南面的外牆，這裡是男傭或一般客居者的住房，也有闢為書房或堆放雜物的。

與倒座相對，坐北朝南的是一扇垂花門，做工相當考究，裝飾華美，木雕工藝甚是精緻。

步入垂花門，眼前便豁然開朗，這裡是四合院的主院。院內往往擺設些盆景之類，在人工美的環境之中點綴些自然植物，顯得很有生氣，當陽光普照，清風拂來，這院景着實令人喜愛。

主院北部的正中位置，是相對高大的正房，南向開門。正房開間最大，造型最為高峻，用材最佳，人文品位最高，這裡是家長的居所，也是接待貴賓的佳所。

正房的左、右兩側是東西兩廂，這便是古人所說的東序、西序，相對而建。相對說來，廂房開間較小，在用材、進深、尺度與台基高度等方面，都僅次於正房。

正房的北部，又是一個小院，小院北側，是整座四合院的後房，這裡供女傭居住，或用作庫房，堆放雜物。

不難想像，四合院內部秩序井然，反映了森嚴而和諧的古代家庭的人文倫理關係。四合院的平面滲融着嚴格的中軸線意識，其重要的建築，如正房、垂花門、主院的縱向中線，與整座四合院的中軸線重合。四合院是中國古代滲融着儒家倫理之居住文化的典型代表，具有深沉的文化積澱。

考量四合院的基本空間佈局，其文化原型，是《周易》的文王八卦方位。

我們知道，文王八卦方位，一共有九個，這便是：離南、坎北、震東、兑西，是為「四正」；巽東南、坤西南、乾西北、艮東北，是為「四維」；外加一個中位（中宮）。

離南為火，火位本是吉利之位，這離位的正中位置，本可以開闢一座大門，以供出入。然而四合院四周圍牆封閉，為滿足既封閉又含蓄的居住要求，大門不設在此，而是只在四合院東南方安排出入口。這裡是文王八卦方位的巽位。《易傳》說，巽為入。所以在巽位設一出入口，是宗於文王八卦方位理念的。而離南方位，僅設以倒座，使它坐南朝北，向北開門，在風水理念上，自然是降低了這一排房子的人文品位。但這裡畢竟處在南部方位，因此適宜於男傭等居住。

坎北為水，在風水理念上，坎為陷險，不吉利，是地位尤低的方位。因此古人在這裡建造後房，讓女傭居住在此。古時男尊女卑，即使傭人之間，也是男傭高於女傭。所以這後房就是女傭的居所了。當然，男傭居住於大門朝北開的倒座而屬於離火之位，女傭雖居坎水之位，大門是朝南開的，則算是「平衡」之措了。

再說震東這個方位。震卦象喻雷動，震為長男，這是《易傳》的理念。所以這裡建造了一排東廂房。居住在此的，往往是家族裡的子侄輩。而「東床袒腹」的故事，想必一定發生在這裡。話說在東晉，太尉郗鑒派人到丞相王導家去挑選未來的女婿，想看看他們的長相與人品到底如何。王家的幾個兒子，有的內心有些緊張，有的患得患失，他們的行為舉措，都不免有些不自然起來。只有一位老兄，也就是那個後來號稱「書聖」的王羲之，見有人前來，倒是神態自若，坐在床上，旁若無人，自顧自袒腹吃東西。來人一見，說就是「他」了。這個故事被記載在《世說新語》一書之中，所渲染的，是所謂的「魏晉風度」。但從古時的居住制度看，家族的子侄輩居住在東廂是理所當然的，因為在風水文化中，這裡是震卦的方位，而女婿這一角色，後來也稱為「東床」。

再說兑西這個方位。兑卦象喻澤水，兑又象徵少女，這也是《易傳》的理念。所以在這一方位上，又建造了一排西廂房。居住在此的，是家族裡「待字閨中」的女兒。所以，《西廂記》的故事，又一定發生在這裡了。話說張生由紅娘為「媒」，趁着朦朧月色，來與鶯鶯小姐幽會，做那「跳牆」的勾當。《西廂記》裡有四句唱詞這樣說：「待月西廂下，迎風戶半開。隔牆花影動，疑是玉人來。」這四句，把那鶯鶯等待張生前來幽會之企盼而一驚一乍的喜悅心情，描繪得活靈活現。這是說，「待月」者只能在西廂，而東廂，張生是萬萬不會也不必去的。

至於四合院的主房以及主房前的庭院，又正應在文王八卦方位的中位上。在古人看來，東西南北中，中是統馭其餘四正、四維方位的，難怪主房及其中庭，在古時居住制度上是尤為崇高的。

生殖崇拜、桑的意象與美的人文聯繫何在

德國古典主義哲學家黑格爾曾經說過，「生」這一話題，在「東方」尤其是中國，「所強調和崇敬的往往是自然界的普遍的生命力」，「是生殖方面的創造力」。這是關於古代東方、古代中國在生殖崇拜方面一個值得重視的見解。

在古印度，生殖崇拜之風亦很盛行，其突出的表現是所謂的「林加」崇拜，意思是對男性性器的炫耀。又如印度古塔的造型，有一種是上細下粗的石坊，是男性性器的象形。

古希臘歷史學家希羅多德說，源自古印度，後來影響埃及、希臘的生殖崇拜儀式，是在酒神祭典歌舞中，由女性提着一種長達一肘（古尺名，約長三分二米）的東西，象徵男性性器遊行。

古印度大量的佛教雕塑藝術如《持拂藥叉女》、《樹神藥叉女》等女性形象，其人文主題是崇拜與謳歌生殖的偉麗與神秘。

相比之下，《周易》的生殖崇拜似乎要「文雅」許多。還是讓我們舉個例子來說說吧。《易傳》在解讀「乾，陽物也；坤，陰物也」時指出，「夫乾，其靜也專，其動也直，是以大生焉。夫坤，其靜也翕，其動也辟，是以廣生焉」。這是什麼意思呢？

這是說，乾、坤象喻男女人體的「陽物」和「陰物」，這裡的「專」，唐代陸德明《經典釋文》一書作「摶」，通「團」。這裡的「翕」，唐代李鼎祚《周易集解》一書解說為「閉」。而「辟」，《經典釋文》解釋為「開」。所以，這一段《易傳》文字意思很明白：陽物在靜止的時候，它是團團的形狀；發動的時候，直遂不撓，它的生殖功能是「大生」即「原生」。陰物是靜閉而動開的，它的功能是「廣生」。清代易學家陳夢雷在《周易淺述》中對這段《易傳》文字是這樣理解的：「乾坤各有動靜。靜體而動用，靜別而動交也。直、專、翕、辟，其德性功用如是。」不用多說，讀者自會理解陳氏所說的究竟是什麼意思。

很清楚，在中國古代，如果沒有虔誠的生殖崇拜思想與理念，在《易傳》中就不會有如此嚴肅而認真的描述。恩斯特．卡西爾《人論》一書指出：「中國是標準的祖先崇拜的國家，在那裡，我們可以研究祖先崇拜的一切基本特徵和一切特殊含義。」德．格羅特也說：「我們不能不把對雙親和祖先的崇拜，看成是中國人宗教和社會生活的核心的核心。」所謂祖先崇拜，實質就是生殖崇拜。復旦大學歷史系已故經學家周予同先生曾經說過一句很有意思的話：中國人的祭祀祖神，不是在祭祀祖先的「亡靈」，而是在祭拜祖先的「生殖力」。所以祭祖是生殖崇拜的生動體現。

筆者在前文中多次談到，在《周易》六十四卦三百八十四爻的卦爻辭中，有許多是關於祭祖的巫筮。比如「元亨」這個詞，「元」是原始的意思，指祖神，「亨」，享祭的意思。又如，否卦九五爻辭有「其亡！其亡！繫於苞桑」的動人呼喊，讀來不免令人感歎。這一句的大意是說：要斷子絕孫了，要斷子絕孫了，這個家族是不是人丁興旺、後繼有人，就看這棵桑樹是不是生長出嫩枝綠葉，意思是說，整個家族的吉凶命運，全都維繫在這株桑樹之上了。

這一條爻辭，使我們立刻想到了「生」這個字眼。原來，生的本義，是象徵長在大地上的一棵樹。先民在巫筮中，以桑樹含苞吐葉為家族子嗣興旺的吉兆，反之就是凶。所以一見枯萎的桑樹，先民的神經就立刻繃得很緊，他們篤信桑樹的榮枯，預示了家族後代的興衰。

在中國古代文化中，桑樹是一個象喻生殖的人文意象。在原始文化中，桑樹被尊為生命之樹、生殖之樹，也就是所謂的「社木」。「社木」的「社」，從土從示，表示對土地的崇拜。其實「社」字，古體寫作「袿」，說明不是一般的崇拜土地，而是崇拜土地與生長在大地上的「木」。這木，主要就指桑樹。

《呂氏春秋．慎大》有「以奉桑林」的記載，即是對桑林的崇奉。《呂氏春秋》一書，一定程度上揭示了上古中國的文化風俗。而崇奉桑林，是要借其「靈氣」繁衍子孫，所以，桑林在上古時代往往是男女野合、幽會的地方。這也就是「社會」一語本來的意思。

《墨子．明鬼》曾記載，「燕之有祖澤，當齊之有社稷，宋之有桑林」，「此男女之所樂而觀也」。這是把宋國的桑林與燕國的祖澤、齊國的社稷台相提並論，說明桑林在古人心目中的重要地位。其對桑林佑「生」的鍾愛之情，自不待言。所以，桑林之地為「男女」「樂而觀」之所，是既神秘又富於詩意的。

相傳桑林曾是大禹與塗山女的交會之所，屈原《天問》曾經就此發問道：「禹之力獻功，降省下土方。焉得彼塗山女，而通之於台桑？」這是說大禹治水途中，與塗山女「通夫婦之道於台桑之地」（王逸註）。也難怪《詩經》這樣歌吟道：「維桑與梓，必恭敬止。」人們必須恭敬的，除了梓樹，還有桑樹。

漢樂府中，有一首著名的《陌上桑》這樣歌唱一個名叫羅敷的美女：羅敷從兩旁長滿桑樹的陌上走過，因為她長得太漂亮了，使得「耕者忘其耕，鋤者忘其犁。來歸相怨怒，但坐觀羅敷」。這些發呆的耕者、鋤者，想來一定是些青壯年男性這樣的農夫吧，因為觀賞羅敷的美而忘記了耕作，回到家裡還要相互埋怨，只是因為觀看美女而耽誤了農時，令人發噱。

當然，這首詩的下文還有羅敷與太守道遇而發生的更為精彩的一幕，與本文相關，我們的問題是，有關美女羅敷的這充滿詩意的輕喜劇，為什麼會發生在「陌上」的桑地？

這是因為，桑樹、桑林，是人的生命、生殖之美好的象徵。從文化學角度來看，這種關於少女的美以及對這種美的觀照，本源於通過「桑」這一文化意象來表示人的生殖崇拜。而它的人文原型，顯然與《易傳》所說的「其亡！其亡！繫於苞桑」相關聯。

「天地之大德曰生」、「生生之謂易」是什麼意思

易理的根本之一，是生。

關於生，《易傳》中有兩句話最為有名，值得我們深思。

一句話是「天地之大德曰生」。意思是，天地萬類的原本性德是生。這裡「大德」的「大」，是太的本字。它不是「大小」的大，而是原始、原本的意思。甲骨卜辭有一個「大」，寫作「」，是成年男子正面站立的象形。在中華先民的文化意識中，成年男子是人的生命的根，也就是說，他是傳宗接代、人類生命的本根。所以對於人類生命來說，他是原始、原本的。「大」是「太」的本字，「太」字比「大」多的那一點，是對男根的強調。

另一句話是「生生之謂易」。意思是，生而又生，不斷的生，這就叫做「易」。有個愚公移山的故事，說是一個叫做愚公的老頭家在深山中，大山擋住了出路，怎麼辦呢？老頭決定要把大山搬走，每天挖山不止。有一個很是聰明的老頭（智叟）看見了就發笑。說你真是愚蠢，這麼大一座山，你移得了嗎？老頭就說，挖一點總是少一點，我搬不走這座大山，還有我兒子可以繼續搬。兒子搬不了，還有孫子，「子子孫孫無窮盡也」，總有一天會把山搬走的。這「子子孫孫無窮盡也」就是「生生」的意思。它是易理的人文內涵之一。

生是人的生命自然，首先指人的性命，這在今人看來，是很好理解的事情。但在遠古時代，卻不是這樣的。

殷商時代的甲骨卜辭中，「生」字寫作（見郭沫若主編《甲骨文合集》四六七八）或者是（見郭沫若《殷契粹編》一一三一），東漢許慎《說文解字》這樣解說：「生，進也，像草木生出土上。」生字的上部是，是草木的象形；下部是一，是大地的象形。可見生字的造型，出自先民對植物生長於大地的一種人文理念與意緒，引申為指稱一切生命，尤其是指人的生命、性命。甲骨卜辭有所謂「乎取生雛鳥」的記述，見於董作賓《小屯·殷虛文字乙編》一〇五二；又有關於「癸酉卜生豕」的記載，見於郭若愚《殷契拾掇》三一一。這兩條卜辭，前一條是說雛鳥孵生的事，後一條是說癸酉時分占卜，卜得的結果是母豬生小豬。

在遠古時代，人的出生以及生命的整個過程是很艱難的。有生必有死。人的不幸死亡、人的夢境以及黑夜的到來這三大因素的綜合，是促成與人的生命現象相應、相對的鬼魂觀念得以誕生的直接原因。而鬼魂在人看來，是不死的，並且直接影響人的生命的行程，於是便對鬼魂加以崇拜、敬畏。人對於鬼魂懷有恐懼感。

此外，人們還相信鬼魂是一種生命的「靈」，開始時僅僅是就人的生命來說的，後來因為人文理念的進步，因為迷信思想的發展，因為人總是受到盲目性自然力量或者社會力量的打擊、懲罰而遭受苦難甚至死亡，或者得到意外的收穫、恩賜而大喜過望，人對於這強大的自然力量與社會力量，既恐懼又感激，相信這是一種生命的「靈」，它遍於時空而無所不在，於是，「萬物有靈」的人文理念與信仰就不可避免地產生了。

在「萬物有靈」支配人的頭腦的時代裡，種種巫術文化，或者原始宗教的某種文化樣式，是必然會產生的。「萬物有靈」的意思是說，天地萬物，都是有生命的，先民們對此深信不疑。

「萬物有靈」就是「萬物有生」。先民們相信，既然是生，當然是永遠「不死」的，「死」去的只是人的肉體，衰亡的只是動物、植物之類的軀體、枝葉等等罷了。

當戰國時代，中華人文智慧的進步足以實現對占卜、占筮的巫學智慧「祛魅」的時候，一種人文哲學的理念就產生了，人們進而「認識」到，生是天地萬物尤其是人的一種「本德」、「原德」，也就是根本的性德，於是就有了《易傳》所說的「天地之大德曰生」。

這是原始巫學的消解，哲學的解放。在哲學上，這無異於說，生是天地萬類及人的本原、本體。「天地之大德曰生」，是《易傳》最著名、深刻的哲學命題之一。哲學意義上的生，已經消解了原始巫學關於「靈」（鬼魂）的「陰霾」，旭日噴薄一般地升起輝煌而明麗的關於生命之思的朝暉。與此同時，從《周易》本經巫筮文化的巨大陰影之中升騰而起的，是中華先人強烈的生命意識、慾望、理念與理想。

從原始巫學到哲學、美學與仁學，生一直是一個偉大的人文主題。

《周易》巫筮的目的，是趨吉避凶，實際上則是「趨生避死」，這是原始巫學意義上的「易」的根本意義。《易傳》所說的易理，存在多個方面與層次，《易傳》講變化、講陰陽、講時位、講仁義、講美醜等等，其中的人文思想與思維的廣度與深度可謂一言難盡，但貫穿其間的只是一個字，那就是「生」，指人的生命的無限歷程。「生生之謂易」，是哲學意義上的易理的深層蘊涵，同時也是美學、仁學等層面的問題。「易」的本義，指人之生命的大化流行。人的生命，有彼此相應的兩個，就是說，人有兩人生命。

人的個體生命，由溫飽得以延續、發展。它可以沒有性的參與，每一個人是一個個體，他（她）是自己的。《莊子》有一句名言，叫「獨與天地精神相往來」。這裡的「獨」，指的是人的個體生命及其精神。無疑，道家尤為重視的，是人的個體生命及其精神，所謂「特立獨行」是也。當然，人的個體生命，在肉體意義上是有限的。

人的群體生命，不僅需要溫飽，而且必須有性。兩性相愛，繁衍後代，這便是志在移山的愚公所說的「子子孫孫無窮盡也」。人的群體生命，用傳宗接代的方式得以延續、發展。在地球毀滅的那一刻以前，人的群體生命是無限的。

無疑，儒家是強調人的群體生命及其價值意義的。《易傳》所謂「生生之謂易」，實際上是一個由先秦儒家所提出來的哲學、仁學以及美學命題。

《禮記．中庸》曾說：「仁者，人也。親親為大。」這是說，親其所親者，仁也。當然，這裡的大，是原始、根本的意思。從文字學角度看，仁這個字，從二從人。所以，仁首先是男女兩性之間的問題，然後是以血親文化的眼光與人文原則，去看待和處理普天下的人際關係與人倫關係。所以《論語》說：「仁者，愛人。」《論語》又說：「弟子入則孝，出則悌，謹而仁，泛愛眾，而親仁。」這意思很清楚，孔夫子教導他的學生說，你在家裡必須孝敬父母，在社會群體中，要兄弟姐妹一般地相親相愛。謹慎地按仁的人文原則踐行，廣泛地愛一切人，這樣就能達到血親意義上的仁的崇高境界。所以，《易傳》「生生之謂易」這一命題，實際上是儒家仁學意義上的哲學與美學命題。

新儒家著名學者牟宗三曾經指出：「易者，儒道之統宗也。」這是說，原始巫術文化意義上的「易」，是先秦儒、道兩家思想統一的人文源頭。從儒家的群體生命觀和道家的個體生命觀來看，這句話是相當深刻的。

《孟子》一書曾記告子之言云：「食色，性也。」意思是，飲食、男女，是人的本性。從文字學角度看，性的本字，是生，性是與生俱來的。這裡的性，包括食（與人的個體生命相聯繫）、色（與人的群體生命相聯繫）兩個方面及其聯繫，而不僅僅特指性愛意義上的「性」，這是需要特別指明的。

怎樣評價《周易》的生死理念

《易傳》稱：「天地絪緼，萬物化醇。男女構精，萬物化生。」大意是，乾天坤地、陽剛陰柔之氣相互交感化生，天地萬類凝聚而成形。男女、雌雄、牝牡的精氣互為構合，天地萬類大化流行而生生不息。千百年來，易學史上關於這段名言的解讀，比比皆是。

如《管子．內業》說，凡是物質意義上古人所說的精，就是所謂的精氣，「此即為生」，這是指精的本來意義是生。它神通廣大，大地生長的五穀，蒼穹分佈的星辰（列星），都是精氣所為。精氣流播於天地之際，這就是所謂的「鬼神」，神秘莫測。精氣充沛而蘊藏在胸，人就成為聖人。

明清之際哲學家王夫之《周易外傳》說：「天地之間，流行不息，皆其生焉者也。」這是把天地、萬物、男女「絪緼」、「化醇」、「化生」的精，歸結為生。

可見，精是氣，氣的本涵是生。那麼生的功用是什麼呢？

明代來知德早就說過，生的功用是所謂「摩蕩」。摩蕩是氣（精）的本能，「氣通於間，交感相摩蕩也。惟兩間之交感相摩蕩而後生育不窮」。這是說，天地好比男女，只有這「兩間」的「交和感應」（交感）、相互「摩蕩」，也就是相互絪緼、化醇、化生，才能生生不息。

清代陳夢雷《周易淺述》也指出：「地氣上升，天氣下降，則相交而物生。相交者，天交乎地，地交乎天也。」這句話的意思很淺顯，不必多作解說，可見《易傳》這句名言的意義底蘊，是生，是交。

生，而且是男女生命相交，這是《周易》的重大人文主題之一。

《周易》如此推重人的生命及其境界，一定是因為凡是人總是難免一死的緣故，一定是因為個體生命過於短暫、人的生活過於艱難的緣故。

古人對於生、死的無比重視，以及關於生的歡樂死的悲哀，某種意義上，決定了這一民族的哲學、美學思考以及倫理學的價值取向。

如果人可以不死，那麼，人的兩性相交以及生死榮枯以及由此而引起的悲歡離合，還有什麼關心的必要、還有哪些重要的價值？這個世界悲天憫人的宗教、滲融着人生深重憂患意識的哲學、美學與藝術審美等等，也就失去了絢爛的色彩、深邃的意蘊。人的精神生命與生活，一定是另一副樣子，好比是清湯寡水、淡而無味。

《周易》講「天地之大德」為生，而忌言死，把生看作天人合一的終極，對現實人生始終抱着童稚一樣樂觀的人生態度，不懂得、也不承認什麼是死、什麼是死的悲哀，對人的生死問題採取一種「趨生避死」的態度，從而高舉「生生之謂易」的人文大旗。《周易》

用一隻巨手，奮力把人生現實之死的陰影推到歷史後面去，執著地嚮往生的原樸、生的偉大、生的「剛健、篤實、輝光，日新其德」。

可是，《周易》的這一生命智慧，又是被包裹在嚴實的原始巫術的硬殼之中的。《周易》以生為大吉，以死為大凶。正是因為死的可悲才忌言死。《周易》的生死觀，開始就與巫術吉凶觀緊密地聯繫在一起。

對生的企盼，恰如對於死的恐懼，蘊含着人既崇拜生、又崇拜死的人文理想，也蘊含着人努力迴避死亡的可悲。並且，由於對死的無可奈何，對於惡與醜的恐懼，更加重了人對生這一善與美的崇拜。而崇拜生，可以在精神上鑄造樂生的民族人文性格，在崇生的原始人文意識之中，來思考生、死的意義。

總之，就《周易》所說的生而言，其人文智慧，可謂半是糊塗、半是清醒地對兩性生殖繁衍的「善美」一往情深；就其以生為底蘊的自然、人為理念來看，是把這兩大類型「善美」的創生與本質，看成和人的生殖一樣的崇高而神聖。

就天人合一的最高和諧來說，《周易》無意間猜測到了天人之際在時間歷程中的有機聯繫，卻留下了過於濃烈的血緣氣息。

《周易》詩意蔥鬱地將活潑的生之屬性賦予自然，卻把天地為父母那種畏天的說教撒向人間。當天被人格化、男性化、父王化的時候，聖人也隨之被權威化。當天、人關係被血緣化的時候，《周易》締造了中華人文智慧的生命意識，發展出豐富的藝術想像，而天人合一智慧的熠熠閃光，又可能在一定程度上阻塞基於「天人相分」的科學思維。

《周易》在忌言死的時候，不得不把宗教關於死的主題放在它的人文視野之外，因為宗教往往是以人的「死」為邏輯原點的。因此，當人的生死問題簡約地變為生這一問題時，作為一種精神的、人文的「補償」，便有「準宗教」的生死觀，起而填補原於原始巫術文化而留下的空白。天人合一於生的「善美」境界，也就顯露出時而嚴厲、時而和藹，時而清晰、時而模糊的面容，使人在半是夢境、半是現實中享受生的歡愉，它那人文智慧的天平，奇妙而不無遺憾地向樂生惡死的一邊傾斜。

《周易》如此重視人的生殖、生命，把男女兩性的生及其相交天則化、神聖化，從文化根因上來建構人的生死理念，這不能不說是其燦爛而不乏暗淡的一個人文序幕。

「易以道陰陽」的哲學道理是什麼

關於《周易》，《莊子》曾用一句言簡意賅的話加以概括，即「易以道陰陽」，意思是，《周易》是講陰陽這一道理的。從哲學角度來看《周易》的思想內容，《莊子》所說，一點也不錯。

《易傳》談到陰陽的地方很多，隨手舉幾個例吧。

比如「陰疑於陽必戰，為其嫌於無陽也」這一句，大意是，坤卦上六陰氣極盛，極盛而必然走向反面，陰極返陽，所以坤陰、乾陽必然交合。坤卦是純陰之卦，但並非沒有乾陽因素。坤卦上六所以有「龍戰」即乾陽前來交合之象，為的是不讓人懷疑坤卦純陰而無陽，純陰不等於無陽。這裡，疑，凝的本字。嫌，懷疑的意思。

又如「陽卦奇，陰卦偶」這一句，筆者最初讀到這一句的時候，真有點丈二和尚摸不着頭腦，不知道是什麼意思，等到稍微懂一點象數之學，方才明白原來是說：陽性的卦有一個陽爻（奇），陰性的卦有兩個陽爻（偶）。你看八卦中的震卦，卦象是☳，一個陽爻；還有坎卦☵，艮卦☶也是。震卦象喻長男，坎卦象喻中男，艮卦象喻少男，它們都是陽性的卦。而巽卦☴、離卦☲與兌卦☱，依次分別象喻長女、中女與少女，它們都是陰性的卦，各具有兩個陽爻。

又如「陰陽合德，而剛柔有體」這一句，意思指的是，陰爻陽爻，因為陰中有陽、陽中有陰，兩者對立又互補，所以在德性上，可以相互交合和諧，而在體性上，陽爻陰爻是分別象喻陽剛、陰柔的。

當然，《易傳》關於陰陽最重要的論述與命題，前文我們曾討論過的，即「一陰一陽之謂道」與「陰陽不測之謂神」，其意思前文已有解說，不待煩言。

人類的哲學思想都是相通的。哲學作為「愛智」的一種高級的文化，所討論、關注的，無非是這樣一些關於世界、關於人的根本問題：世界與人究竟是什麼？世界與人應當怎樣？世界與人走向哪裡？世界與人之間的關係以及萬物之間的關係到底如何？等等。

中國古代的哲學思想，無不與這些哲學的根本問題相關。雖說如此，中華古代的哲學思想還是有所側重的，其側重論述與探討的，是世界萬物之間以及人與人之間的關係問題。這個關係，是運動的、變化的、二元的。中華古人堅信，世界是二元的，而且是運化的，其中充滿機運。而用《易傳》的哲學術語來說，就叫陰陽。正是陰陽的大化流行，構成了一個動態而恆變的世界。所以，《莊子》所說「易以道陰陽」這句話，既是對易理、也是對《周易》哲學深刻的高度概括。

陰陽哲學，是《周易》偉大的哲學貢獻之一。當然，《周易》陰陽哲學的生成，有一個歷史、人文的歷程。

第一，就陰、陽這兩個漢字來說，本義是指陽光照臨大地的向背。陽光照射不到的地方是陰；陽光照射得到的地方是陽。《周易》本經中沒有陽字，只有一個陰字，就是「鳴鶴在陰」的陰。意思是，雌鶴在背陽的地方為求偶而鳴叫。可見，本經中沒有陰、陽互攝的觀念。

第二，在《周易》的原始巫筮文化中，所謂天地萬物的神秘感應，是巫筮的文化內核。在原始巫筮世界中，一切都是命運多變而流轉的，而巫筮世界，總是二分而互應、互化的，這就是吉、凶。因此，吉凶是後代陰陽哲學之前期的人類學表達。

第三，吉凶與陰陽概念的互用。比如在原始風水文化中，所謂「相其陰陽，觀其流泉」，風水術別稱陰陽術，實際這裡的所謂陰陽，還不是哲學範疇，而只是指風水意義上的吉凶。

第四，雖然吉凶、陰陽互用，但是這裡的陰陽已經成長為哲學範疇，這就是戰國中後期《易傳》所謂陰陽的基本意義。在《易傳》中，「陰陽」一詞固然有時依然指巫筮的吉凶，並且，哲學意義上的陰陽源自於《周易》本經的吉凶，可是在《易傳》中，哲學的陰陽範疇，絕不可能由吉凶來代替。這證明，陰陽哲學已經從原始巫筮文化中脫胎而出。

第五，從原始巫筮文化的「咸」（感）、氣的人文意識，滋生出生的思想，這是《易傳》的貢獻。《易傳》把「陰陽互變」與生的思想相互聯繫起來，故《莊子》所說「易以道陰陽」這一命題中，具有生命思想在內。《易傳》的陰陽哲學，實際上就是生命陰陽哲學。所以，清代易學家陳夢雷《周易淺述》即說：「陰生陽，陽生陰，其變無窮，易之理如是。」

第六，從原始巫筮文化吉凶理念脫胎而出的陰陽，伴隨着生，成為生的二元，進而對陰陽這一對偶範疇進行普泛的闡釋與理解，成為具有普世價值的一個哲學範疇。

用陰陽哲學的眼光看世界、看人，不僅天地、男女、父母、牝牡，而且大小、有無、剛柔、形神、生滅、動靜、虛實、道德、真假、善惡、美醜，等等，一切對偶的事物與人文理念，都可以而且必須用陰陽來加以高度的提煉與概括。一切事物之間以及事物內部的兩相對立、對應、互補、互生的性質、功能與態勢，都可以而且必須用陰陽來概括。

正如唐代孔穎達《周易正義》所說，「天下」的「萬聲」，「出於一闔一辟」；「天下」的「萬理」，「出於一動一靜」；「天下」的「萬數」，「出於一奇一偶」；「天下」的「萬象」，「出於一方一圓」，無數的對偶、對應的態勢與功用，都「起於乾坤二畫」。而「乾坤二畫」，就是陽爻陰爻，它們在歷史與人文的陶冶中，成長為以陰陽為事物動態聯繫、關係的生命哲學。

試問，這個世界上還有什麼東西不能概括在生之陰陽的理念之中呢？陰陽的生的本體意蘊，成為中華古代樸素的哲學旗幟與辯證法。它是後代哲學矛盾論的前期表述。

為什麼中國是「殺子」文化、西方是「殺父」文化

萃卦卦辭說「王假有廟」，是指王到祖廟去祭祖。萃卦六二爻辭說，「孚乃利用禴」，是說用戰俘作祭品來進行春祭，是吉利的。這裡的「孚」，俘的本字；禴，春祭。升卦六四爻辭有「王用亨於岐山，吉」這一記載，是說周文王到岐山周族祖先古公亶父發祥的祖地去祭祖。亨，享祭的意思。

這類祭祖的記載，在《周易》中不勝枚舉，從中人們不難理解中華先人對祖先的崇敬。

祖，從示從且，甲骨卜辭祖字，寫作，它的字形，象徵人子對「且」的崇拜，這是郭沫若與高本漢的見解。「且」是「祖」的本字，像陽具之形。古代與且（祖）字相關的，還有個苴字，苴，從且從艸，象徵男性祖先墳頭長草。《儀禮．士虞禮》有「祭於苴三」的說法，意思是，在長滿草的祖墳那裡祭祀了多次。此外，還有個俎字，《說文解字》說，「俎，禮俎也。從半肉在且上」，有以肉為祭品來祭祖、禮祖的意思。

甲骨卜辭中還有一個宗字，從宀從示，象徵祖廟中有神主供奉。《說文解字》說：「宗，尊祖廟也。」《白虎通義》也說：「宗者，尊也。為先祖主者，宗人之所尊也。」《禮記》又稱：「人道，親親也。親親故尊祖。」「親親」，是說親其所親，意思是尊祖敬宗。

關於這個問題，錢穆在《文化與教育》一書中曾用十二個字加以概括，就是「中國主孝，歐洲主愛，印度主慈」。

我們先來說說「中國主孝」。

居於中國「二十四孝」之首的，是這樣一個故事傳說：

傳說古聖人舜，曾經遭到他父親瞽叟的妒恨，為此，舜多次受到他父親無緣無故的毒打，而他總是逆來順受。但終於熬不過他父親的棍棒之苦而逃到荒野僻地，仰望蒼天而號啕大哭。舜的這一份崇父的大孝，使得他的賢德名揚天下，以致成為帝堯的王位繼承者。堯把兩個女兒娥皇與女英嫁給了舜，這更加劇了瞽叟的痛恨。他多次設計謀害舜，但舜始終用「孝」來感動天地，終於倖免於難，維護了血緣的親戀之情。

這種「百善孝為先」的思想，也是《周易》一個普遍的人文主題。《易傳》說：「大哉乾元，萬物資始，乃統天。」這是說，多麼偉大啊，乾元，它是萬物的本始，當然也是人倫的原初。這人倫的原始，就是崇高無比的父。他的崇高品德，是統馭着天的。天象喻父，此即《易傳》所謂「乾元也，故稱乎父」的意思。

《易傳》又說，「本乎天者親上」，即只有父親才是「本乎天者」。《易傳》又有「大寶曰位」的說法，父親的「位」至高無上，它是人間唯一的「大寶」。父，生命的本根，倫理的表率，政治的權威，也是美的巔峰。中華古代文化，某種意義上是「崇父」、「殺子」文化。

相比之下，歐洲文化是「主愛」的文化，這「愛」，一般是排斥了血緣親情的。古希臘最著名的神話傳說是俄狄浦斯的「殺父娶母」，他把這一點看作是天意如此，命裡注定。德國哲學家黑格爾《歷史哲學》曾經指出，「羅馬並不是什麼以古老的種族傳下來的」。這句話的意思其實是說，羅馬「沒有天然的家長制的維繫」，並非指羅馬真的不是「以古老的種族傳下來的」。在人文理念中，羅馬人的「父」以及「崇父」的理念很是淡薄。

基督教的《聖經》曾經這樣說，有一位青年信徒，想要在掩埋他的亡父之後，再來對耶穌行弟子禮，基督卻對他說：

「讓死者去埋葬他們的屍體吧，你自跟隨我來！」

這是對崇父、親子之情的斷然拒絕。基督又說：「要知道誰奉行我的天父的意志，誰就是我的兄弟。」「你們不要稱呼地上的人為父親，你們只有一個父親，就是天父。」基督又說：「我要使兒子疏遠他的父親，女兒疏遠她的母親，並使媳婦疏遠她的翁姑，而去親近他們的仇人。那愛父母勝過愛我的人，絕不是我的追隨者。」

古希臘與給歐洲文化以巨大影響的基督教文化的一個重要人文特徵，就是世間血緣意義上的父親，有點兒不像父親，更談不上兒子對父親、祖先的無限崇拜。在人文理念上，所有的人只承認一個「父親」，這便是在天堂的、與一切人都沒有血緣聯繫的「上帝」（天父）。這又可以稱之為「逆子」文化或者「殺父」文化。

孫隆基《中國文化的深層結構》曾經指出：「如果西方文化可以算是一種『殺父的文化』

的話，那麼，中國文化就不妨被稱為『殺子的文化』。」這當然是指古代。在今天，中華古代傳統的「崇父」、「殺子」文化，正在西方文化思潮的衝擊下，逐漸發生着新變，尤其是由於中國社會的巨大變遷，中國當代文化在合理蕩滌歷史傳統「污濁」的同時，卻有些不合理地變成對西方傳統「殺父」文化的盲目追隨，矯枉過正。這是需要警惕和反思的。

「崇陽戀陰」還是「崇陽抑陰」

讀過《周易》的人，大約都知道，《易傳》有所謂「天尊地卑」即「男尊女卑」、「父尊母卑」的思想，所以坊間總是有人會說，《易傳》的思想，是「崇陽抑陰」的。拙著《周易的美學智慧》（一九九一）曾經指出，《易傳》具有強烈的「崇陽抑陰」的倫理觀念固然不錯，可是《易傳》的文化思想，卻不是什麼「崇陽抑陰」，而是「崇陽戀陰」。

《周易》的崇天、崇父意識很是蔥鬱，它的戀土、戀母情結也同樣令人感動。

儘管《周易》以乾卦為第一、坤卦為第二，以坤陰與乾陽相比，自然是坤在後而乾在前，但是，坤陰即大地、母親的意識在中華古人心目中的地位是和乾陽平分秋色的。《易傳》在談到乾元的時候，說「大哉乾元」，意思是「原始啊，偉大啊，乾元」。《易傳》在說到坤元的時候，又稱「至哉坤元」，意思是「至極無以復加啊，坤元」。這雄辯地證明，這「乾元」與「坤元」，也就是乾陽、坤陰及其所象徵的天地、父母等等，在《周易》文化中，是一視同仁的。《周易》六十四卦凡三百八十四爻，其中陽爻、陰爻各是一百九十二個，各佔一半，這種爻符總體上的對等、對稱，即很說明問題。

《易傳》盛讚乾德、坤德，並無偏愛、偏廢。它一方面說，乾陽「雲行雨施，品物流形」，「乾道變化，各正性命，保合大和」；另一方面又稱，「坤厚載物，德合無疆。含弘光大，品物咸亨」。這是說，乾陽、坤陰合諧，共同完成了天地萬物的創造與發展。從美學角度來看，乾卦用「飛龍在天」來象喻乾陽的陽剛之美；坤卦以「牝馬行地」來象喻坤陰的陰柔之美。巨龍騰飛在蒼穹，母馬奔馳在大地，都是極為壯麗、磅礴的景象。

有一個人文現象值得我們注意。《周易》以乾卦為第一卦，不像傳說中的「歸藏」易那樣以坤卦為第一卦，從這一點來說，《周易》確實是崇陽的。不過，不知讀者是否注意到，自古至今，中國人每當「陽」與「陰」並提的時候，總是但稱「陰陽」，是陰在前而陽在後，如果語序顛倒，難免感覺拗口。這種語序現象不妨可以證明女為陰、男為陽的文化理念，大約始於重女輕男的母系氏族社會。

《周易》所傳達的文化精神，無疑具有「父系」品格，但同時也殘留着上古「母系」文化的遺存。並且直到今天，在人們的心目中，依然積澱着源自上古的那種陰（女）為主、陽（男）為從的人文意識，否則為什麼人人但稱「陰陽」而不稱「陽陰」呢？

這種民族的「集體無意識」無意間證明了戀陰即戀土、戀母情結的頑強性。《周易》本經對坤陰所象喻的大地、母親的善美品格，稱得上是一往情深而歌頌備至。

讓我們來討論一下坤卦六二爻辭的文化意蘊。

坤卦六二爻，是陰爻居在陰位之上，六二又處於坤卦下卦的中位，所以從《周易》象數學來看，坤卦六二爻，是「得中」、「得正」的吉利之爻。坤卦六二爻辭說：「直方大，不習，無不利。」意思是，大地坦蕩、正直而廣大無邊，自然天成，所以占筮得遇這一爻，沒有不吉利的。說到「直方大」這三個字，南宋易學家朱熹曾經作出這樣的解讀：「生物不邪謂之『直』也，地體安靜是其『方』也，無物不載是其『大』也。」大地含生萬物、極為柔順、隨從天時而運行，正直無邪；大地歸然安靜、柔麗博大、方正的德性磅礴於四方；大地生我養我，血脈相連，好比母親的懷抱。清代易學家陳夢雷《周易淺述》因此說，只有坤卦六二爻「柔順而中正」，才是純粹的「坤道」，「正則無私曲而內直，中則無偏黨而外方。內直外方，其德自然盛大。不假修習，而自無不利也」。

中華古代一向有「地為母」的文化理念。按照許慎《說文解字》的說法，大地是「元氣初分」也就是「元氣」生成「乾元」、「坤元」的時候，「輕清」之氣為陽，生成天；「重濁」之氣為陰，生成地。大地與蒼天相對，地陰而天陽。《白虎通》云：「土，吐含萬物，土之為言吐也。」所以許慎說，「地之吐生萬物也」。土者，吐也。所謂「土」（吐），本是大地的屬性。「土」與「后」，在古時候是連用的，稱為「后土」。「后」，就是皇后的「后」，本具母親懷育的意義。在甲骨卜辭中，「后」，寫作，從女，從子。所以清末民初的王國維《殷卜辭所見先公先王續考》一文說：「后字皆從女，或從母，從子，象產子之形。」土字在甲骨卜辭中寫作，是地乳的象形。這是「地為母」在文字學上的見證。土的派生字是我們在前面談論過的社，從土從示。不用說，這是象喻對大地、母親的崇拜。

《禮記》一書說，「夏至祭地曰社」。北京現在還有一個社稷壇的遺存。古時候，皇帝每到夏至那一天，就到社稷壇去祭地，也是表示對母親的感激。社稷壇為方形，表示大地的「直方大」。「地方」兩個字連用，是因為古人認為大地是方正的，它與天圓相對應。原始形態的社稷壇之上，堆起一堆土叫做塜土，實際是甲骨文字土的造型。我們前面所說的「地乳」，是母乳的象形。所以，「社」的文化意蘊，不僅是男女幽會的地方，所謂「社會」是也，而且，社字也表示古人對大地、母親的崇拜。所謂戀土，也就是戀母。

前文說過，社字的古體，寫作袿，從土從木從示，這揭示了上古時代的祭社不僅堆土為塚，而且植樹用來象徵生殖的古風。難怪後代建社必須植樹，「社」別稱「叢社」，也難怪祭社雖然有桑林之祭、郊梅之祭與郊棠之祭等區別，但重要的主題都在於祭拜地母、母親。俞正燮《癸巳存稿》卷八曾經指出：「聚社會飲，謂之社會。同社者，同會也。」在「社會」這裡，想來古人不僅吃吃喝喝，也是青年男女談情說愛的地方。《周禮》早就指出，古時候有所謂的「春社」，「會合男女，於是時也，奔者不禁」。

社，是男女陰陽和合的地方，也是戀陰、戀土、戀母的吉祥、美滿之地。這就是起源於《周易》本經坤卦的戀土、戀母的人文情結，它與乾卦崇天、戀父的人文意識相輔相成，建構起陰陽人文智慧的二元結構。乾坤就是陰陽，陰陽就是天地，天地就是父母。所以正如《易緯．乾鑿度》一書所說：「乾坤者，陰陽之根本，萬物之祖宗也。」「崇陽戀陰」，也就是既崇天、崇父又戀土、戀母，這一直是中國人的傳統人文理念與美好的人文情懷，它不同於倫理道德意義上的「崇陽抑陰」。

陽剛、陰柔，還是剛柔相濟

在我們現實生活中，如果有一位男生長髮披肩，穿着花哨，說話嗲聲嗲氣，動作舉止像煞一個女人，則是要令人生厭的，這是為什麼呢？可是，生活中還有一類所謂的「假小子」，有些倒是叫人喜歡的，最起碼不會像「娘娘腔」那麼令人生厭，這又是什麼緣故呢？

在京昆劇種或是越劇中，有些角色往往男扮女裝，或者女扮男裝，這種在藝術上的追求是什麼呢？陽剛之美、陰柔之美，還是剛柔相濟？

魯迅先生曾經指出，京劇有男扮女裝戲，這在男性觀眾看來，劇情中的「她」是女性；在女性觀眾眼中，演員的「他」又是男性，男女相悅，豈不是剛柔相濟，兩全其美？其實，問題沒有這麼簡單。我們看到，除個別藝術家由於高超的藝術素養與演技，使他（她）所扮演的角色令人拍案叫絕以外，大多數的男扮女裝、女扮男裝，總是給人以陰陽、剛柔相互支離的不良感覺，總是讓人不舒服。

傳統京昆劇中的小生運腔歌唱以真假嗓疊用，真嗓露出男性粗獷、陽剛的本色，假嗓尖聲細氣，本意在塑造少年書生之類的瀟灑風流，可是要達到這一藝術境界說起來容易，做起來難，比方說真嗓、假嗓之間在唱技上如何銜接，便是一個問題。這好比傳統越劇以女演員扮演小生角色，有時陽剛之氣不足一樣，人們當然有理由對京昆劇中男演女角或女演男角的藝術效果欠佳而感到不是滋味。

無論在現實生活還是藝術實踐中，陽剛、陰柔，剛柔相濟，都是一些很有意思的話題。在《易傳》中，這些很有意思的話題被談論得很多。

比方《易傳》這樣說，「乾，陽物也；坤，陰物也。」所以，「大哉乾元，剛健中正，純粹精也」，這是說乾有陽剛之氣；「坤道其順乎」，「至靜而德方」，這是稱坤有陰柔之氣。《易傳》又說，「陰陽合德而剛柔有體」，「是故剛柔相摩，八卦相蕩」，「剛柔相推而生變化」，等等，雖然並沒有說到「剛柔相濟」這個詞，但是這剛柔相濟的意思，已經包孕其中了。

首先，《易傳》是從男女兩性的角度來說陽剛、陰柔與剛柔相濟這些問題的。這裡的「陽物」、「陰物」，指乾元、坤元，實際指男、女的生命、生殖之氣。這裡的「陰陽合德」，就是我們在前面所談到的「男女構精」。這裡的「德」，指「性」，所以「陰陽合德」，就是「陰陽」「合」於「性」，就是「陰陽合得」，指男、女之性的交感。而剛、柔，指交感時的兩種性狀。

其次，在哲學與美學上，由男、女之性的交感，轉而肯定、歌頌陽剛之氣、陰柔之氣與剛柔相濟的美。這實際上是對人的生命原始的肯定與歌頌。從人的生命原始角度來看待天地萬類的美，無非是陽剛之美、陰柔之美、剛柔相濟之美。

人的生命分陰分陽，分柔分剛，剛柔相濟。用《易傳》的話來說，這叫做「剛健中正」

（陽剛），「坤道其順乎」（陰柔）；叫做「剛柔相摩」、「剛柔相推」（剛柔相濟）。藝術之美，也就體現為陽剛之美、陰柔之美以及剛柔相濟之美這麼三大類。人的生命根元是氣，氣分陰陽、剛柔，所以生成陽剛、陰柔與剛柔相濟的美。

在中華古代文學藝術史上，具有陽剛、陰柔風格的作品迭相競美，即所謂的壯美、優美。如殷代二里崗期的獸面乳釘紋方尊、獸面紋鼎、獸面紋壺和獸面紋斝，殷代中期的夔紋扁足鼎、殷代文丁時期的司母戊方鼎以及西周成王時期的何尊、春秋晚期的犧尊等藝術造型及其風格，大多具有獰厲的陽剛之美。

相比之下，商耜以及戰國的矢鏃、殷代中期的黃觚、春秋早期的齊侯卣、魚龍紋盤，春秋晚期的蓮鶴方壺，還有戰國中期的錯金龍鳳方案以及西漢早期的長信宮燈等，則具有娟好的陰柔之美。

以雕塑藝術為例，富於陽剛之氣的，有仰韶文化時期的人像陶塑、殷代的虎食人卣、秦始皇墓的兵馬俑、漢代霍去病墓的馬踏匈奴石雕、荊軻刺秦王畫像石、北魏雲岡露天大佛、唐代四川樂山大佛、乾陵坐獅石塑與元代杭州靈隱寺飛來峰大肚彌勒等可以為代表，它們的藝術造型巨碩高大、線條粗獷有力。

至如戰國燕樂畫像的淺刻作品，西漢的彩繪木俑，東漢的牛郎織女刻石，朱雀浮雕，敦煌的飛天、女伎與思惟菩薩，隋代的陶塑女俑以及歷代常見的觀音像和微塑藝術作品等，都富於陰柔之氣。

拿繪畫來說，如果「吳帶當風」即唐代吳道子的畫風，具有陽剛之美的話，那麼南北朝畫家曹不興的「曹衣出水」，就是陰柔之美的風格。吳道子畫的人物，寬衣博帶，疏放自如，風神飄舉。曹不興畫的人物畫形象，好像從水中乍出，濕衣沾體，給人以緊窄、內斂之精神氣質的美感。這被稱為「曹衣出水，吳帶當風」。

吳道子的壁畫，以佛教地獄為題材，用筆好比沈括《夢溪筆談》卷一七《書畫》所說，「挾風雨雷電之勢，具神工鬼斧之奇」，如果與《韓熙載夜宴圖》相比較，那麼，它的陽剛、獰怖的風格是很明顯的。唐代大詩人、南宗畫家王維的《袁安臥雪圖》，畫大雪之中有芭蕉，所謂「得心應手，意到便成」，正好比他的詩風，禪味澹泊，陰柔之氣妍美流便。

唐代大書家顏真卿書藝的剛健中正、大氣凜然，大得陽剛之神韻。元代趙孟頫的書體就不一樣了，它屬於陰柔逸漸的類型。古人說，李思訓的畫「風骨奇峭，揮掃躁硬」，筆格遒勁，有陽剛之氣，好比現、當代徐悲鴻的《奔馬》。而齊白石筆下的蝦呢，可謂優美而清逸。清代劉熙載《書概》說得好：「書要兼備陰陽二氣。大凡沉着屈郁，陰也；奇拔豪達，陽也。」

再說建築藝術。如果西方傳統石材建築屬於陽剛類型的話，那麼，中華古代土木結構的建築，就是陰柔之作的了。中華唐代麟德殿及長安宮城、明清北京紫禁城等都是陽剛的風格，而一般民居尤其江南民居，則以陰柔取勝。中華古代的皇家園林佔地廣大，水面寬闊，建築崔嵬，色彩輝煌，陽剛之氣十足；而江南文人園林比如蘇州園林，小巧玲瓏，曲徑通幽，洞門掩映，雲牆徘徊，有亭翼然，水趣澹靜，是典型的陰柔之美。

可以說，所有的中華藝術的美學品格，都可以用陽剛、陰柔來加以分類。它們都是《易傳》所說的陰陽、剛柔這生命之氣理念的審美意象化。

至於說到文學、談到詩的風格，它們的陽剛、陰柔的美學趣味，更是人所共知的，這裡便不再辭費。

那麼，究竟什麼叫陽剛之美呢？陽剛者，動之美也。神健、骨拙、質剛、味濃、象巨、氣盛。

什麼又是陰柔之美呢？陰柔者，靜之美也。神清、骨秀、質柔、味淡、境靈、韻逸。

那麼，在藝術審美中，究竟能不能達到剛柔相濟的境界呢？當然可以，只是這種藝術審美的境界是不很容易達到的罷了。

比如晉代王羲之的書法藝術，既富於骨力，又顯得清逸脫俗；既滿幅靜氣，又充滿靈動之韻，即使拿唐人所臨摹的《蘭亭序帖》來欣賞，王羲之書藝的剛柔相濟的美的境界，也是叫人體會尤深的。

這種剛柔相濟，用《易傳》的話來說，叫做「一陰一陽之謂道」，同時，《易傳》也將此比喻為人的「相求相愛」。《易傳》說：「陰遇陽，則相求相愛。陽遇陽，陰遇陰，則相敵相惡。」所以說，任何事物之間，陰中寓陽，陽中寓陰以及陰陽相諧相和，這是生命的自然、本然，而且，陰陽可以互為轉遞。

如果人為地使得藝術過於剛健而無柔、過於柔順而無剛，那麼，其效果要麼過於生硬而僵滯，要麼過於柔媚而無骨力。陽剛，不是粗野，不是虛張聲勢；陰柔，並非衰弱，並非輕佻委靡。無論陽剛、陰柔，還是剛柔相濟，都是人生命的健康狀態與健全境界。

人格：圓型還是方型

古人有一句名言，叫做「達則兼濟天下，窮則獨善其身」。意思是說，人生總有暢達或者困窮的時候，相應的，作為人格的表現，就可以不一樣。人生暢達，他「兼濟天下」，不僅做那些榮宗耀祖、封妻蔭子的事，而且「先天下之憂而憂」，「以天下為己任」；人生困窮，時年不利，那就「兩耳不聞窗外事」，只要管好自己就可以了，這叫做「獨善其身」。

這句名言，出自《論語》。《論語》是典型的先秦儒家著述，但是有趣的是，這裡所謂「兼濟」、「獨善」云云，倒是概括地說出了先秦儒家與道家兩種對立互補的人格模式。這就是，儒家所提倡的人格是入世的；而道家所提倡的人格在於出世。

儒家因為提倡入世，所以要求傳統士人不僅管好自己，還要擔負起天下興亡這一類的重大責任；道家因為出世，所以要求就不一樣，不是不食人間煙火，而是只強調個人的嚮往自然，所追求的是個人的特立獨行與精神自由。

說到《周易》，大概不能否認，《周易》在中華古代人格思想建構方面作出了重要貢獻。

拙著《周易的美學智慧》曾經這樣說過：「《周易》由『巫』入『聖』的人格理想模式是基本屬『儒』的。人們有理由指出，這種人格由於過分地與倫理相糾纏而顯得不完善，因而無疑不是我們所應追求的目標。可是，那種在倫理道德層層擠壓下所透露出來的人生態度，由於蘊涵『有所作為』、『自強不息』的某些合理思想因素，對於那種消極退避、不思進取、不負責任的所謂『達觀』的人生態度來說，不啻是一種糾偏的人格力量。」

在《周易》所提倡的人格模式中，存在着兩種對立、對應的人格思想與範型。這裡，筆者把它們稱為圓型人格與方型人格。眾所周知，《周易》六十四卦中最重要的兩卦，是乾卦第一、坤卦第二。圓型與方型人格的人文源泉，就在於此。乾為天而坤為地，天圓地方是也。這裡的圓與方，並不是說，天是圓形而地是方形的；而主要是說，天性為圓、為動；地性為方、為靜。所謂天圓地方，實際指天動地靜。

動、靜是事物的兩種對立、對應而互補的性德，拿來作為人格的基本分類，也是可以的。所以，所謂圓型也就是動的人格模式，是時間型的。人循時而變。變是根據時勢的發展、變遷，來不斷地調整人自己或者群體與環境、處境之間的動態關係，不斷地改變人生態度、處世策略、意志規範與情感流向，人所追求的，是圓轉無礙的人生境界。

它見諸一般人際關係，可以是八面玲瓏的；表現在官場或者商場上，則是左右逢源，接人待物，力求面面俱到。在撰文或者言說中，又力求在邏輯上做到天衣無縫。當然，如果搞起陰謀來，則會兩面三刀，不露聲色。這種人格模式，雖起源於乾卦象喻的「動」，卻惡性地發展了乾陽性德之中本來就蘊涵的陰柔的人文因素。

圓型人格的內核是「韌」，人們的目的一般是既定而不可更改的，但為了這人生目的的實現，其方式方法與途徑策略，則可以而且必須因時而變。有些時候，即使是其本來所堅持的民族理想與社會理想之類，也不惜放棄。這個時候，具有這一人格的人就很可怕，一些叛徒、民族敗類和小人，不就是這樣嗎？但是也要看到，這種圓型人格，也不是絕對的變與動，它也蘊涵着一些不變與靜的人文因素。就拿叛徒來說，他（她）無論怎樣背叛民族、國家或者是朋友，但有一點是不變、不動的，那就是他（她）那「至高無上」的個人利益。可以說，這是惡性地發展了乾動性德中本來就蘊涵的那種不變而靜固的人格因素。

圓型人格的積極性質，是「與時消息」、「與時偕行」，頑強入世而「識時務者為俊傑」。圓型人格的消極性質，則是過分推重人格的機巧，圓轉流於圓滑，有媚俗的傾向，無法守住自己的精神家園。

與圓型人格相對應的，是方型人格，它是空間型的。時日飛逝而思考、處事方式等的不變，就是靜的人格。人們不認為，時勢變化了而調整自己的思想、行為是必要而適宜的。這當然不是說，具有這種人格的人無視時間的運行，而是堅信自己能夠「以不變應萬變」，堅信自己所以能夠「應萬變」，那是由於自己「不變」的緣故，認為只有「不變」，才能「應萬變」。

這種方型人格，總是堅持一定的原則。原則不可改易，人生的總目標與策略、方式之間是重合的。具有這一人格的人處理一般的人際、人倫關係，總是有棱有角；處理政治問題，決不妥協。他（她）的文化心理導向，是重理而輕情。傳統儒家所倡言與踐行的「忠孝節義」、「三綱五常」等等，都體現了這樣的道德人格內涵。中華歷史上越王勾踐的臥薪嘗膽、蘇武牧羊、包公鐵面與文天祥的慷慨赴死等等，都是這樣的人格。這是一種靜固型的人格。

方型人格中，也不是絕對沒有任何一點圓、動的人文因素，但是它的變與動的因素，絕對不可以導致對整體與終極意義上基本、根本人格格局的改變。這是以坤靜性德為本、蘊涵乾動因素的緣故。當然，就整個中華古代人格觀來看，因為傳統的中華文化是以儒家為主流的，所以，方型人格歷來大受推崇。

人們所推崇的，是光明正大的人格，具有大地一般坦蕩而博大的人格，稱讚大地一樣有深沉內涵、謙遜而儒雅的人格。流傳至今的所謂「敢做南包公，羞為甘草劑」這一句名言，就證明了這一點。這裡的「南包公」，指明代「為民請命」的海瑞，而甘草的藥性可以「和百藥」，是具有甜味的一味「百搭」。這裡的一「敢」一「羞」生動地揭示了儒家文化所堅持的人格立場。

當然，方型人格也不是沒有消極因素的，它固然一般不與陰謀詭計相攀緣，但是如果搞起「陽謀」來，也會十分嚴厲而殘酷。

因此可以說，人類基本的人格模式，就是這樣兩大類。

圓型人格與方型人格在一定的歷史與人文機遇中，可以互相轉化。就個人人格來看，固然或者是圓型、或者是方型，一以貫之，「一條道走到黑」，但不排除圓、方相互轉化的可能，正好比乾、坤可以相互轉化一樣。可以是先圓後方、先方後圓、方圓兼備、內方外圓、內圓外方、真圓假方、真方假圓等多種表現形類，體現了人格的豐富與複雜。

為什麼說「時間是上帝」

在《周易》中，時間一律被準確地稱之為「時」。沒有哪一部中華先秦古籍，如此集中而深致地關注與論述時的問題。比方《易傳》說，易理的根本，是講變通，「變通者，趣時者也」。這裡，趣是趨的意思。這是說，時是易理的根本。又比如《易傳》說到「天文」，稱「觀乎天文，以察時變」，這是指「天文」即所謂神性的天、自然的天與意志的天等等，都是隨着時間而變化的。人生的進退，「動靜不失其時」，須「待時而動」。這叫做「與時消息」、「與時偕行」。人生是一個時間之流，每一時刻都在變化之中，人生的動靜、進退，必須與時間一起消長、生息，與時間一起行進。

我們知道，整部《周易》本經，是用來占筮、算卦的，六十四卦卦辭以及三百八十四爻爻辭，大凡都是中華先民占筮的記錄。後代「算命先生」替人算命的命理思想源自易理，而算命的所謂「四柱」即「年、月、日、時」，講的都是時間。一個人生於某年、某月、某日、某時（辰），在「算命先生」那裡，則「決定」了其一生的命運、道路。所以說所謂命運，實際上是在講一個字，那就是命理意義上的「時」。所謂否極泰來，時來運轉，都應在這個「時」字上。三國時代魏國的王弼就曾說過：「卦者，時也。」「爻者，適時之變者也。」意思是，六十四卦的每一卦，都是一個時問題，三百八十四爻的每一爻，都表示時間與命運的變化。

《周易》象數即筮符系統，是一種中華古代典型的時結構。從每卦六爻爻位的動態分析，從初、二、三、四、五到上位，是一個時的運變歷程。六十四卦每卦六爻，從初爻到上爻，給人的感覺，是空間意義上的爻位的變化，實際上，這是用爻位空間的變化，來表示命理意義的時間的變化，也便是命運之變。然後，才昇華為哲理意義上的時間的變化。

比如《周易》第一卦乾卦䷀的初九爻辭說，龍潛伏在深淵這一兆象，預示人處在不利的時機中，所以不可妄動。九二爻辭說，龍出現在田野這一兆象，預示天下出現聖賢，吉利。九三爻辭說，人處在吉利的時機中，也並不等於說永遠吉利。只有時時刻刻謹思慎行，才沒有錯失。九四爻辭說，筮遇龍或者飛躍而起，或者潛入深淵，這預示人的命運與道路亦因時而進退自如，才沒有咎害。九五爻辭說，龍飛騰在蒼穹，天下出現聖賢，大吉大利。上九爻辭則說，龍飛到極高的地方，預示人的命運必有錯悔。而「用九」文辭所謂「見群龍無首，吉」，意思是說，飛到極高處的龍，也並不是處在絕對的危機之中。因為命運的發展以及一切事物的發展，都是沒有終點的。（「群龍無首」的「首」，在這裡是「終」的意思。項安世《周易玩辭》說：「凡卦，以初為趾、為尾，終爻為首。形至首而終，故《易》中首字皆訓終。」）從時間之流來說，當乾卦上九爻象示人的危機之時，可以發生轉化，用一句通俗的話來說，叫做「天無絕人之路」。

從時間文化學角度來看，人類之「命」是先天的，也就是先天時間、自然時間、物理時間。人類之「運」是後天的，指的是與「命」相對應的後天時間、人文時間、心理時間。先天、自然與物理意義上的時間，運化無窮，是絕對權威。人類的無窮認識與實踐活動，可以改變空間意義上的一切事物，比如人類登上月球或者其他星球，一定程度上，可以改變它們的生態，留下人的足跡。可是，人類絕對不可能改變先天、自然與物理時間於一絲一毫。宇宙間沒有任何哪一種力量，可以摧毀這種時間及其運行。《阿闥婆吠陀》說：「時間征服了世界。它上升着，成了至尊之神。」就是在這個意義上來說的。

時間是上帝。這當然不等於說，人類在時間這個「上帝」面前是絕對的無能為力、無所作為的。

這種先天時間的「絕對」，恰恰為人類提供了實現無限的後天、人文和心理時間的可能。人類對自身及其世界的改變，是先天時間即「上帝時間」的現實實現。人類可能在先天時間中力圖把握自己的命運與道路，這便是人文時間，它是具有思性兼詩性特點的。所謂「一年之計在於春」、「一日之計在於晨」，是指對人文時間、後天時間的人為把握，人可以積極地面對與利用時間，來達到人的目的，實現人的理想。先天時間、自然時間與物理時間固然不可以人為地加以改變，比如，地球自轉一晝夜，是二十四個小時，這一時間長度，人無力加以改變。但是，同樣在這先天、自然與物理時間的二十四個小時中，不同的人或同一個人由於主體、主觀條件的不同，其所做的事、做事的過程、性質、目的與實際成果等等，總是不一樣的。這說明，所謂後天、人文與心理時間，總是一個變數。所謂「光陰似箭」、「度日如年」之類，進取或蹉跎、成功或失敗、創生或毀滅等無數的變化，構成了時間的人文歷程及其豐富、複雜的人文內容，展示了人之生命、生活時間無比豐富而深邃的人文意義與價值。

易理的啓示

不要說《周易》是過時的老古董，其實，它也熱切地關注當代生活，它那睿智的目光，一直注視着你我。

當我們試圖進行當代文化批評之時，便有幸與易理深邃的靈魂和智慧不期而遇。

彼此凝視與對話，無疑是一種文化的機緣。

易理的當代文化意義說不盡。這裡，且讓我們隨意拾得易卦數十個，在其汪洋大澤之中，舀一瓢之飲。

乾卦的雄健品格、坤卦的寬容精神、觀卦的高瞻視野、鼎卦的神聖敬畏、震卦的崇祖情懷、漸卦的舒緩之道以及困卦、同人卦、睽卦、遁卦、謙卦與未濟卦等所傳達的人生哲思和道德箴言，一齊奔湧而來，成為活在當代文化批評中的人文思想資源。剔除其陳舊文化因素，煥發新的思性兼詩性之光輝。

「天行健，君子以自強不息」的人格主題是什麼

乾卦作為《周易》六十四卦的第一卦，其重要性自然不言而喻。

這第一卦的道德象喻是什麼？研究《周易》的人也是見仁見智，看法多有不同。有的說，乾卦所象喻的，是「大人」即聖人人格，這人格陽剛中正、天人合一。有的說，乾卦的重要喻義，在於初九爻「潛龍」二字。什麼是「潛龍」呢？就是說，這「大人」的人格雖然是「龍」一般剛健中正，卻由於時機不利，處境不佳，所以處世為人，應當是「潛龍」那樣的潛藏在深淵而不事張揚。還有的認為，從乾卦六爻自下而上的時序漸進來看，最要緊的，是給人這樣一種啟發：凡是為人為事，必須認識並且找準自己的人生位置，然後去努力實現自己多種人生階段的人生目標。

這種種見解，都是有道理的。但是在筆者看來，如果僅從乾卦所象喻的道德主題分析，可以用《易傳》解讀乾卦的一句話來概括，那就是：「天行健，君子以自強不息。」

乾卦由六個陽爻構成，是一個純陽之卦。乾象徵天，乾陽就是剛健之氣。乾卦九五爻，居於上卦中位，是中正的性格。乾卦六爻的九五、上九兩爻象徵天；初九、九二兩爻象徵地；九三、九四兩爻象徵人。所以，整個乾卦象徵天人合一。

這天人合一，正是所謂的「大人」也就是聖人人格的人文基調和模式，用《易傳》的話來說，就是「夫大人者，與天地合其德，與日月合其明，與四時合其序，與鬼神合其吉凶」。

《周易》是講究爻位的，乾卦從初九到上九，象喻人生位置的一個漸進有序過程。根據爻辭我們可以知道，人生就像乾卦六爻從「初」到「上」，循序漸進，不可錯位。一旦錯位，不能不遭受挫折。

乾卦初九爻辭說，「潛龍，勿用」，這的確象喻人處於不利時機與境遇之中時，應該低調地處世為人的道理。您想，人在這種時候，如果過分張揚、膽大妄為，如果不積聚力量，不收斂自己，怎麼會不失敗呢？

初九所提示的道德教訓是，因為人在這時候的處境與力量尤其不佳，所以，特別應當謹慎小心，力戒張狂。

九二「見龍在田」。雖然龍陽升到了大地之上，讓人看到了好的苗頭與前程，但也還是處在離事物初始階段不遠的境遇之中，它的力量還很弱小，所以依然不能高估自己而洋洋自得，應當繼續積蓄自己的實力。

九三，雖然是上升了一步，終於還是力量不夠。這個時候，要是你認為自己已經具備了大好的環境和相當的實力而驕慢自得，那就很危險了。所以，九三爻辭說「君子終日乾乾，夕惕若厲，無咎」。意思說，這個時候的大人君子，要時時刻刻警惕自己，檢點自己，清夜捫心自問，三省吾身，才能沒有咎害。

九四爻辭說，「或躍在淵，無咎」。意思是，這時人生的處境，雖然可能比以前的任何時候都要好些，但還是不穩定的。好像龍那樣，它有的時候有力量飛躍而起，有的時候，卻又無奈沉潛在淵水之中。你如果清醒地看到了這一點，抓住有利時機，去爭取美好的前途，那就不會有什麼咎害了。

九五爻辭指出，「飛龍在天，利見大人」。這是象喻君子大人處在最佳的時機、境遇之中。好像巨龍飛騰在蒼穹，磅礡而恢宏、燦爛又輝煌，無論命運、事業，都處於人生的最佳境遇。

上九爻辭接着指出，「亢龍，有悔」。人生處於鼎盛、高峰的時候，要是忘乎所以，貪得無厭，那緊接着的，一定像飛到極高處的龍那樣，無法再高了，只能高處不勝寒，登高必跌重，走下坡路了。

比如像領袖一類的政治人物，因為豐功偉績而得普天之下百姓的無比擁戴，這本來是好事，「飛龍在天」麼！可是，如果他無限地誇大他自己的智慧與能力，聽不進半點不同意見，一意孤行，違背歷史規律，去發動什麼「革命」，結果就成了「亢龍」了。所謂「勝利者最危險」，就是這個道理。又比如有的學者，的確是有真才實學的，其取得的學術成果，也讓人佩服。可是，如果不能正確對待自己的成績，時時處處以權威自居，甚至不可一世，那麼，也必然會成為「亢龍」的。

而乾卦的人格主題，可以用一句話來加以總結，就是「天行健，君子以自強不息」。

這裡的關鍵詞，是君子道德人格意義上的「自強不息」。乾天本是剛健，是不斷奮進、雄起的品格。無論在自己力量弱小、處境很壞的時候，無論在前程不明、處境多變的時候，無論在事業輝煌、一帆風順的時候，都保持着一種陽剛、進取、百折不迴的「自強不息」。這種「自強不息」，在人格上是時時處處審時度勢、謙虛謹慎、冷靜清醒的。他（她）不是冒進，不是蠻幹，當然也不是畏縮不前。

尤其在「潛龍」一般的人生階段，應該去創造有利時機，而非輕舉妄動。《三國演義》中有一個故事，叫做「煮酒論英雄」。那時候劉備力量弱小，要立刻、公開反對「挾天子以令諸侯」、擁兵自重的曹操，當然必敗無疑。這時候，劉備的人生與政治策略是韜光養晦。他佯裝在自己住處的後園種菜，一副碌碌無為、胸無大志的樣子。有一次曹操與劉備在一起喝酒，曹操說了一句：「天下英雄，惟使君與操耳。」把那劉皇叔驚得連手中的筷子也掉下來了。他怕曹孟德識破自己的「心志」。好在當時正巧雷聲大作，劉備便推說天打驚雷把自己嚇着了。從這個故事裡，好像可以見出曹、劉兩雄鬥智鬥勇而劉備心存「陰謀」似的，但從劉備當時的處境來看，他懂得「潛龍，勿用」這一易理，為的是自保。

「潛龍，勿用」，也是一種「自強不息」，他的雄強雖然是潛伏着的，卻更是難能可貴的「自強」。以現實生活為例，有的青年學子，拿了一個博士學位，就覺得自己了不得了，剛剛到新公司去工作，就自視很高，目空一切，哇哩哇啦，指手畫腳，沒有不碰釘子、不失敗的。所以，他應當改一改「亢龍」的脾氣，從學做「潛龍」開始。

有的人，新官上任，就「老子天下第一」，好像他上知天文、下曉地理，沒有不料事如神的。他其實並不知道「潛龍」的道理，錯以為前呼後擁、一呼百應，是他個人的智慧、能力使然，不懂得他手中的權力已經把自己異化了，把權力等同於知識、經驗、能力與真理了。這樣就有可能走上「亢龍，有悔」的不歸之路。

乾的陽剛與進取，讓人深為感動。有的人怨天尤人，悲觀失望，不思進取；有的人鼠目寸光，畏首畏尾，意志薄弱；有的人體會不了天的崇高，沒有剛健的心胸去仰望蒼穹，只是一味地咀嚼個人的悲歡；還有的狂妄自大，不尊重事物規律，莽撞蠻幹，凡此種種，都離開乾天的精神與境界甚遠，都與「自強不息」相違背。

大地一般的寬容意味着什麼

如前所述，坤卦是大地之卦。《易傳》說：「坤厚載物，德合無疆。」大地深厚而廣博無垠，默默地負載萬物、生養萬物。《易傳》把大地比喻為任勞而識途的母馬，它「行地無疆」，「應地無疆」，性格柔順，日行千里。坤卦六二爻辭說，坤卦所象喻的大地性格，可以用「直方大」三個字來加以形容。這一條爻辭，筆者在前文已經談到過，這裡擬從另一角度來稍加論析。

大地是「直方大」的嗎？當然。大地的性格是：中直、方正、博大。這個世界上，有一種方型人格，就是大地一般的，不僅中直、方正、博大，而且因為深厚、含藏而負載一切，所以大地一般的人格，還可以用「寬容」兩個字來加以概括。

什麼叫做寬容？佛教有一個大肚彌勒，它的造像，總是覥着大肚子，端坐在那裡，對着善男信女咧開大嘴笑得十分開心。大肚彌勒的箴言是「大肚能容，容天下難容之事」。這就是佛教所提倡的寬容。佛教的基本教義之一是四大皆空，涅槃成佛。既然世界上一切事物現象都是空的，那麼，還有什麼不能斥破呢？這是佛教所提倡的寬容精神。

中華民族自古以來，也是提倡與實踐寬容之道的。不過，它不是佛教與基督教所說的那種寬容。在佛教裡，那無數難容之事，之所以被容忍下來而一筆勾銷，是因為一切視世界為空幻的緣故。既然一切空幻，「白茫茫大地一片真乾淨」了，哪還有什麼不可以徹底捨棄的呢？空幻，就是捨棄一切。在基督教那裡，因為上帝是仁慈的，是博愛的象徵，所以寬恕一切人、一切事，臣民、信徒的精神，向上帝與上帝所擁有的「真理」皈依。

中華文化中，本來沒有佛教與基督教教義這樣的人文元素，可是這不等於說，中華文化就沒有關於寬容之終極的哲學與理想。拿《周易》來說，這種精神上的終極，除了乾天以外，就是坤地了。當中華古人仰望乾天這高遠的蒼穹時，他在想些什麼呢？他看到、悟到了些什麼呢？當然，他首先是對天的敬畏。所以，關於神性的天的人文出現得很早。緊接着是以天的崇高，來象喻人世間帝王、父兄之類的崇高。這是義理的天、倫理的天的人文理念。從神性的天命到人性的天則，是從原始巫術、原始宗教的天走向倫理道德的天。

但是筆者在此想要強調的是，在中華傳統文化中，天作為一個人文符號，它後來主要是屬於「哲學」的。人們抬頭向天，見蒼穹莽莽蒼蒼、高遠無比，便能足夠有力地喚起、激發人們豐富而充滿詩意的想像和對世界本原、本體的深邃的思索。可以說，義理意義上的天，是更多地屬於哲理與詩情的，儘管它有時也不乏具有道德的喻義。

比較來說，坤地的人文意義就與乾天「區以識焉」，所謂「天地之別」，不是沒有道理的。大地就是母親。這一比喻在一般的世俗觀念裡好像是很膚淺的，現在好像更是變成了一個俗套的說法。可是你有沒有想過，為什麼人們不說天是母親而說大地是母親呢？這其中難道沒有深意嗎？

大地坦蕩而廣博，用《易傳》的話來說，這叫做「坤至柔而動也剛，至靜而德方」，大地含蓄而蓄養萬物，博大而容載萬物，柔順之極有時卻也地動山搖，靜靜寂寂而性德中直、方正。這真是母親的偉大人格。

大地作為人文符號，主要不是激起人們豐富的充滿詩意的想像與對事物本原、本體問題的思考，而是道德崇高的象徵。我知道，眼下似乎不再是一個提倡道德崇高的時代，這是時代的悲哀。漠視他人之正當利益而只顧自己，也與道德崇高、與寬容相背。大地的道德喻義，是易理的根本涵義之一。寬容，正是《周易》坤卦象喻大地一般的偉大的道德精神。

中華傳統儒學自古倡言與推行恕道，這便是坤卦所傳達的寬容。恕，饒恕、寬恕之謂。用俗語來說，叫做「宰相肚裡能撐船」。

別的不說，暫且以日本帝國主義的侵華歷史為例。二十世紀自一九三一年至一九四五年所發生的那一場日本侵華戰爭，日本人所犯下的滔天罪行罄竹難書。僅僅在南京所遭到的屠殺，就死了中華同胞三十萬。可是日本戰敗後，至今還有不少日本政客不承認那是對中國的侵略，他們把當年盧溝橋曾經發生的叫做「事變」，一九四五年八月十五日日本天皇詔書上所寫的不稱為「投降」而叫做「終戰」。那一場殘酷而慘烈的戰爭已經過去六十多年了，倒是日本人記性好，總是有些個日本政要每年要到東京靖國神社去「拜鬼」。而每值廣島、長崎遭受美國原子彈轟炸的紀念日，也總有許多民眾到當地去獻一束鮮花，表示對亡靈的祭奠。相比之下，中國人的恕道與寬容精神真可謂驚天地泣鬼神。戰爭結束之後，中國作為戰勝國，放棄了日本對華那本是天文數字的戰爭賠償，這對戰後日本的復興與現代化，不啻是助了一臂之力。

去年，筆者專程去南京參觀、瞻仰新改建、擴建的南京大屠殺紀念館，只見「紀念」的主題詞赫然寫着：「記住歷史，但不是記住仇恨。」這就是我中華民族大地一般的恕道與寬容，中華民族的偉大胸襟，就像中國的國土一樣廣袤深遠。

這是「以德報怨」。回想中日之間文化交流的光輝歷史，那些從日本來華的遣隋使、遣唐使以及眾多日本佛教僧侶，曾經從中國接受了多少佛教經卷、藝術和其他中華器物及其精神，受惠於中華多少文明成果！唐代高僧鑒真和尚為了向日本傳授佛法，數番東渡，九死一生，直到第六次才得以成功，這種大地一般磅礴的人文精神，與日月同其光輝。它不是索取，也不圖回報，更不是什麼「文化侵略」！

再回想清代末年，中國積貧積弱，帝國主義列強曾經多少次強迫清政府簽訂喪權辱國的條約，從一八四〇年鴉片戰爭失敗而被迫簽訂中英南京條約開始，許多次割地賠款，包括一八九四年中日甲午戰爭後中國給日本的大筆賠款，又有哪一個西方列強包括日本心慈手軟、大肚寬容而放棄過？

筆者想說的是，中華民族的寬容精神，世所罕見。寬容是坤卦所象喻的人文之魂。

更為重要的，是寬容要有原則。這原則就是坤卦六二爻辭所說「直方大」中的「直方」，即中直與方正。如果屬於無原則的所謂寬容，那便是對寬容者自己的戕害了。

「震」的境界讓人領悟到什麼

震卦卦符䷲，下卦是震，上卦也是震，取震上震下之象。震為雷。震者，雷震之謂也。震卦卦辭這樣說：「震，亨。震來虩虩，笑言啞啞。震驚百里，不喪匕鬯。」這裡，我們先來解釋一下虩字，恐懼的樣子，鬯，古時候祭祖所供奉的酒。這一條卦辭的大意是說，筮遇震卦，可以祭祖。兆象是，祭祖的時候，驚雷震響，天下畏怖。祭祀者莊嚴肅穆，不苟言笑，內心敬懼，雙手捧起祭祖的酒，誠惶誠恐地進獻在祖神前。

《易傳》對這一條卦辭的解說和發揮很有意思。它說：祭祖的人，之所以正逢驚雷震動、內心敬懼，是因為祖神「致福」，也就是將幸福澤被子孫後代的緣故。之所以祭祖者莊敬肅穆，不苟言笑，是因為「後有則也」，也就是內心有神聖原則在的緣故。之所以雷霆萬鈞，「震驚百里」，是因為「驚遠而懼邇也」，也就是祖神作為權威，無論遠近，時時處處都在祭祀者心頭的緣故。最後，《易傳》又不忘補充一句，祭祖者，「君子以恐懼修省」也。

筆者在讀過震卦以後，覺得有一個問題需要討論。這一個以祭祖為主要敘述內容的卦，為什麼要取象於「震」呢？

在今人看來，夏天雷閃雷鳴，大雨滂沱，是一種自然現象。可是在古人心目中，天與人之間是有感應的。他們堅信，老天打雷，「震驚百里」，是老天對人的一種訓示與警告。而人間社會的「老天」，就是父親、祖宗，就是一家之主。祖宗雖然已經不在人世，但是作為「神」，卻通過人的信仰，有效地參與人的生命與生活進程，影響人的心靈、精神，甚至如《易傳》所說，祭祖「可以守宗廟社稷」。

因此，祭祖不僅是子孫對祖宗的紀念，而且是人與祖神之間所經常發生的一種「對話」方式。通過祭祖，人在敬畏的同時，讓心靈向祖神「訴說」，或者請求祖神的原諒，或者傾聽祖神的指示。

我小的時候，每逢家裡祭祖，總在一旁幫忙，所以其情其景，宛在目前。客堂裡南北向拼排兩張有點破舊的八仙桌（沒有八仙桌的話，一般的桌子當然也可以的）。桌子的北沿和左右，安排了供祖神「就坐享宴」的長櫈（也就是魯迅《阿Q正傳》裡所說的「鄉下人叫長櫈，城裡人稱條櫈」的那種木櫈）。自然，始祖神坐北面南，是「端坐」在上首位置的。想像中，那始祖神 定是神色儼然的吧。而祭桌的左右邊，按中國古代的「昭穆」制度，是「左昭右穆」。所以，最靠近始祖左手邊的首位，一定面朝西方地坐着昭輩即始祖的兒子；最靠近始祖右手邊的首位，又一定坐着穆輩即始祖之子的兒子了，他面朝東方。其餘以此類推。這種昭穆雍熙的情形，倒也是「濟濟一堂」了。

祭祖開始，客堂的大門自然是打開的，想來有開門揖神的意思吧。先端出幾樣剛剛燒好的「小菜」，多少與葷素不論，整齊地放在祭桌的中央。而沿祭桌北沿與左、右的邊沿，又整齊地端放馬鞍形的一長溜酒盅與筷子，每一個酒盅的右側，放一雙筷子，想是祖神們都是右手握筷的緣故了。如果有左撇子，那也顧不上只好將就了。

接着是該往每一個酒盅裡斟酒。印象中，我家祭祖時用的是糖水，而不是酒。不知道是因為家裡窮買不起酒，還是祖神們都戒了酒，或者他們本來就不會喝酒？然後點上蠟燭燒上香，插在燭台和香爐裡。燭台是銅製的，上面銹跡斑斑。香爐裡有很多的香灰，否則，那一炷點燃的香，是插不穩的。光線暗淡，燭光搖曳，香煙繚繞，氣氛莊嚴而靜穆。

接着是家裡所有的人，按照長幼輩分、男女有別的原則，跪在祭桌前磕頭。我排行老二，所以每一次磕頭，總是在我哥哥之後。磕頭是祭神中的一件大事。人一旦跪伏下來，內心便驀然感到「洶湧」。有一次，我母親默默地跪伏在「神」前很久，當她抬起頭來的時候，我看見她四十歲不到卻滿是皺紋的臉上，掛滿了淚水。

這樣的祭祀儀式，約摸要用去個把小時，等到香燭快要燃盡之前，就端上兩小碗米飯，一左一右放在祭桌上。米飯要新煮的，不能是剩飯。端上來之前，先盛在一隻小碗裡，再倒扣在另一隻小碗裡，所以那碗米飯的表面，是拱形而光滑的。

接着便是焚燒紙錢。焚燒的紙錢，那材料叫做錫箔，紙質而表面塗上了一層銀白色的錫，事先摺成「元寶」模樣。錫箔焚燒的時候，分成一份一份的。燒紙的人一面燒、一面嘴裡輕聲地說着這份給誰，這份又給誰，態度非常真誠。

有一次，我看見我哥哥一連燒了十幾份紙錢，都是一邊燒一邊輕輕地說。那最初的一份，我聽見他說「這一份給鄰居××，請你多照顧我父親，他身體不好」云云，聽來令人心酸。

最後，是再一次磕頭，打開大門，把一條長櫈移動一下，表示神靈們起身走了。再撤去燭台香爐以及祭品和酒盅、筷子等。而祖神「享用」過的飯菜，端回灶間裡，是不扔掉的，留着自己食用。但是，必須事先回鍋煮一下，倒也符合「節約」的原則。

整個祭祖儀式，當然是神聖而虔誠的。但是與《周易》震卦所記述的祭祀祖神相比較，多有一些不同。古時候祭祖，尤其是天子、王公、貴族之家祭都在宗廟裡舉行。當然小民百姓可以除外。他們祭祖，必須有酒。那祭品，可以是全牛、全羊之類，甚至是俘獲的俘虜。這一切，《周易》一書中都寫到的。還有一個不同是，現在一般的祭祀祖宗，多放在每年臘月二十三到除夕之間舉行。但是震卦所說的祭祖，則顯然不在冬季。否則，怎麼會有雷震之象呢？或者每年祭祖數次，亦未可知，所謂「四時祭」，當然包括夏祭，就可能有雷聲了。

在祭祖文化中，無論古今，顯然有濃烈的命理、迷信的文化因素。祭祖是一種文化風俗、一種文化力量。這力量，古往今來，經過漫長歲月的陶冶，雖然改變了它的一些文化方式與程度，卻難以磨滅它那特有的文化素質。

《禮記．祭統》說：「祭者，所以追養繼孝也。」中國人祭祀祖宗，只是為了追溯、孝敬生我、養我的那一個「根」、一種血脈。中國人信仰的天空中，沒有基督教那樣的上帝。所以，祖神就成了「上帝」，祖神是人生的「終極關懷」。在中國人的文化中，對祖宗的感激涕零與五體投地，就是一種「原罪」感。所以在祖神面前，中國人總是長不大。他呢呢喃喃、囁囁嚅嚅地向神靈傾訴，像一個孩子。孩子如果找不到他自己的「父親」，不是無家可歸了嗎？

但是，我們在此還是要問：為什麼述説祭祖的《周易》震卦，要取象於「震」呢？「震」是古人心靈深處的一種崇高而神秘的力量。巨雷響徹雲天，震天動地，驚心動魄，就好像生養我的祖宗一樣，讓人感激萬分。所以震雷，就是中國人心目中的「祖神」。「震」，的確是一種人生境界。祖神，它大氣磅礴，偉岸高巨。而無論古今，承自傳統而趨於現代的中華文化，難道注定要在它那巨大而深長的「陰影」之下「生活」嗎？

筆者曾經多次説過，如果你認同那對象是偉大的，那一定是你自己的精神還跪着的緣故。這是否等於説，人只有自己跪着，才能感受到對象的「偉大」？人跪着生活，對人而言，總是屈辱的。所以我們必須頂天立地、氣宇軒昂地去生活。可是，人一旦真的站起來，卻意外地發現，在大自然和人類社會中，那令人震撼的「偉大」已經不「在」了。也許，當你只是意識到自己是真正「偉大」時，這種「偉大」卻又往往讓人深感無力與焦慮。

比方一個帝王，他「戰無不勝」，他無比的「偉大」，他權重天下，那麼此時，這世界上還究竟有沒有讓他敬畏的東西？而且，他是否自覺地意識到作為一個健全人格的人，總是自我敬畏的，也就是內心總是具有一種「震」的境界？而讓人畏懼的力量，在這個世界裡，究竟還有沒有呢？

雷震是自然界的一種正常的自然現象，設想自然界假定沒有了「雷震」這一令人畏怖的現象，那麼，這自然界還能是「自然」的嗎？進而推及到人文世界，同樣的問題，又該如何來解答呢？

「震」是一種道德力量，也是令人敬畏的哲學。

「漸」的哲學是怎樣的一種美麗

如果我們將《周易》漸卦的卦義加以引申發揮，顯然，漸卦的哲學意蘊在於漸進之理。漸，是一種人生態度與境界。《易傳》說：「漸之進也。」唐代孔穎達《周易正義》指出：「漸者，不速之名也。凡物有變移，徐而不速，謂之漸也。」漸，指事物有「變移」但不迅速，漸漸而徐徐的節奏與樣子。

東方晨曦微明，一輪旭日從浩瀚的大海深處冉冉升起，漸也；迅雷不及掩耳，就不是漸了。古人云：「漸者，序也。」指自然、人生的運化，總有其循序漸進的步調與節律。晨昏交替，春秋代序，日日如此，年年依舊，從容不迫，不緊不慢。春觀桃李，夏賞蓮荷，秋悟菊英，冬會梅華，大自然的美向我們款款走來，風姿綽約，又漸漸遠去，留香依在，並且週而復始，這便是「漸」。

漸卦卦符䷴，下卦艮而上卦巽，艮象喻山，巽象喻木。《易傳》說：「山上有木，漸。」山上樹木從小到大，漸漸生長，一片蔥蘢。想來古人由於觀悟這山樹漸長之景及其理而創構漸卦的吧。

從漸卦六爻的取象來看，都在於取自然之美景而明漸進之理。試看這初六爻，兆象是大雁漸漸飛臨水岸，爻辭所謂「鴻漸於干」是也。《周易正義》說：「干，水涯也。」王申子《大易輯說》云，「干，岸也。」是矣。

再來看六二爻，兆象是大雁漸漸飛臨水邊磐石，此爻辭所謂「鴻漸於磐」。想像那大雁斂翅而輕輕地停落在磐石之上，姿態何等優雅。

九三爻呢，它的爻辭是「鴻漸於陸」，兆象為大雁漸漸飛臨大土堆。《楚辭》王逸註云：「大阜曰陸。」阜者，高起之陸地也。

六四爻辭則說，「鴻漸於木」。指大雁漸漸飛臨林蔭木華。

九五爻，取象於大雁漸漸飛臨丘山，此爻辭所謂「鴻漸於陵」。

最後的上九爻，其爻辭又說「鴻漸於陸」，與九三爻辭的文字相同。不過，上九已處在漸卦六爻的極位，所以這個「陸」字，應該解讀為「高山」比較妥當。

總而言之，從這裡我們可以看到，漸卦從初六到上九這六個爻位，是表示「漸漸上升」的意思，每個爻的取象，也是循時位而漸漸進取的。而且這漸卦六爻，都取象於大雁的展翅飛翔、盤旋或是斂翅降落。大雁之象，給人以美的感受。

尤其每當大雁降落大地的時候，它那平展的雙翅忽而收起，雄勁的雙腳悄無聲息地降落，真是令人驚羨它那不可多得的優漸之美了。

無疑，我們的古人是很會欣賞這種自然生趣之美的，這是一種以「漸」為特徵的美。你看那大雁，漸漸地飛，飛行在空中而成群排列，又漸漸降落在大地。這裡沒有緊張，沒有窘迫，沒有氣急敗壞的樣子，也不是十萬火急千鈞一髮，而是秩序井然，循序漸進，自然而然，平和安閒。這不就是一種從容淡定的人生態度和境界的象喻嗎？

古人崇信命理，稱大雁為吉利的鳥，所以以雁象設喻。全卦卦辭與爻辭，隨處可見「吉」、「無咎」與「利貞」等判詞，意思是筮遇漸卦及其六爻，是交了好運。僅在九三爻辭中有一個「凶」字，但也是始「凶」而終「利」，設一兇險之喻以為敬懼，教人慎行「漸進」之道。

直至今日，漸卦卦義仍是如此地討人喜歡。當我們通讀漸卦而細細品讀人生況味的時候，便有一種溫馨的美感洋溢在心頭。漸卦教人領悟「漸進」這一理趣，其用心之良苦，其意緒之靈妙，可謂至矣。

比如我們現在正端起一杯清茶，是緩緩、細細地品好呢，還是牛飲一般？不用說，自然是前者。看看日本的茶道，從煮茶、沏茶到品飲，其種種儀規與舉止，豐富而單純，清婉又雅致，靜靜且寂寂。那境界、那氛圍，是精神塵庸的洗滌、峻思焦緒的安撫。茶道，深得《周易》「漸」道之蘊。

一個人清晨從酣夢中漸漸甦醒，在朦朧之中安享倦慵與舒懶，即使片刻之際，也會深感全身心的舒坦，這其實就是一種「漸」的生存狀態，比那種從噩夢之中突然驚醒不知要勝出多少許。

從生活的安和、漸行境界來看，雷霆萬鈞或是寒流侵襲，都無法與「隨風潛入夜，潤物細無聲」（杜甫詩句）的境遇相媲美。好比中醫調養，瓦罐煲湯，又如太極推手，閒庭散步等等，這裡所遵循的，都是「漸」之道。

與「漸」道相反的，有火山爆發，地震發生，一夜政變與股市狂跌之類，讓人深深感到自然、社會之變幻無常。千年老龜一千年，就長了那麼一點點，這是「漸」啊！與「鍾山風雨起蒼黃，百萬雄師過大江」那種摧枯拉朽、天翻地覆式的突變相比，漸進的歷程則別有情趣。

無論自然還是社會，事物的發展變化，總是處在漸變與突變的無盡交替之中，有漸變才有突變，突變之後又是漸變。中華古人很是推崇與相信漸變的，不然，為什麼《周易》六十四卦中只有漸卦而沒有一個叫做「突」的卦呢？也許，這正是中華農業文化、田園生活歷史悠久、變革緩慢的一個象徵。它曾經步履蹣跚、氣度悠然、從容不迫，它是現代化中國劇烈變革的一個漫長的序幕。

至於唐詩所謂「忽如一夜春風來，千樹萬樹梨花開」以及水滴石穿、鐵杵磨針之類給人的思悟，可以說各具神韻、各有千秋，我們就更不該將漸變之道拋在腦後而只記得突變的轟轟烈烈。其實，這是漸變兼突變的共同造化。

漸卦所主張的漸進哲學固然美麗，卻並沒有、也不能遮蔽「突」的風景。無論是自然與社會，無論是何等人生，其大化流行，漸、突是互依互存、互逆互轉的動態關係。

記得唸小學一年級時，一位倪姓的語文老師給大家講過一個故事，至今令我印象深刻。說是從前有一位聰明的智者，他肚子餓吃燒餅，一連狼吞虎嚥地吃了四個，還是覺得餓。當拿起第五個，只咬了一口，就覺得飽了。於是那智者很是後悔，說蠻好前面四個燒餅不吃、光啃這第五個就飽了的。老師問學生：這智者「聰明」在什麼地方？一時間，把一個個小腦袋都弄糊塗了。有一個小男孩勇敢地站起來回答，說那智者的「聰明」，是懂得了只要吃第五個燒餅肚子就會飽的道理。於是老師便走上前來，屈起右手食指，輕輕地刮了一下小男孩的鼻子，微笑着說：「小傻瓜，你再好好地想一想。」

這個故事的哲學喻義，對於一群一年級的小學生來說，自然是艱深了些，但它在年幼的心靈深處所激起的驚奇，卻是持久而美麗的。

人的頑強生命力如何在「人文時間」中實現

我的母校是復旦大學，我在復旦供職近四十年。「復旦」一語來自《尚書．虞夏傳》所說的「旦復旦兮，日月光華」之句，這當然沒有說錯。但是，人們也許不知道，這句「旦復旦兮」實源自《周易》的復卦。

復卦卦象是䷗，下卦為震，上卦是坤。震為雷而坤為地，《易傳》說，「雷在地中，復」，象徵雷震在地底運行，生生不息。從卦象看，復卦僅有一個陽爻在下部，陽爻的上面有五個陰爻。如果以陽爻象喻陽剛之氣、象喻生而以陰爻為陰柔之氣、象徵死，那麼整個復卦，好比一株枯樹，枝幹都枯萎了，但是土中深埋的根卻依然活着。

唐代大詩人白居易有詩云：「離離原上草，一歲一枯榮。野火燒不盡，春風吹又生。」枯木逢春、野草榮枯以及死灰復燃等等，是不死的生命，用卦符來表示，就是《周易》的復卦。

復是頑強的生命力。好比初升的太陽。其實太陽永遠無所謂沉沒，只是因為地球公轉、自轉的原因，才有那漫漫長夜的降臨。而旦，指晨曦初露。所以，復者，旦也；旦者，復也。復旦作為一個複合詞，意思是，永遠有第二天的早晨。復，生命的崇拜兼審美。復卦是頑強而不死的生命力的符號。

復卦卦辭說，「反覆其道，七日來復」，它本來的意思是指，一個人出門遠行，七天可以走一個來回。而《易傳》對這句話卻作了哲學的引申與發揮，說「反覆其道，七日來復，天行也」。什麼叫「天行」？這是指天道運行的規律，以「七」為一個週期。南宋理學家、易學家朱熹《周易本義》一書曾經指出，「天行」者，「陰陽消息，天運然也」。古人認為，天地萬物都是生命，生命的大化流行是陰氣、陽氣的此消彼長、此長彼消。這也便是陽息陰消，陰息陽消，所謂「陰陽消息」是也。

我們用一個卦的序列來表示，由姤卦 ䷫ 一陽消，遁卦 ䷠ 二陽消，否卦 ䷋ 三陽消，觀卦 ䷓ 四陽消，剝卦 ䷖ 五陽消，坤卦 ䷁ 六陽消，到復卦 ䷗ 一陽來復（息），經歷「七」變，從一陽消亡到一陽復生，是一個天道運化的週期與規律。所以朱熹說「天運然也」，即天之運化就是這樣啊。

「天運」的規律與週期固然如此，人力、人為自當不能違逆。可是古人同時認為，人在這週而復始的以「七」為運變的「天」面前，也不是無能為力、聽天由命的。《易傳》說，「復」者，「以修身也」。《易傳》在這裡，又提出了以人的道德修為來救世、治人的人生良策。

既然嚴冬過去就是早春，既然花落自有花開的一天，而且反過來說也是一樣，早春過後必有嚴冬，花開總有花落的時候，既然天地萬物與人的生命是一個前定的宿命，那麼，這宿命作為生命的底色，是可以而且應該成為人之生命輝煌的人文舞台。人之所以為人，就是命裡注定要向這生命的宿命挑戰的。

這就是說，在生命的征途上，無論怎樣艱難困苦、危機四伏，人都不要輕言「放棄」；無論怎樣飛黃騰達、一順百順，也不要利令智昏，不要不知道什麼是南北西東。這好比復卦。即使已經到了五陰壓迫一陽的時候，處境是何等艱危，生命是何等虛弱，也應通過人的努力修為來靜待時機的到來，創造蓬勃的生機。而人生、事業通達無礙的時候，其實是另一種有巨大壓力與艱危的時刻，人尤其需要有定力、有智慧，必須居安思危。

人是時間的「動物」。人的命運總是與瞬息萬變的時機相聯繫。這當然不是說，人只要投機取巧，就是對時機的所謂「把握」。從時間哲學、時間美學來看，所謂「反覆其道，七日來復，天行也」，說的是先天時間、自然時間，人無力加以改變，這便是所謂的宿命。但是人又可以而且必須通過人自身的努力修為，來抓住、創造並完成生命傑作的過程，這也便是後天時間、人文時間。無論先天、後天，無論自然、人文，都是一種屬於人的生命的時間，這在復卦中已經充分體現了出來。

當然，復卦所強調的「修身」，只是開掘了蘊藏於人的生命的道德力量，這種道德「修身」，只有加以改造與發展，才能具有現代、當代意義。它沒有觸及人的生命的科學理性，它的人文時間觀的局限是一目了然的。這一點也不妨礙我們對復卦所推重的道德教化說的尊重。

《易傳》說，「中行獨復，以從道也」；又說，「敦復，無悔。中以自考也」。大意是，復卦六四爻居五個陰爻的中間位置，有居中行道、獨得其時機與循正道而復歸的意義。六四無親比關係而下應於初九，所以有「中行獨復」之象。而復卦六五爻辭所謂「敦復，無悔」，有內心篤厚、實誠回歸而無遺憾的意思，所以六五居上卦中位，無偏私而自我省察。所以，人的行為必須順隨於「天道」，這叫做「從道」。

怎樣「從道」呢？人必須以「中行」來獨尊「復」道，這叫做「中行獨復」。「中行」是什麼意思呢？堂堂正正、中而無偏地做人，踏踏實實、規規矩矩地做事，遵循「天行」的規律即「復」道來治理天下。這也就是所謂的「敦復」、「自考」。道德人格敦誠篤實，並且經常自我反思省察，那麼，人生就「無悔」，就沒有什麼遺憾、悔恨了。

「否極泰來」還是「泰極否來」

泰卦卦象乾下坤上，也就是說，泰卦的下卦是乾卦，上卦是坤卦。乾為天而坤為地。從卦象看，是天在下而地反在上。這在不懂爻位說的人看來，這泰卦是乾坤顛倒、天地錯位，怎麼反而是泰呢？其實，《周易》六十四卦每一卦的任何爻位，都不是指爻的空間位置，而是以這種種爻的空間位置的變化，來象喻事物在時間中的變化，尤其是人命運的時機的變化。

泰卦是下乾與上坤的結合，也就是天地、男女的結合。天地好比男女，天地也是一種交合的關係。所以《易傳》說，「天地交，泰」。天地交，也就是男女交，交是生命之氣的感應。古人認為，泰卦象喻乾陽之氣輕揚上升，同時是坤陰之氣重濁下降，於是有所謂的「交」。所以，泰卦是一個吉卦，用《易傳》的話來說，叫做「則是天地交而萬物通也，上下交而其志同也」。

泰卦的喻義，又叫做「三陽開泰」，表示大吉大利。因為泰卦的下卦是乾卦，乾卦由三個陽爻所組成，所以「三陽開泰」成了泰卦的別稱。

與泰卦卦德相反的一個卦，是否卦。否卦由下卦坤卦與上卦乾卦所組成，爻位說稱泰、否兩卦，是錯綜卦關係。否卦的喻義，是兇險。為什麼呢？因為否卦的上卦乾陽之氣上升，下卦坤陰之氣下降，所構成的，是一個男女、天地「不交」的態勢。所以《易傳》說，「則是天地不交而萬物不通也，上下不交而天下無邦也」。這裡所說的「天下無邦」，指君臣不和（「上下不交」）而國家有難，是從政治倫理角度來說否卦的喻義。

那麼，泰、否的這種錯綜卦關係，又說明什麼呢？《周易》看問題，總是不會把問題看「死」。《易傳》不是說「一陰一陽之謂道」麼？這道是永遠在變化之中的。拿人的命運來說，不會是絕對的「泰」（吉），也不會是絕對的「否」（凶），在一定時機之中，泰、否是相互轉化的。

所謂否極泰來，人倒霉到了極點，安泰、通泰的時機就會到來，就看你能不能及時地抓住時機。所謂泰極否來，人鴻運高照，安泰、通泰到了極點，倒霉的時機就會到來，就看你能不能及時地迴避、來調整自己的人生道路與策略。

在《周易》看來，泰、否的相互轉化，也就是否極泰來、泰極否來，是無條件的、必然的。但這不等於說，人在這種「必然」面前是不需要作出什麼努力的。人對種種時機、機緣的發現、選擇、把握或者迴避，是人的能動作用。

在種種轉機到來之際，能不能有所作為，對人而言，是大不一樣的。有的人時遇失利，總是怪自己運氣不好。其實人的事業之成敗，固然有運氣問題，但並非運氣可以決定一切。關鍵在於一旦時運來臨，人能不能敏銳地發現、把握它，並運用恰當的實踐方式去獲得成功。這裡，人之敏銳的目光、科學的理性與合宜的方法，還有健全的道德人格等等都具有決定性意義。機會並不青睞沒有準備的頭腦。古人所謂「知命」，就是說要理性、能動地認知、把握自己的命運。

值得注意的是，人們總是期待着否極泰來，尤其在時年不利的時候。但人們往往在有意或無意間不能泰然承認泰極否來的時運，從而努力地去改變它，成語中只有「否極泰來」而沒有「泰極否來」，正說明了這一點。其實，所謂「勝利者最危險」，泰極否來的事是經常發生的，需要我們警惕。

俗語說，花無三日紅，又說，花落自有花開日。只有把這兩方面同時結合起來看，才是合於易理的。

安危、存亡與治亂的關鍵是什麼

從卦符看，否卦坤下乾上。坤陰之氣下沉，乾陽之氣上揚，天地不相交通，上下不相感應，真的是一個不吉利的卦。但是，如果僅從否卦的某一個爻符來說，卻不一定喻示不吉利的命運。而且，所謂吉利還是不吉利，並不是絕對的、不變的。

比方說否卦的九五爻，是陽爻居在陽位之上，又處在上卦的中位，從爻位說來分析，這是一個吉利的爻。《易傳》說，否卦象喻「大人之吉」。為什麼呢？因為這九五之爻，「位正當也」。意思是，它所處的時位正當。但是，這個「大人」即聖賢、君子的「吉利」，卻是在人的命運否閉之時出現的。所謂的吉利和兇險，在一定條件下，可以而且必然地會互相轉化。

這互相轉化的條件，是客觀時勢以及在這一時勢之中人的努力與否。人能不能及時發現、利用甚至創造某種時勢、機會，是不是敏銳而頑強地抓住某種一般人難以發現的時機，人有沒有理念上的前瞻性、大局觀從而把握時局的發展，一句話，人究竟具備還是不具備一種主觀條件，把不利於人的時機、時運轉化為對人有利的種種機遇，從而實現人的生存、生活目的，這是關鍵。

拿這個九五爻來說，因為是「中正」也就是「正當」的爻，它的喻義是「大人之吉」。

但是按易理，任何的「吉」，都可以是「凶」；任何的「凶」，也可以是「吉」。這世上，沒有絕對「吉」、絕對「凶」的時機。如果我們把吉、凶看得絕對了，用佛家的話來說，這就叫「滯累」。

讀一讀否卦的九五爻辭，是很有意思的。它說：「大人吉。其亡！其亡！繫於苞桑。」「大人」雖然處在「吉」的時機之中，但任何時機，無論吉、凶，都是稍縱即逝的，當然是有條件的。九五爻辭以桑樹為喻。這一棵象喻血族生命之吉或凶的桑樹，看上去好像已經枯死了，它的生命正處於否閉、兇險的時機之中。

可是在《周易》看來，絕對的死是不存在的，正如絕對的生同樣不存在一樣。這一株桑樹的主幹與枝葉都枯萎了，但它的根還活着。好比這否卦，全卦象喻否閉、死亡，但這九五爻，卻因為陽爻正處在上卦的中位而保存着一絲生機。這生機，否卦九五爻辭用「苞桑」兩字來形容，「苞桑」的「苞」，即生機，指桑樹的根部苞出嫩枝綠葉。

人的命運、人生道路也是這樣。有時真的好像到了窮途末路、山窮水盡的地步，就像這一株表面看來已經枯萎的桑樹，誰又知道它的根部還「活」着呢？這叫做「天無絕人之路」。

關於否卦，《易傳》借托孔子說過一段有關家國社稷、人生安危、存亡與治亂的發人深省的話。「子曰：危者，安其位者也。亡者，保其存者也。亂者，有其治者也。是故君子安而不忘危，存而不忘亡，治而不忘亂，是以身安而家國可保也。《易》曰：其亡！其亡！繫於苞桑。」意思是，孔子說：危機四伏，正是安逸於高位的時候。衰亡漸生，正是生命力旺盛而長保的時候。敗亂開始，正是天下大治的時候。君子身處安逸之時而不忘危機隱伏；生存長保之時而不忘衰亡漸生；天下大治之時而不忘敗亂開始。如果能夠做到這樣，那麼，他的自身安泰而國運、家道可以保得長久。這就是《周易》否卦九五爻辭所謂「它死了！它死了！命運的時來運轉，全都繫在那枯萎桑樹的根部能否苞生嫩枝綠葉」的喻義。

孔子在此所說的意思，可以用一個「時」字來加以概括。危就是安，安就是危；亡就是存，存就是亡；亂就是治，治就是亂，全都決定於把握一定的時機、時運。看起來好像是詭辯，實際上倒是辯證的。杜甫曾說：「位卑未敢忘憂國。」杜甫稱自己雖然職位卑微，卻也不敢忘記家國前途。杜甫身歷動盪多艱的安史之亂，一生矻矻於感時傷國，憂世憂民，說出這樣的話，自是情理之中。

怎樣面對人生的困窮之時

《周易》中的困卦，好像是一個不怎麼討人喜歡的卦。要是有相信命理的人筮遇此卦，他不免會自認晦氣的。

困卦卦符䷮，下卦坎，上卦兌。《易傳》說，「坎為水」，水為「陷」；而「兌為澤」，「為毀折」。所以，困卦象喻命運不濟、人生困窮。這用《易傳》的話來說，叫做「澤無水，困」。

「澤」怎麼「無水」呢？清代易學家陳夢雷《周易淺述》卷五說：「水下漏則澤枯，故曰『無水』。」你想想看，既然困卦下卦象喻「水」的下「陷」，這不就是水的「下漏」嗎？既然上卦為兌澤，當然就「澤枯」而「無水」了。

從文字學角度來分析，困這個字的本義，指原始先民像鳥一樣住在樹上的巢居生活。東漢許慎《說文解字》說：「困，故廬也。」廬，這裡指巢居。許慎又說，困字「從木在囗中」。這「囗」，指先民巢居的狹小生活空間。戰國末期《韓非子·五蠹》指出，上古的時候，東方大地人煙稀少，而遍地毒蛇猛獸，老百姓不敵「禽獸蟲蛇」，於是有「聖人」「構木為巢」，為的是能夠躲避「群害」。困字的古體寫作⿱止木，從止從木。而止，是人的腳趾之「趾」的本字。所以，困字是說先民居住在樹上的艱難。可見這「困」，無論從卦符還是從文字角度來看，都是指人生的種種困境。

人生固然有困窮之時，關鍵在人應當怎樣去正確地面對。從危機即生機、生機即危機、生存與危亡依時機而不斷轉化這一易理來看，人的一生，沒有不處在危困之中隱伏生機、人生順遂而危機四伏的時候。

就拿困卦初六爻辭來說，爻辭稱「臀困於株木，入於幽谷，三歲不覿」。這不是指人「困」於原始巢居的那種尷尬嗎？這裡的覿，看見的意思。先民在沒有發明巢居的時候，正像韓非子所說的那樣，「人民」是鬥不過「禽獸蟲蛇」的，他們處在困境之中。而巢居發明以後呢，先前的「困」倒是解除了，但緊接着的新的人生窮困之時又來到了。您看，屁股（臀）受「困」在「株木」的「樊籬」之中，也就是說，人幽閉在深山老林，多年見不到陽光，困難啊！從爻符看，初六爻是陰爻反而居在陽位之上，這是不得位，兇險啊！所以，這初六爻的文辭與爻符的意義是一致的。

困卦九二爻辭，有「困於酒食，朱紱方來」一句話。我們先來解釋一下什麼叫做「紱」。紱，是指古時候縫在長衣膝前部位的一種衣飾。不同的紱表示不同的社會等級、地位。所謂「朱紱」，是一種紅色的蔽膝之飾，表示品級很高。相傳周代的天子、諸侯和公卿，都是穿朱紱衣飾的祭服來祭祖的。而諸侯、公卿的朱紱，都由天子所恩賜。這九二爻辭是說，雖然「酒食」等祭品準備不足，卻穿着剛剛由天子所賜的「朱紱」祭服來祭祖。

如果把這九二爻辭的內容加以引申一下，是否可以這樣說，既然「朱紱方來」，那麼這祭祖之人，想來是剛剛升了大官吧？祭祖的時候，應是有酒有肉的，這不是人生處境很好嗎？那麼，為什麼這裡卻說「困於酒食」呢？所謂「困於酒食」，就是為「酒食」所「困」。「困」在哪裡呢？一介草民，缺衣少食，飢寒交迫，當然是人生憂患、困窮之時。榮登高位，手握重權，飛黃騰達，酒池肉林，難道就不是另一種人生狀態的困境嗎？

聯繫到困卦九四爻辭還有「困於金車」、九五爻辭又有「困於赤紱」的說法，如果把這些爻辭內容再引申一下，倒好像是專門針對那些「魚肉百姓」之「困」的現象來說的。那麼，這種種的「困」，究竟能不能解脫以及怎樣解脫呢？

《易傳》對解「困」這件事，看來是很有信心的。《易傳》說：「困，則揜也。」揜，即掩。意思是，人生困窮，是因為人的陽剛之氣也就是正氣被陰柔之氣所掩蔽的緣故。你看這困卦，下卦為坎，這是陽卦，陽卦為剛；上卦為兑，這是陰卦，陰卦為柔。所以，這是陰柔之氣乘凌陽剛之氣，象喻人生倒霉的時候到了。

那麼，這被陰柔之氣掩蔽的人生正氣，怎樣才能夠得到伸張呢？《易傳》指明了一條路，叫做「君子以致命遂志」。古人說，「君子固窮」。君子嘛，總是應該自覺地意識到人生永遠處在憂患、困窮之中，所謂「生於憂患，死於安樂」。所以，要時時惕戒自己、三省吾身，以自己的全部生命的投入（就是所謂「致命」）來實現志願理想（所謂「遂志」），直到殺身成仁、捨生取義。這是先秦儒家關於人生窮困的解脫理念與方法。

先秦老莊，在解「困」這一點上，也是頗有心得且信心滿滿的。在道家看來，人生所以窮困，是「無道」的緣故。因此，只要人生在哲學上回歸於「道」，也就是回歸於「自然」、「道法自然」，只要人人「順其自然」地去生活，那麼，「人生之困安在哉」？在道家看來，儒家教人追名逐利、封妻蔭子，直至建功立業、勢焰薰天，這是貪得無厭，慾海難填！倒不如從茫茫塵世退出，回到人原本就有的精神故鄉，「忘」去功名利祿，而嚮往自然的本真與美麗。

相比之下，兩漢之際傳入中土的印度佛教，為中國人提供了第三種企圖解脫人生窮困的哲學與踐行的途徑。在佛教看來，人生有苦，無論貴賤貧富，無論在朝堂之上，還是在山野林泉，都是苦。而人的根本之苦，是無可選擇、無法迴避的人的死亡；人的苦厄的根因，是貪慾沒有止境。所謂苦海無邊，人生困窮沒有竟時。那麼怎樣脫離苦海、解除困窮呢？佛教的辦法，倒也乾淨簡單。比如禪宗，先把這花花世界的一切、把人的生死存亡都看空了，說是這世界的一切事物現象，都虛妄不實，一切都是空的。既然一切都是空的，那麼便是「破心中賊」，「登菩提岸」，便已覺悟於無死無生、無悲無喜、無染無淨的涅槃之境。或者是經過長時期的修持，叫做「身是菩提樹，心如明鏡台。時時勤拂拭，莫使染塵埃」。人心本來是潔淨而空幻的，但人心也會蒙上灰塵而迷妄不實，禁不住心猿意馬想法很多，所以要經常地打掃拂拭。或者是慧心觸機，一朝頓悟，立地成佛。弟子問，什麼是解脫？老師反問，什麼把你束縛住了？弟子說，沒有。老師便告訴他，沒有什麼束縛住你，這就是解脫。所以解脫人生之困，就是所謂「明心見（現）性」、自我覺悟，旁的什麼是幫不了忙的。

以上這三種解「困」的理念、態度與方法，雖說未必實用和適用於每一個人，但至少為我們在應對人生艱困時提出了三種思路，倘若能因之而適度緩解我們精神上的某些焦慮、緊張，那也適得其所哉。

等待時機還是「等待上帝」

需卦的喻義，是等待時機的到來。這怎麼理解呢？需卦卦象乾下坎上䷄。乾為天而坎為水，天上有水之象。這水，實際指雲，天上有雲，有待於天下雨之謂。所以需卦的喻義是等待。《易傳》說：「需，不進也。」不進就是有所等待。需卦下乾為剛為健為進，上坎為陷為險，所以喻示人們，欲上進而前路有險陷，需要待時而後行。

等待時機，是人生的一種必然。在人的一生中，未必時時處處都有絕好的機會在等着你，未必有很多的機會可以讓你施展抱負、一展宏圖。但各種各樣的機會總是有的。甚至可以這樣說，人的一生即是由一個一個的機會所組成的生命與生活歷程。可是任何機會，往往不是既成的，需要耐心的覺察、尋找與等待。等待時機，是人生的一種策略。

既然時機是常有的，既然時機不是現成的，那麼，等待與發現總是必須的。有時候，好的機會尚未到來，需要等待；有時候，時機並未成熟，需要等待；有時候，好的時機忽而喪失了，需要重新等待。等待，不僅需要敏銳的洞察力——因為沒有這一點，如何能夠發現、識別與抓住好的時機？而且等待必須耐得住寂寞、必須耐心。

等待，絕不是消極的人生行為，而是一種積極的進取精神。等待，是為了更好的進，或者是為了更有利的退。人生的進退，必須等待時機。

等待時機，需要良好的主體條件。對於有利的良機、生機或者是不利於人的危機，人能夠加以發現、識別、判斷、堅持與應變。能夠及時地抓住或者放棄。能夠在時機還不是很好、條件不充分的時候，加以推助甚至創造。當然，這種創造，絕不是主觀隨意而是依循規律辦事的。

任何人生機會，都是不斷流變的，時間性的，所以稱為「時機」。一個人懂得如何發現、等待與抓住時機，實際上是一種時間哲學意義上的人生覺悟。機會，總是留給那些有準備的頭腦。機會來了，有沒有準備是不一樣的。比方說，良好的商機來了，那些有準備即主體條件更為優秀的人，往往有機會抓住它。

當然，一個好的機會之所以給了他而不是給了你，除了決定於主體條件，還有種種客觀的非個人所能控制的條件。從這一點來說，是不公平的。但是對於一個相對健康的社會來說，主體條件的優劣，對於主體能不能抓住某一個人生契機來說，還是有一定的積極意義的。

有的人常常看到了人生難得的機會，又往往失去這樣那樣的良機，於是怨天尤人，總認為自己運氣不好，或者抨擊社會不公。筆者以為，在這種情況下，人必須冷靜思考那些機會沒有抓住的主要原因，究竟是主體準備不夠還是社會不公？一味地說自己運氣不好，歸罪於他人或者社會，則可能是欠妥的。

人生的良機、轉機與生機，既然是時間性的，那當然是稍縱即逝、不易把捉的，而且種種機會的到來或者逝去，有的明顯，有的隱晦；有的直接，有的間接；有的大，有的小；

有的是非難辨、真假混淆，如果不能審時度勢，要恰如其分地加以發現、把握與利用，真是談何容易。

那麼，等待時機的意義究竟是什麼呢？歐洲文學史上，有一部著名的西方現代主義的荒誕派戲劇作品，叫做《等待戈多》，不知道讀者是否讀過？這部作品的作者是法國的塞繆爾·貝克特，他就是因為這一作品而榮獲諾貝爾文學獎，由此可見這部作品的不同凡響。

《等待戈多》是一個兩幕劇。劇情很簡單。第一幕，大幕拉開，舞台上空空蕩蕩，只在舞台一角，立着一株枯樹。有兩個糟老頭，一個叫做弗拉基米爾，一個叫做愛斯特拉岡，在這裡閒聊，都是一些無聊的話題。從閒聊中，觀眾終於知道，原來這兩個老頭，在這裡等待一個名字叫做「戈多」的人。可是等來等去，戈多沒有到來。這時候，天色已經到了黃昏。有一個「幸運兒」來說，戈多今天肯定不來了，請兩位不要在這兒乾等了。

第二幕，舞台上還是空蕩蕩的。可是舞台一角的那一棵枯樹，居然長出了一片綠葉，表示時間的變化與這個世界的「荒誕」。又是兩個糟老頭在這裡瞎聊，他們所說的這些都是雞毛蒜皮，冗長無味，不得要領，他們仍舊在這裡，等待那個名字叫「戈多」的人，可是左等右等，天色晚了，戈多還是沒有到來。兩個老頭深感絕望。於是兩人相約，準備自殺。可是沒有自殺的客觀條件。一個老頭解下自己身上的腰帶，相約一起上吊。腰帶掛到樹上，因為是枯樹，斷了，終究自殺不成。兩人無奈地歎了一口氣，這時候，幕布下落。

劇中那兩個老頭所「等待」的「戈多」，到底是一個什麼樣的人？他們又為什麼要這樣無望、無奈地「等待」呢？

如果不算無知妄說，也並非刻意求深，那麼在筆者看來，其答案就在「戈多」這一個劇中始終沒有出場的人物身上。

中文「戈多」，是英語「godet」的譯音，實際是劇作者塞繆爾．貝克特所生造的一個詞，它的詞根是「上帝」（god）。弄清楚了這一點，接下來的問題便迎刃而解，這一部兩幕劇《等待戈多》的人文主題是：人們總是等待上帝來拯救我們，但上帝是永遠等不來的。

比較來說，中華古代文化及其《周易》文化中，沒有西方那樣的上帝，但卻具有那種對於時間、時機的崇拜與珍視的強烈人文意識與理念。如果強行將《周易》需卦「等待時機」的喻義與西方「等待上帝」相聯繫，結果該是如何呢？上帝固然等不來，而時間、時機不妨可以視作是中華古人心目中的「上帝」，它是否可以被等待得到呢？

「睽」的哲學給人以怎樣的啟迪

成語「眾目睽睽」的「睽」，文字有點兒冷僻，要問它是什麼意思，也許一時還答不上來。而《周易》六十四卦中就有一個睽卦，說的是「睽」的人文意義。

筆者閒暇之時，大概是讀書有癮吧，什麼樣的書，總有興趣拿來翻翻。記得曾翻看過一部古書，書名叫做《睽車志》，宋人郭象的作品，所記述的多是鬼怪神異之事，但一時並不明白，書名中的「睽車」兩字究竟是什麼意思。

由於讀《周易》，才知道《周易》睽卦上九爻辭說：「睽孤。見豕負塗，載鬼一車。先張之弧，後說之弧。」大意是，筮遇睽卦上九爻，兆象是，兩眼直瞪瞪地盯着喪父的孤兒。恍恍惚惚地好像在夢中，出現小豬渾身污泥之象，又好像一輛大車滿載鬼怪妖魔在奔馳。開始張弓搭箭射擊，後來又放下了弓箭。這裡「後說之弧」的「說」，「脫」之別寫。原來，《睽車志》書名中的「睽車」二字源自《周易》。

睽卦卦符為䷥，下卦是兌，上卦是離。根據《易傳》兌為少女、離為中女的說法，這是「二女同居」之象。《易傳》又說，兌為澤，澤水向下；離為火，火勢炎上，向下、炎上，這不是相互背反嗎？所以《易傳》又說：「睽，火動而上，澤動而下，二女同居，其志不同行。」這是有道理的。

睽字的本義，指兩眼對視。你看兩人吵架，激烈的時候，便怒目而視，烏眼雞似的，恨不得你吃了我，我吃了你。所以睽的引申義，是乖背違逆。好比「二女同居」，陰陽不調，同性相斥。《周易正義》說：「中（女）、少（女）二女共居一室，理應同志，各自出適，志不同行，所以為異也。」所謂「各自出適」，是說中女、少女各自離開了適宜的位置，所以為「睽」。

先秦時期的莊子是道家哲學的代表人物之一，他的後學在《莊子．天運篇》中說，儒家所謂「三皇五帝之治天下，名曰治之，而亂莫甚焉」。意思是說，三皇五帝啊，表面看是治理天下，實際上亂子闖大了。此外，《天運篇》還對「三皇」的所謂「知」（智慧）加以全盤否定，認為「三皇之知，上悖日月之明，下睽山川之精，中墮四海之施」，將其說得一無是處，簡直是「傷天害理」。這裡的「睽」義，指違背乖離。

但是，《易傳》所說的「睽」的人文意義，不僅指乖離，而且指和合，是乖離與和合的統一，這就有那麼一點「哲學」的意味了。

值得注意的是，《易傳》在說了「二女同居，其志不同行」之後，接着又發揮道：「天地睽而其事同也，男女睽而其志通也，萬物睽而其事類也。」天上地下，當然是相背離的，但是相反的東西總是相成的。因為相反，所以相成。天地共同化育萬物，這是兩者和同的一面。男女兩性的生理不同，卻正因如此，才能夠相求相愛，生兒育女。《詩經》說，「窈窕淑女，君子好逑」。而萬事萬物無限多樣，千奇百怪，但是天下萬物，又共通於一個道理。這個道理，用古人在《易傳》中的話來說，叫做「聖人之道」，這是道德意義上的說法；用《易傳》之哲學的話語來說，叫做「太極」。而用當代哲學來說，叫做事物的本原、本體；用生態學的說法，是所謂生態鏈、食物鏈之類。

我們再來分析睽卦的卦符結構。從爻位說來看，這初九爻和九四爻，因為都是陽爻，陰陽不調，所以是「睽」。但是九二爻與六五爻，六三爻與上九爻，因為依次是陽爻對陰位、陰爻對陽位與陽爻對陰位，所以，都是「應」，也就是和合的關係。這就是說，整個睽卦的卦符，已經揭示了世界萬物之間既睽又合的聯繫。

同樣，按照《易傳》的說法，如前所述，睽卦的下卦兑象喻澤水，上卦離象喻火焰，澤水下陷而火勢炎上，所以有「睽違」的喻義。可是，《易傳》同時又有兑為「說」（悦）、離為「麗」的說法，所謂「說（悦）而麗乎明」是也。這難道不是又在強調睽卦象喻世界萬事萬物因和合而美麗、令人愉悦嗎？

因此可以說，睽卦所揭示的哲學境界，是說這個世界既一分為二，又合二而一；既是乖違悖離的，又是和合悦麗的；既是睽惡，又是合善的。這是不是很有些哲學的意味呢？

但是在現實生活中，那種只有睽惡而沒有合善的事情，是常常發生的。這就是對「天道」的違背了。俗語說「文人相輕」，「同行是冤家」，「教了徒弟，餓煞師傅」，等等，都在指明人與人之間的乖離與違背。比如，夫妻之間同床異夢，勞燕分飛；朋友之間「明是一盆火，暗是一把刀」，明爭暗鬥，你死我活；族群分裂，流血戰爭，以及古代的所謂殺父、弒君之類，莫不如此。不勝枚舉，觸目驚心。

有人說，中國人最不團結。一個中國人是條龍，一群中國人是條蟲。舊時代裡，洋鬼子最看不起中國人的有兩點，除了說中國人是「東亞病夫」外，還有就是「一盤散沙」，堪稱民族「劣根性」。一個和尚挑水喝，兩個和尚抬水喝，三個和尚沒水喝。為什麼呢？除了懶惰和相互推諉責任，就是內耗嚴重。這好比一則寓言故事，說一匹馬駕轅，可以拉着車向前飛奔。如果四匹馬拉車，可能同時向四個方向用力，車就不能動了。

乖睽，確是人性的一個弱點甚至是醜陋、可惡之處。從生存競爭的角度看，也可以說是「物競天擇」的需要與產物。而損人利己，或者是損人而不利己，或者是有我沒他等等，都是醜惡的「睽」。

在動物界，一方面食物鏈中必然產生動物之間相互殘殺，讓人看了深感殘酷，另一方面，動物之間尤其族群內部，又是必然地相互依存。狼的性情算是殘忍了吧，但在族群內部，又是很溫柔的。它們為了獲取食物，往往能夠採取「圍捕」的「伎倆」協同作戰，真可以說是有「團隊精神」！老虎可謂兇殘吧，但是「虎毒不食子」。動物況且這樣，何況我們人呢？

當然，人與人、人與社會之間的和氣不是無原則的苟合，也不是盲目的服從。記得小時候去看京戲，往往見那舞台上的「官」上台的時候，總是先有龍套幾個，舉着「肅靜」、「迴避」兩塊牌子在前面開道，那是讓老百姓肅靜、迴避，而官老爺總是威風八面、吆五喝六的。這看起來好像是社會的和合，其實不然。

人與自然的相互關係，當然存在乖睽的一面，但相互依存與和合是根本的。人對於自然，如果不客氣一點，不友好、不親和一點，那麼自然也不是好惹的。這個道理似乎人人都懂。可是一旦利令智昏、貪得無厭，人的行為就會戕害自然，從而損害人類自身，受到自然無情的報復。地球上現在普遍存在的嚴重的環境污染，難道不就是這樣嗎？

據有關資料，由於當下一些中國人的無知和重男輕女，他們藉助科技手段，人為地干預人的正常生育，使得目前中國人口性別失衡，男孩比女孩多出一千五百萬。這一大批多出來的「和尚」，長大之後會遇到什麼麻煩呢？我不清楚；我只知道，這種與自然生態作對的行為，必定會讓人受到懲罰！

隱退是一種「與時偕行」的人生策略嗎

《周易》遯卦的「遯」字，也比較冷僻，與「遁」字的意思相同。故而此卦說的是遁的道理，即人生隱退。

《易傳》說：「遯，亨。遯而亨也。剛當位而應，與時偕行也。」遯卦是預示人之命運亨通的卦。遯卦的下卦是艮☶，上卦是乾☰，卦象為䷠。遯卦九五爻，陽爻居在陽位上，是一個得中「當位」的爻，它下應於六二爻，六二也是一個得中「當位」的爻。所以這九五爻，實在是太吉利、太完美了。遯卦的人文喻義，是指人生應該與時機一起消長、與時運一同前行。那麼，這隱退與時機、時運又有什麼聯繫呢？

遯卦指示我們，人生隱退要看時機、時運，該隱則隱，該退且退。這是一種自覺的人生策略。

遯卦九三爻辭說：「系遁，有疾厲。」意思是說，在要不要隱退的問題上，要是患得患失，三心二意，心猿意馬，那是會有疾患與危險的。遯卦九四爻辭又說：「好遁，君子吉，小人否」。意思是，君子喜好隱退的生活，是吉利的，但是小人不是。

在古代，作為一種人生策略，隱退又叫隱遁，一般是就士大夫即文人學士來說的，王公貴族或者細民百姓，一般不存在隱退與否的人生問題吧。

隱退，是一種退避的人生哲學、態度與方式，這關係到人生的時機、時運。

在古代，一些文人學士寒窗苦讀，滿腹經綸，被皇帝召至朝堂之上做官，一時飛黃騰達，權重天下。忽然風雲突變，飛來橫禍。失寵了，烏紗帽丢了，甚至被充軍了，真是伴君如伴虎啊。這個時候，自然而然地會生出或者接受一種隱退的人生理念，這種隱退，一般來說是消極的、被動的、被迫的。

那麼，積極而主動的隱退又是如何呢？一些文人學士，一方面在朝堂上好好地做着他的官，光宗耀祖，封妻蔭子，日子過得很輝煌、很滋潤；可是另一方面，他的內心卻是清靜的。他自覺地意識到，什麼功名、什麼地位、什麼利益，都是過眼雲煙，靠不住的。所以，他在仕途進取的同時，內心卻是退守的。中國古代將所謂的隱士分為三等：小隱隱於野，中隱隱於市，大隱隱於朝。這是說，低級的「隱」，僅僅在鄉野放浪形骸，坐觀林泉，陶然於自然而已。中級的「隱」，就有點兒了不起了。你想想，在市囂塵俗之中，那是物慾橫流的地方，卻依然心平如鏡，淡泊名利，不容易啊。而高級的「隱」，更是了不得。他是皇上的侍臣，替皇上「分憂」，治理天下。浸淫於功名利祿，出沒在人生的名利場，卻能視塵世如草芥，看空一切，出淤泥而未染，在人格上追求隱遁的境界。

還有一種情況，古時候的一些士大夫，做官做到功成名就的時候，也會有一種隱退的念頭和行為。他可能在躊躇滿志、衣錦還鄉之際，因為手頭有點錢，跑到蘇州或者其他什麼宜適的好地方，去修一座園林，以待頤養天年，過一種可居、可遊、可觀、可悟的寧靜生活。這種隱退，實際是人之老年的生命態度。所以尤其在明代與清代，蘇州等地的私家園林，也稱為江南文人園林，就興盛起來了。這種園林的人文品格，確實可以用《周易》裡所說的「遁」，也就是老莊所說的「歸隱」來加以概括。當然，那些官宦告老還鄉的時候，也會去做築路修橋、造祠堂建牌坊之類流芳百世的善事，但是這與建造私家園林有所不同，因為他的內心還有繫累於天下、澤被後世的一面，他的心還沒有從塵世退出。

錢鍾書《圍城》曾經說過，人生也罷，婚姻也罷，大抵在圍城內外之間奔波。城外的人想衝進去，這是入世的態度，孔孟的哲學就是如此；城裡的人想退出來，這是出世的態度，老莊的哲學就是如此。

這樣說來，人生總是先進城、再出城即先入世、再出世的。如果既不進城，那就談不上出城了。所以，出城、出世，作為一種在某一生存時機之中必須採取的人生策略，在有的時候屬於無奈之思、無奈之舉；有的時候，是一種積極而主動的人生智慧；有的時候，則是人生暮年的文化態度。

在現實生活中，時常會發現有的青年學子年紀輕輕，才來到這個世界而什麼事情還來不及做，就已經在那裡空談老莊與隱退，於是，老莊便成了他不思進取、無所事事的消極人生的避風港。其實，隱退的人生，應該是一種宜於時機的積極的人生。即使是無奈的隱退，我想，也是在尋求人生的轉機吧。

為什麼說「無妄」即「正」、無慾則剛

無妄卦，《周易》六十四卦中一個似乎默默無聞的卦。無妄卦的喻義指什麼，好像也不大有人提起。它就像一個普通人一樣，沒什麼「名氣」可言。但是仔細查看無妄卦，讀讀它的卦爻辭，體會《易傳》對「無妄」卦義的發揮，卻不由得讓人肅然起敬。

無妄卦的卦符是䷘，下卦是震，上卦是乾。震為雷而乾為天，構成了一個天下驚雷奮動之象。《易傳》說：「天下雷行，物與無妄。先王以茂對時育萬物。」

這無妄之卦，象徵天命高懸，天下雷動震行，萬物敬懼而循天之本然，皆不妄為。無妄卦以「先王」為人的榜樣，教人上應合於天時，下順隨乎雷行，不胡作非為，從而養育萬類，陶冶人的道德情操。所以《易傳》說，「無妄之往，得志也」。人只要因循天時，不違逆天命，按照「天」這個本然的權威與規律安身立命，走一條人生正路，而不是旁門左道，那麼，就可以實現自己的崇高志向。

無妄卦的九五爻，正處於上卦乾的中位，又是陽爻居在陽位上，是得中、得正的爻，而且，九五爻下應於六二爻。六二爻呢，也處在下卦震的中位上，是陰爻居於陰位，也是一個得中、得正的爻。這便構成了《易傳》所謂「剛中而應」的大好時勢與理想時位。九五陽剛，位居中位，下應於六二，「剛中而應」。它的人文喻義，是人格意義的「正」。

正，心志意義、踐行意義上的無妄。

無妄者，無有妄念、妄行也。在古人心目中，無妄的首要條件，是不違於天命。天命神秘而神聖，為什麼要違背它的意志呢？在今人心目中，無妄就是人的心志、行為不違背本然的自然規律。孔子曾說，「五十而知天命」，想是到了無妄之境了。

所以，如果遵循天命自然而大行人間正道，那麼無論是個人，還是社會群體，都會是命運亨通的。這用《易傳》解讀無妄卦義的話來說，叫做「大亨以正，天之命也」。

無妄即正。無邪私、無偏曲、無妄念、無淫慾。無妄就是無慾，無慾則剛，正氣浩然。

這種無慾，並不是像佛教所宣傳的那樣，要摒棄、消解人的一切慾望——這其實也做不到，而是沒有不正當的念想，沒有損人利己或者損人而不利己的貪慾，沒有貪得無厭的損害社會的行為。為人做事堂堂正正，光明磊落，那麼，便是無慾則剛的人格，就是正氣浩然的人格。

陳夢雷《周易淺述》卷三這樣說道：「天之化育萬物，生生不窮，各正其性命，本無妄也。」

天本無慾，它化育萬物，無有偏私。所以萬物生生不窮，各正其性命。所以天就是本然，就是無慾、無妄。無妄的境界，就是天的境界。

比方說做生意，最難得的是講誠信，不欺詐，然承諾，不要不守規矩，貪利枉法。又比如做學問，要緊的是重實證，不虛言，不剽竊。潛學、深思、篤行，從而有所創造。這裡的關鍵是學人的心志、心態，要做到無妄。古人云，「學問無他，求其放心而已」。所謂放心，就是無妄。又如做官，不橫行霸道，不作威作福，不做假，不瞞上欺下，不昧了良心，不貪得天下，這也便是無妄。

無妄的社會，就是一個和諧的社會。沒有政治陰謀，沒有道德淪喪，沒有爾虞我詐，沒有你死我活，沒有環境污染，沒有生態失衡，沒有分配不公。

無妄卦九五爻辭說：「無妄之疾，勿藥有喜。」意思是，在一個妄念、妄行橫生的社會裡，無妄反而成了一種疾病，而有妄倒是正常的了。這種社會風氣與價值觀念的倒錯，當然是可怕的。打一個比方，人站在長江口，這裡本來是千船競發、萬舸爭流。但在有妄之人的眼中，他所看到的只是兩隻「船」，一隻是名，一隻是利。當然，這個世界不可以沒有正當的名和利，但是這個世界也遠不是只有這兩隻「船」。所以無妄之中，就包括人類文明、社會正義、人際和諧以及理想遠大、道德崇高、審美愉悅、精神超拔等健康而正大的人文因素，無妄是人文正格。

但是話又說回來，無妄作為一種「放大光明」的精神之力，它無慾則剛，正氣浩然，卻正是對治有妄之「疾」的一劑良藥。無妄卦九五爻辭「無妄之疾」的「之」，如果解讀為動詞「到」（致）而不是前文所解讀的那個「的」，那麼，這無妄本身就不是一種「疾病」，而是對治社會上那些有妄之「疾」的良藥了。因此，這爻辭是說，用無妄來對治有妄這種種社會疾患，因為這無妄根因於天之本然，所以，好比一個人生病，即使不吃藥，也會有令人欣喜的療效。這便是所謂「勿藥有喜」的意思。

可見，《周易》關於以無妄治癒有妄這一點，是充滿信心的。它告訴我們，天性是本然無妄的，人性也是本來無妄的。人與社會，既可以為種種妄念、妄行所污染，也可以被無慾則剛、正氣浩然的人的道德理想及其人格偉力所治癒。

當然，《易傳》在解讀與發揮這無妄卦九五爻辭時，還不忘補充一句，「無妄之藥，不可試也」。意思是，無妄當然是對治有妄之「疾」的良藥，卻是不可以不看對象胡亂試用的。然而，無妄卦九五爻以剛居陽，得中得正，其本無妄，其實並無疾患，只因某種外因而受到污染而已。好比人的機體正氣本在，偶感外邪，並不能說明機體本身有大患。因此，如果胡亂用藥，不適當地亂用猛藥，那便反受其害。

「離，麗也」的審美意義如何認識

離卦是《周易》六十四卦中普通的一卦，可是因為它的喻義與審美很有些直接的關聯，所以大得美學家的青睞。宗白華先生就曾在《美學散步》一書中談論離卦的美學意義。

離卦的美學意義究竟是什麼？首先引起我們注意的，應該是《易傳》解讀離卦卦義的這樣一段話：「離，麗也。日月麗乎天，百穀草木麗乎土。重明以麗乎正，乃化成天下。柔麗乎中正，故亨。」這段話的大意是說：離卦象喻美麗。天空有日、月的照耀而美麗，大地有百穀草木的生長而美麗。離卦的下卦是離，上卦也是離，象喻光明倍增，並且體現了中正而光明磊落的人格而美麗，所以化生且成就天下人文燦爛。這種柔麗的美，具有中正的品格，所以天地萬物與人的命運亨通。

離卦卦象是䷝，無論是下卦或上卦，都是離☲。兩個八卦中的離上下重疊，構成六十四卦倍具光明的離卦。從文字角度看，麗是驪的本字。驪是指駕轅而並駕齊驅的兩匹馬。這驪的景象，後來就轉義為美麗的意思了。

《易傳》的解說，不是從文字角度而是從卦符角度着眼的。它說八卦中的離，象徵火，象徵日，天火就是太陽，都可以用離卦☲來表示。太陽照臨大地，也把它的光輝灑落在月球之上，而成為皎潔的月色。其實，這就是《易傳》曾經說到的「天文」之美。而所謂「人文」之美，在這離卦的卦義中也是肯定的，這就是《易傳》所說的「重明以麗乎正，乃化成天下」，不過，它主要是從道德人格角度着眼的。天文、人文之類的美，與賁卦相關，故此離卦在美學上，是與賁卦有直接的人文聯繫的。

清代易學家陳夢雷《周易淺述》一書這樣說：「日月麗天，以氣麗氣而成明。百穀草木麗土，以形麗形而成文。君臣上下皆有明德，而處於中正，則可以成天下文明之化，此皆以釋卦之名義也。」陳夢雷在此指出，天文、人文的根因是氣，形是氣的衍生。而所謂天文，就是「文明」；所謂人文，就是「文明之化」。所以，天文之美，美在天地日月、百穀草木；人文之美，美在君臣上下，明德中正。

這說明《周易》的作者說美，有兩個特點。一是關於天文之美即自然美的看法，包含着對這種美的尊重與敬畏，並且把這種美看做是一切美的根本；二是主要從道德人格角度來看待與肯定社會美，而把社會美中的其他美如科學美之類，摒棄在人文視野之外。而所謂道德人格之美，實際是一種善。這裡，筆者並不是要苛求古人，但是《周易》美學觀中的這一局限，也是應該指出的。

在《周易》離卦的作者看來，離是一種麗；麗是一種美。而美，又可以稱之為明。而明，在《易傳》看來，是兩個離卦重疊，而今人卻往往誤以「日、月為明」。其實從文字學角度看，所謂明，不是日、月朗照，而是月亮照臨窗戶的意思。明字的甲骨文，寫作，是一個象形字，它的左邊，不是一個日字，而是窗戶的象形。可以想像，當皎潔的月色靜靜而寂寂地灑落在窗戶之上，該是多麼美的意境。

還有一點必須指出。按照卦符，八卦中的離卦☲，是坤卦的一個陰爻，來就於乾卦☰，也就是使乾卦中間的一個陽爻，變成陰爻的結果。所以，當我們說「離，麗也」的時候，必須認識到，這麗實際又是附麗的意思。而附麗，就是依附在某物之上的美，或者指某物由於加附了一個或幾個東西而美。

比如，時下大為流行的所謂「包裝」現象。據一些專業人士說，一個演員、歌手出現在觀眾面前，只有「包裝」到位，才能美而有人氣。或者做這樣那樣的廣告，或者弄一點緋聞之類，先造造勢，叫做「擴大影響」，混個臉熟，讓觀眾、聽眾記住其大名，「生產」出一批粉絲來。所以，有些所謂文藝明星名噪一時，但要問其藝術上究竟有什麼成就、造詣，只有天知道。而有關他（她）的種種隱私、生活瑣事，細枝末節，雞零狗碎，倒弄得無人不知、無人不曉。什麼緣故呢？因為藝術不值錢，而「明星」能變成大堆白花花的銀子。

又比如時下大為盛行的所謂「化妝」，尤其以年輕女性化妝為時尚。各位不知注意沒有，當今的城裡女子，只要是成年的，大概除了一些老年女性，在社交場合、大庭廣眾或街頭巷尾，不化妝而素面朝天的已經很少見了。這又是什麼緣故呢？

大約是因為她們本人或她們的丈夫、子女、朋友以及同事等等，彷佛已經對人體本真、本色的美沒有「感覺」、不認識、不認同了，或者說是對本來、天然的美缺乏一種信任感，錯以為人工美一定高於自然美。「不識廬山真面目，只緣身在此山中」。把本真的東西，看做是一種異己的東西來加以拋棄；再用化妝等方式，造一個人工的「我」，以為唯此才是美的。

筆者曾經見到過一個年輕女孩，兩條眉毛天生的彎彎柔柔，長短粗細顏色濃淡也很相宜，雖非美得令人驚艷，但也絕對不能用醜來形容。可這個女孩居然生生地剃掉雙眉，再畫上了兩條假眉，以為這樣才是美。我半開玩笑地對她說：「喂，我可憐的『老妹子』。你好比本來兩條胳膊長得好好的，可是不滿意，硬是一刀砍了，再裝上了兩條假肢，你這是何苦呢？」

筆者並非一概反對包裝與化妝，但應該有一個度。適度的美容、美飾是必要的。以《園冶》所說的「雖由人作，宛自天開」為美，想來是不錯的。這是一個美學原則，適用於園林，也適用於人類的化妝美容。

當然，在人們崇尚人工美的同時，也不要忘了那些天然的美的巨大魅力。正如前述，在《周易》中，與離卦相關的還有一個賁卦，它提倡「白賁」之美，很有意思。什麼是「白賁」呢？「賁」是美飾的意思。「白賁」就是對本真、本色的東西無所美飾、無所附麗，是天生麗質。也許應當提倡的，是「絢爛之極歸於平淡」的美，「天然去雕飾」的美。

「知難行易」還是「知易行難」

在《周易》六十四卦中，履卦並不像乾卦、坤卦以及泰卦、未濟卦等那樣有名，所以有關履卦的人文喻義，也一直不大為讀者所深究。其實履卦的意義，還是很值得討論和玩味的。

說到履，《易傳》用「履，不處也」來加以說明。什麼叫做「不處」呢？就是人不停止而一直行走的意思。履，本義指鞋子，轉義為行走。北宋有位著名理學家也是易學家程頤，他在《程氏易傳》一書中指出，「履，踐也」。意思是，履卦是講踐履、踐行道理的卦。說得不錯。

那麼，這踐履、踐行的意思，是泛泛而指呢，還是具有專指的意義？《易傳》有「履者，禮也」的說法，可見，《周易》所謂履之道，主要是就道德倫理踐履意義來說的。

履卦卦辭這樣說，筮遇履卦，兆象是人踩着了老虎的尾巴，老虎卻不咬人，這預示人的命運亨通。這就是卦辭所謂「履虎尾，不咥人，亨」的意思。

根據這一條卦辭的內容，《易傳》作了道德意義的發揮，叫做「履，柔履剛也」。這裡的柔，是指履卦的下卦兌，兌象徵少女，有和悅的意思。這裡的剛，指履卦的上卦乾，乾象徵剛健。所以，履的喻義，可以從兑的柔悅踐履乾的剛健角度來理解。這用《易傳》的另一句話來說，叫做「說（悅）而應乎乾」。

但是在筆者看來，《易傳》所說的「柔履剛」，還有一點深刻的意義，可供人們來細細地體會。這就是，如果說這裡所說的剛，指的是儒家所推行的嚴厲、嚴肅的道德準則的話，那麼，人對這道德綱常的遵守，就應該是柔性的，也就是說，人的道德踐履，要時時處處小心謹慎，不逾規矩。

這好比人踩着老虎的尾巴，這是一件十分危險的事。但是，要是人踩老虎尾巴的時候，十分小心翼翼，謹慎得很，那麼，那老虎的不咬人也是可能的。這個比喻很生動。道德倫理好比老虎尾巴，凌然不可侵犯。所以，人只有循規蹈矩，說話、做事以及為人安於本分，才能夠做到安全自保。這用近代著名易學家尚秉和《周易尚氏學》的話來說，叫做「安常蹈素，循本分自守也」。因此古人以為，在道德綱常面前，人是不能夠越雷池半步的，只有這樣，才能夠像履卦九二爻辭所說的那樣，做到「履道坦坦」。

不過，就先秦儒家所提倡的道德倫理來說，它雖然是剛性的，但仍舊不缺乏柔的一面。儒道講原則講規矩，也講仁愛講親子之情，這是剛與柔的結合，也可以說是「柔履剛」了。

而討論至此，關於履卦的喻義似乎已經說得差不多了，其實不然。從履即踐履、踐行的廣義來理解，實則在「履虎尾」這個比喻中，還可以體會出中華古人對履本身的某種人文立場、人文態度。

如果從中國古代常常討論、辯說的知行關係來看問題，或許會增進對於此卦的新的理解。我們知道，在漫長的中國古代，認為知難行易或者知易行難的，都大有人在。

許多人這樣說，人要真正地懂得某一個道理，實在是很難的。因為任何一個人文或者科學道理，它的廣度和深度是無止境的。所以真正的知，是不可能的。《老子》不是這樣說過嗎？「道可道，非常道」，這意思是說，人可以言說、可以知道的，不是那道本身，換句話說，那「常道」，是任何人不可能言說、不可能徹底知道的。相反，說到人的行為、人的踐履問題，就不一樣了。世界上的事情，從道理上真正地懂得，很難，但是一旦做起來，似乎就不難了。

比方說，一個人一生下來，有關哭的道理，他哪裡懂得？而且，也不需要懂得啊！可是，人一生下來就會哭，這不是知難行易嗎？當然，哭是人的生理本能，但人生下來以後，只要不是有病，就會吸吮、會微笑、會說話、會走路，大凡這些，有的是無師自通，有的一學就會。長大一點，又會模仿大人而做各種各樣的事情。人的這些行為，確實不是在懂得有關道理以後才學會的。可見是「知難行易」。

再比方說，各種各樣的科學實驗，固然是要先懂得一點科學知識，人才能夠去從事科學實驗的工作，但是更深一步的科學知識、科學真理，卻是必須通過科學實驗這種「行」、這種踐履行為，才能夠有所發現、有所證明的。那麼，為什麼先有「行」然後可能有所「知」呢？那是因為「知難行易」的緣故。

所以，古往今來，對於人來說，總是「知難行易」的。

可是，另有許多人卻斷言「知易行難」。這方面的實例也很多。比方說在道德領域，有關子女孝敬父母的道理，人人都懂，可是這件事要實在地做起來，就有難度了。君不見，在這個社會裡，不是總有不孝之子存在嗎？那是為什麼呢？因為做孝子難。

又如在佛教領域，佛教的基本教義，什麼四聖諦啊，八正道啊，遁入空門啊，就那麼幾條，善男信女們都是讀得懂、領會得了的，可是要真正實行起來，真是太難了。試問，真正地通過踐行、修持，做到四大皆空不戀紅塵，做到無功利心、無機心、無分別心而懸崖撒手的大德高僧，世間能有幾個？

又比如在科學領域，情況往往是，人們已經有了某種假設，可是無法用實驗的手段來加以證明。或者，已經知道了某種結論是錯誤的，卻無法用可行的實驗方法和過程來加以證偽。

所以，知與行相比較，總是「知易行難」。

那麼，究竟是知難行易，還是知易行難呢？這個問題的確有些棘手。

公說公有理，婆說婆有理。其反命題是，公說公無理，婆說婆無理。知難行易與知易行難這兩個命題，到底哪一個有理哪一個無理，籠統地說是說不清楚的。我們還可以舉出更多例子來證明兩個命題的同時成立，或者同時不能成立。

其實，當我們提出知難行易還是知易行難的時候，這一個預設的「圈套」，就把我們逼入了一個兩難的邏輯處境。還是我們的古人聰明，他們說，在知行問題上，知行是統一的，這叫做「知行合一」，也就是把認知、踐行看作是一個統一的生命、生活過程。

那麼，拿《周易》履卦的人文喻義來說，它究竟是什麼主張呢？顯然，從所謂「履虎尾」這一個比喻來看，《周易》所傳遞的信息，實際是對「虎尾」之「履」的恐省與敬懼。履卦九四爻辭有「履虎尾，愬愬」的說法，就是一個明證。這裡的「愬愬」，是恐懼的意思。

在《周易》看來，人的踐履，首先是人的道德修為，是難的，否則，何懼之有呢？可見《周易》所主張的，大約還是道德意義上的「知易行難」說。

姓名為什麼是一種文化現象

姓甚名誰，是人的一個符號。張三、李四、王二麻子，與別人相區別，可以伴隨人的一生。隱姓埋名，總是有原因的吧，或者是逃犯，正在被追捕之中。或者為了隱居，高人逸士，過那清靜淡泊的生活。一般的人比如你我輩，是無須這樣的。

認真說起來，人的姓名其實是一種文化現象。姓且不說，單是那名，就夠「文化」的。一點也不是誇張，名字往往具有民族、時代與地域性。並且一般來說，是男、女有別的。

許多「文革」期間出生的人，名字叫「文革」或者「曉紅」什麼的，總有那麼一些。不信的話，您可以去問問戶籍警，他們知道。

現在是經濟社會，所謂「革命」、「階級鬥爭」之類，已經不是時代特色了，所以好些家長為兒子起名為「贇」，意思是要文武雙全而且有錢。

我的老家在江南水鄉。那裡的男人，世世代代，名字叫「根」啊、「福」啊、「水」啊的不少，真是土得可愛。而女子的名字，便是「珍」、「寶」、「芳」、「萍」之類。一是祈求一生有福氣，二是鑾有地域特色。一點也不是說笑話，如果我本人生在多山的北方，大概會取一個小名、叫做「石頭」吧。

古時候的人起名字，會請所謂「上知天文，下曉地理」的「算命先生」來排排八字、看看五行什麼的，其「原則」是缺什麼補什麼，在命相學中，這種缺啥補啥的「方法」叫做「制煞」。

因此，如果這個男孩「命」裡缺土，就起個「土根」之類的名字。要是缺火呢，而且是大缺，那他的名字中，應該有一個「焱」字才好。南宋的朱熹是個大名人，如果他老先生能夠活到今天，我一定要親自問問他，閣下名「熹」，是因為五行缺「火」呢，還是出生在晨曦初露的時辰？假如「命」裡缺水，那也好辦，只要取一個「淼」字放在名中就可以了。

古往今來，起什麼名以及怎樣起名，是一種自由，並不存在什麼道德問題，但是否就是一個文化問題呢？

與本書論題相關，人們也有熱衷於用《周易》為人起名字的，這裡倒不妨一說。

我們在前文談到，豫卦六二爻爻辭說：「介於石，不終日，貞吉。」這六二爻，是陰爻居於陰位，得中得正，是一個吉爻。好比一塊界石矗立在適當位置，中正而沒有偏斜。於是有據此入手遂取佳名者，如曰「介石」，「介石」者，「中正」是也。

又如毛澤東的名字，亦取自《周易》。毛澤東，字潤之。《周易》文王八卦方位，震卦在東而兑卦在西。根據《易傳》的說法，震為雷，兑為澤。所以所謂「澤東」，實際指與兑卦相應的東方震卦所象喻的那種人格力量。「澤東」一名，既有東方雷震之象，磅礴而大氣，又具兌澤之蘊，蘊秀而富於內涵。而潤之者，兌為澤，兌澤滋潤之謂。

古人熱衷於從《周易》和其他人文經典中取資，來為人起名，大抵為了趨吉避凶或出於某種現實的需要。但不管怎樣，因為熟諳易理，他們所起的名字中，有不少還是很富有文化氣息的。

但是也有些人，卻玩弄什麼用「姓氏筆畫」來算命的把戲。說是一個人的姓名，多少筆是吉多少筆是凶，所以起名字，應當趨吉避凶云云，說得神乎其神、頭頭是道，一副煞有介事的樣子。

記得約二十年前，大概是因為在一次國際易學會議上，我曾經公開批評這種神神鬼鬼所謂易學的緣故吧，不久以後，我便遭到「報應」，收到寄自河南某地（見郵戳）的一封匿名信。信中這樣說：「王振復先生：你的姓名（簡化字）一共二十三筆。我為你算過的，一個大凶的名字。你聽我一句話，你必須改名字。否則，你會不得好死。」

我當時讀了這封信，只是微微一笑而已。也為這個「匿名」感到遺憾。你如果堅信自己真理在握，何必匿名呢？相信匿名者既非有案在身，也不是什麼「高人」，何至於此呢？只是弄得我這麼多年來，想給你老兄回一封信也不能夠。至於「改名字」，恐怕就不必了吧。

現在好了，我正可以借寫作本書的機會，來公開地給匿名信作者一個答覆。

你說，我的姓名「一共二十三筆」，所以「大凶」，根據何在呢？你說王某「不得好死」，可是直到今天，王某仍舊好好地活着，是不是特令人失望呢？當然，人都有大限到來的一天，但即使到那一天王某果真「不得好死」，你倒說說看，這與「姓氏筆畫」的多少有什麼相干？一個人，只要堂堂正正地做人，磊落、認真地做事，心中沒有陰影，就不怕半夜小鬼敲門。

即使按照你的「邏輯」，名字是「二十三筆」所以「大凶」，那這個「大凶」也輪不到我的頭上。

原因很簡單。在下出生那年父母為我起名的時候，漢字簡化還沒有推行。所以，我姓名的繁體筆畫應該是二十六筆。可見，我是多麼「幸運」地從一開始就錯過了「大凶」的機會了。

再說，我姓王，按照西漢大儒董仲舒和東漢文字學家許慎的權威說法，這王字的上筆象喻天，下筆象喻地，中筆象喻人。而中間一豎，貫通上、中、下三畫，是一個「天人合一」的格局，頂天立地者，王是也。所以按照命理「邏輯」，王姓是十足的「大吉大利」，憑什麼說晦氣沖天呢？

而所謂「振復」二字，根據《周易》的命理思想，看來也很不錯啊！

雖然《周易》一書沒有「振」字，但是有一個震卦。固然「振」不等於「震」，但是都有「辰」這同一個詞根。所以在古文中，「振動」就是「震動」；「振奮」一詞，也可以寫作「震奮」。在文王八卦方位中，震卦位居東方，有雷奮之象。震卦所對應的是兑卦，《易傳》說，「兑為澤」、「兑，説（悦）也」。所以，震又有兑澤滋潤而令人愉悦之象。可見，按照傳統的命理信仰，這「振」字，已經「命裡注定」地濡染了震卦的吉祥之氣。

而且，《周易》有一個復卦。正如前述，復卦是五個陰爻在上，一個陽爻在下。好比一棵樹，表面看，它的主幹和枝葉都枯萎了，但它的根依然活着。「復」是一種頑強的生命力。好比種子，正待來春萌發。復卦卦辭不是這樣說麼，「復，亨，出入無疾」。意思是說，筮遇此卦，命運亨通，沒有疾患。而且，復卦下卦為雷，上卦為坤，雷者，震也；坤者，地也，所以復卦象喻雷火在地下運行，是很有些力量的，又何「凶」之有呢？

所以說，本人的名和姓，即使按《周易》所宣揚的命理迷信來看，也是「相當吉利」的，「大凶」或「不得好死」之說又何來之有呢？

「事死如事生」：怎樣面對死亡

《易傳》說：「古之葬者，厚衣之以薪，葬之中野，不封不樹，喪期無數。後世聖人易之以棺槨，蓋取諸大過。」意思是，上古時代，用野草厚厚地遮蓋人的遺體，把死者埋葬在荒野之中，不封土修造墳頭，不種植樹木作為埋葬死者的標誌，也沒有人為規定盡孝守喪的限期，哀盡為止。後代聖人改變了這種喪葬制度。他們製作棺、槨兩重，用來裝殮死去的人。這種喪葬文化的靈感，來自《周易》大過卦。

這裡的衣，作為動詞用，有包裹、覆蓋的意思。薪，指柴草。中野，指野地之中。棺槨，古時候裝殮死者的木質器具，可以有內外兩層，內層稱為棺，外層稱為槨，俗稱棺材。

大過卦卦象為䷛，下卦是巽，上卦是兌。《易傳》說，「巽為木」，木可以引申為「薪」，也就是柴草。而九二、九三、九四爻互體為乾卦；九三、九四、九五爻互體又為乾卦。《易傳》說，「乾為衣」，而且是兩個乾卦有所重疊，位處整個大過卦的中間，所以說「厚衣之以薪，葬之中野」。另外，根據《易傳》的解說，「巽為木」、「巽為入」，這便有了棺槨、入殮之象。而大過卦的上卦是兌卦。《易傳》說，「兌，說也」。「說」在這裡，是「悅」的意思。清代易學家李光地《周易折中》一書說：「棺槨者，取木在澤（《易傳》說：『兌為澤』）中也。又死者以土為安，故入而後說（悅）也。」所言甚是。

上古時代，人死了當然要埋葬。在新石器時代晚期，死者遺骸往往被埋葬在活人居住區不遠的地方。較多的葬所，地勢比活人居住的所謂「陽宅」要低窪一些。這在北京周口店原始人所居住的自然山洞的遺址中已經可以見出，證明早在「山頂洞人」時期，已經有了生、死相區別的人文風水理念。

而埋葬的「埋」字，目前在甲骨卜辭中，並沒有被檢索到。從埋字的楷體看，它從土從里。這「里」，不是「裡面」而是「居住」的意思。清代段玉裁《說文解字註》說：「里者，居也。」上海所謂「里弄」的「里」，就是指「居住」。所以，把死者埋在地下，是入土為「居」，反映了古人「事死如事生」的喪葬思想。人死了，但靈魂還活着，所以辦喪事（「事死」），就好比對待活人的生活（「事生」）一樣，古人相信這一點。

埋葬的「葬」，甲骨卜辭裡有這個字。郭沫若《殷契粹編》一書中就有這個字。葬字，甲骨文寫作。方框表示大地，方框裡一個人（側臥的人）字，表示死者被葬在土中。而方框上方的符號，表示長在土上的草。

古人說，「古也，墓而不墳」。這是對《易傳》所謂「古之葬者」、「不封不樹」的最好註解。從訓詁角度看，「墓」者，「沒」也。從文字指意角度看，墳者，從土。這是堆土為墳，也就是高起為墳的意思。本來，死者埋葬在地下，不封土為墳，與地面齊平，這便是「沒」（墓）而不「墳」的意思。後來，隨着喪葬文化理念的發展，為了有一個識別的標誌，以便於祭祀與膜拜，就堆土為墳了，並且在墳前、墳後種樹，改變了「不樹」的舊俗。再到後來，不僅種樹，而且在墳前樹立墓碑。這一切，都可以看作對墓的人文裝飾，富於人文意義。需指出的是，在中華古代尤其《周易》文化中，樹是象喻生命的。所以，墓區必須種樹，直到今天還是這樣。這是什麼意思呢？「事死如事生」啊。

據說，中原地區出現墳丘式墓葬，始於春秋末年的孔夫子。這位「至聖先師」是大孝子。據說他父親死得早，後來老母也去世了，孔子便把父母大人的遺骸，合葬於一個叫做「防」的地方，並且，「封之，崇四尺」。這件事，在《禮記·檀弓上》裡專門記了一筆。是否確實，筆者沒有實地考證過，在此不敢妄說。

假定孔子確實是中國古代為父母的墓起墳的第一人，那麼，這個「崇四尺」的墳究竟有多高呢？中國古代的尺寸制度，大致上愈是古代便愈短少。現在，一米等於三市尺。這個尺寸比率，清代已經大致是這樣了。而先秦時期，據有關資料文獻，一市尺只有現制的大約零點二三米。所以「四尺」之「崇」，還不到一米之高，但是已經具有標誌和禮拜的人文意義了。

且讓我們再來說說中國古代的帝陵。歷史上一般的封建帝王，都熱衷於厚葬。他們有權有勢，可以傾全國之力為自己修造陵墓。許多皇帝老兒，其實往往在一坐上龍位不久，就開始張羅他自己的這一件「後事」。好像只有戰亂連年、民不聊生、國力衰微的南北朝等時期，才不得已而倡言薄葬。

唐太宗也說要「薄葬」：「請因山而葬，勿需起墳。」其實，太宗的昭陵隱沒於九嵕山下。九嵕峰海拔一一八八米，其高峻崔嵬，自不待言。而此山四周的長度，約六十里，還有陪葬墓一百六十七座。你說，太宗墓究竟有多風光？而明孝陵，居於「鍾阜龍盤，石城虎踞」的南京紫金山獨龍阜玩珠峰下，阜高一百五十米，也是氣象非凡的。明「十三陵」，選址在北京昌平天壽山南麓。其他暫且不說，光是自南至北，依次由石牌坊、大紅門、碑亭、華表、七孔大橋、祾恩門、祾恩殿、內紅門、寶城明樓與陵塚等所組成的陵區中軸及其神道，就夠氣派的了。

當然，歷史上那些倒霉的帝王，他們的墳墓，有的便不免有些寒酸相了。比如北宋鞏縣的八陵，從永安陵、永昌陵、永熙陵、永定陵、永昭陵、永厚陵、永裕陵到永泰陵，它們的高度僅僅在現制十七米到二十九米之間。雖然這些皇陵的取名都很「吉利」、很好聽，但是北宋是一個金兵犯境、不怎麼太平的朝代，皇帝的墳墓修得小也是自然的。個別帝王比方說隋煬帝，是末代被殺的皇帝，死於非命。筆者二十多年以前曾到揚州去參訪過煬帝陵，見其墳頭低矮，有衰草在寒風中抖動。目測了一下煬帝陵的平面，略為正四邊形，墳頭每邊的長度，也就是四十來米的樣子吧，看上去很小氣。

當然，帝陵的厚葬之風，自然是一種腐朽而殘酷的文化。你到河南安陽小屯的殷墟去看看，那地方，除了一個多世紀以前開始出土甲骨以外，便是墓葬的發掘。其中有不少陪葬，包括牛、羊、狗，還有大象等等，還有就是人牲，或者活埋或者處死之後再埋在地下。這還不算什麼，據考古，先秦時代的秦公大墓，居然有陪葬也就是殉葬的人牲一百六七十具出土。所以比較起來，始皇陵用兵馬俑而不是人牲陪葬，還算是「文明」的。但據古籍記載，直到明代，比如長陵文化制度中，還有殉葬制的遺存。臨到殉葬這一天，宮中大排酒宴，而殉葬者哭聲震天，十六個嬪妃，被迫站在小木床上，活活吊死，其狀慘不忍睹。

當然，這樣的野蠻的「文明」，對於《周易》所記載的上古「不封不樹」的墓葬制度來說，大概要算得是一種「進步」。而無論古今中外，人們怎樣處理他們自己的「死」的問題，可以從中見出不同的人生態度與人生哲學。

德國古典哲學家黑格爾《美學》一書曾經指出，古埃及人篤信「死人須在三千年中遍歷陸水空三界的全部動物體系的生活之後，才變回人的形體」，但是，「活人和死人的對立卻顯得很突出」，因此，古埃及人就熱衷於虔誠地製作木乃伊，又建造金字塔這樣巨大的陵墓，讓靈魂與殘骸一起得到超度和安息。

古印度人相信人本是神，或者死後終究要變成神，因而可以對人的殘骸漠不關心，或者焚化，或者進行天葬之類，所以印度的墓葬建築，在沒有受到伊斯蘭教影響之前，一般是無須用來埋葬死者的。所謂天葬，就是把死者抬到山上，由天葬師來解剖後，讓猛禽來啄食乾淨。

中華漢民族的喪葬制度，以土葬為主體。人死後變成鬼，鬼者，歸也。歸到哪裡呢？回歸到大地之中去，所謂入土為安是也。如秦始皇陵區很大，有一號、二號、三號兵馬俑陣，這些都是它的儀仗。而其墳丘，坐落在整個「回」字形陵區的西南方。那麼為什麼要這樣安排呢？因為在文王八卦方位中，西南是坤卦之所在的方位，取「坤為地」、為土的喻義。

當然，現在已經不大盛行將遺體裝殮後埋於地下的土葬制度了。但是在火化以後，一般的做法，還是將逝者的骨灰埋在地下，這可以看作是一種變相的土葬。

人生難道就是這樣一碗湯嗎

《周易》六十四卦的最後一卦，古人給它取了一個嘉名，叫做「未濟」。未濟卦，在筆者看來，是一個富於思想與人文魅力的卦。讓我們不妨先從解析「未濟」這一詞的字面意義開始。

未濟的「濟」，指渡河。所謂「同舟共濟」，就是指大家乘坐同一條船、共同渡到對岸。所以未濟的意思是指人不能夠、也沒有渡到彼岸。

佛教是相信有此岸、彼岸之分的，叫做世間、出世間。佛經上常說「摩訶般若波羅蜜多」。摩訶，指「大」；般若，指「智慧」；波羅蜜多，指「渡到彼岸」。所以這句經文的意思是說，用大智慧，就可以使芸芸眾生渡到彼岸。而渡到彼岸，「眾生即佛」是也，所以佛與眾生的區別，在於「渡」還是「不渡」。

當然，在佛教宗派之間，濟渡的方式與途徑是不一樣的。

小乘佛教認為，人生要渡到彼岸而成佛，實在是一件非常不容易的事，即使經過長期苦修、漸修，也不一定能夠因「定」而發「慧」，所以，成佛只是個人的濟渡成功。大乘佛教堅信，「人人皆有佛性」，也就是說，世上的每一個人，都是生來就具有「佛性」

這一成佛「種子」的，無論漸修還是頓悟，都可以成佛，而且這大船可以渡許多人，這就是所謂的「普度眾生」。兩相比較，在成佛這一終極問題上，大乘要比小乘「樂觀」多了。不過，既然同屬於一個佛教，兩者都有成佛的教義。

《周易》的未濟卦，在原始巫筮的文化意義上，並不像佛教那樣具有哲學的「度」的思想。未濟卦所說的「濟」，是生活經驗而不是生命哲理層次上的概括。

未濟卦卦辭說：「小狐汔濟，濡其尾，無攸利。」意思是，筮遇此卦，兆象是小狐渡水幾近對岸，它的尾巴被浸濕了，所以沒有什麼吉利的。也就是說，小狐渡水最後沒有到達對岸，所以不吉利。

這裡當然談不上有什麼人生哲學的思辨與思想，它只是以小狐渡河為意象，來占斷人生的吉利還是兇險。這種生活經驗層次上的對於「濟」的理解，是先秦時期中國人通常的理解。比如《左傳》曾經這樣說，秦伯攻打晉國，「渡河焚舟」，渡也就是濟，其所說的僅僅是經驗事實，而非哲理的思索。

不過話又說回來，《周易》未濟卦雖然取象於小狐渡水「未濟」而無所吉利，但問題是，未濟卦為什麼筮得的結果是不吉利呢？這是因為人生未逢「濟時」的緣故。在《周易》看來，如果人生道路上人所處的時機不佳，機遇未到，或者機緣喪失，那麼，人生就不會吉祥、順遂。

這就有一點哲學的意蘊和哲學的思索在其中了。尤其應當注意的是，雖然就未濟卦本身來說，它的內容是屬於巫學層次的，可是《周易》六十四卦的編定者，為什麼要把這個未濟卦安排為最後一卦呢？

編定者這樣做，顯然是用意頗深的。這是出於一種哲學上的思考。

我們知道，在未濟卦的前面是《周易》第六十三卦，即既濟卦。它的意思是說，既濟卦象喻人生道路大功告成。既濟卦卦符䷾，從爻位說看，這既濟卦的六個爻，依次是初九，陽爻居陽位；六二，陰爻居陰位；九三，陽爻居陽位；六四，陰爻居陰位；九五，陽爻居陽位；上六，陰爻居陰位，因此這六個爻，全部是得位之爻。而且，下卦的六二與上卦的九五，又都是得正、得中之爻，從象數學角度分析，真是吉利得無以復加了。

在《周易》六十四個卦中，再也沒有另外一個卦能夠像既濟卦這樣，全都得位或得正、得中的。照一般的想法，應當把既濟卦安排為六十四個卦的最後一卦才是，因為它象徵圓滿、象徵完美。可是出乎意料的是，恰恰相反，《周易》以未濟卦為最後一卦。

未濟卦卦符䷿，從卦符看，它與既濟卦相互構成錯綜的關係。什麼叫做「錯綜」呢？就是如果兩個卦同一爻位的爻性相反，而且相互顛倒一百八十度，相互變成了對方的卦。未濟卦與既濟卦，是初六對初九、九二對六二、六三對九三、九四對六四、六五對九五、上九到上六，彼此爻性相反。未濟卦顛倒一百八十度，就是既濟卦；既濟卦顛倒一百八十度，就是未濟卦。所以，未濟卦與既濟卦，是錯綜卦關係。

而且，用象數學中的「互體」說來分析，在既濟卦中，有兩個互體卦。第一個互體卦，由既濟卦的六二、九三與六四爻所構成，它是一個坎卦☵；第二個互體卦，由既濟卦的九三、六四與九五爻所構成，它是一個離☲。再把這坎卦和離卦下上相構，不就是一個未濟卦䷿嗎？

在未濟卦中，也有兩個互體卦。第一個互體卦，由未濟卦的九二、六三與九四爻所構成，它是一個離卦☲；第二個互體卦，由未濟卦的六三、九四與六五所構成，它是一個坎卦☵。再把這離卦和坎卦下上相構，所構成的不就是一個既濟卦䷾嗎？

既濟卦與未濟卦，意蘊流溢、彼此相通、相反相成。

可是，我們的問題還沒有弄清楚，為什麼《周易》的作者要把未濟卦放在六十四卦的終了，而把象喻圓美的既濟卦安排在未濟卦的前面呢？

既濟卦的六個爻，全部是得位或得正、得中的爻，用《易傳》的話來說，是「剛柔正而位當」。相反，未濟卦的六個爻，卻沒有一個是得位的。初六、九二、六三、九四、六五與上九爻全部失位，如果我們僅僅從象數學的爻位說來分析，而不看其各自的爻辭，那麼，無論筮得未濟卦的哪一個爻變，都是不吉利的。

從哲學的角度來看，這不吉利的六個爻，大抵是從「未濟」的命運來象喻人生的不完美、不圓滿。人生的現實境遇總是不完滿的，完滿的，只是人生的理想。如果說既濟卦象喻完美的人生理想的話，那麼，未濟卦所象喻的正是人生現實的缺失與遺憾。

記得二十多年前，有一次我到一位老師家裡去訪問，正好碰上老師在廚房裡煮湯。我才在廳裡坐定，便看見老師雙手端了一碗滿滿的、好像還在沸騰的熱湯，小心翼翼、非常艱難地向廳裡一角的餐桌走去。我當時心頭一震，忽然領悟到：所謂的人生，難道不就是這樣一碗「湯」嗎？可是這樣一碗普通的湯，又為什麼要盛得這麼滿呢？如果開始時不要盛得這麼滿，或者在端湯的途中潑掉一些，那就不至於端得這麼辛苦、走得如此艱難了。可是，誰又能事先想得到或捨得這麼做呢？當然，這並非是對老師的一個諷刺。

每念及此，我總是想起德國大詩人歌德的一句名言：「十全十美是神的尺度，而要達到十全十美，是人的尺度。」的確，人的現實，總是「未濟」又不完美的，又總是嚮往那完美的、「既濟」的人生之境。

後記

本書為《周知萬物的智慧：周易文化百問》（復旦大學出版社二〇一一年三月第一版）一書的繁體版，是文化散文隨筆體的寫法，篇幅約為原書的三分之二，文字可能更精煉有味、更好讀些。本書得以在香港三聯書店重新出版，承蒙錯愛，在此深致謝忱。

王振復於上海
二〇一二年三月十六日